U0877763

集刊

集人文社科之思 刊专业学术之声

集 刊 名：金融与社会
主办单位：中央财经大学社会与心理学院
主　　编：李国武
执行主编：艾　云　方　舒

Vol.4 FINANCE AND SOCIETY

第四辑

集刊序列号：PIJ-2019-378
中国集刊网：www.jikan.com.cn/ 金融与社会
集刊投约稿平台：www.iedol.cn

社科文献出版社 CNI 名录集刊
AMI（集刊）入库集刊
中国学术期刊网络出版总库（CNKI）收录
集刊全文数据库（www.jikan.com.cn）收录

中央财经大学社会与心理学院 主办

金融与社会

第四辑

主　　编｜李国武
执行主编｜艾　云　方　舒

FINANCE AND SOCIETY

Vol.4

社会科学文献出版社
SOCIAL SCIENCES ACADEMIC PRESS (CHINA)

本集刊获中央财经大学一流学科建设项目

“推动共同富裕背景下金融社会学的理论创新与实务发展”（项目批准号：021451622002）的资助

金融与社会　第四辑
2023年8月出版

目　录

金融社会学理论评述

国家与金融：西方金融研究的政治视角综述 ………………… 李国武 / 3
金融化研究的微观转向：从经济金融化到企业
　和个人生活金融化 …………… 高　岭　李　雯　杜巨澜　李思沛 / 43
金融研究的制度主义范式 ……………… 庄家炽　米热古丽·艾尔肯 / 72
金融知识的技术－社会性呈现
　——技术与金融知识认知研究综述 ………………………… 张樹沁 / 94

金融实证研究

金融排斥、金融素养与创业活动研究
　——基于2019年中国家庭金融调查的实证分析
　…………………………………………… 赵思博　艾　云　凌鸿翔 / 115
地区金融发展和主观公平感
　——不同金融发展水平对公平感差异化影响的实证研究
　…………………………………………… 董寅茜　何晓斌　柳建坤 / 133

金融社会工作与金融福祉

社会工作何以提升老年人金融素养?
——以Q街道老年人金融社会工作小组实务为例
…………………………………………………… 方 舒 朱雯洁 / 159
金融社会工作推动公益金融新发展
——以美国儿童发展账户实践为例 …………… 张莹莹 黄 进 / 177
未成年人金融福祉保护新发展：对新《未成年人保护法》的
文本分析 ………… 周晓春 黄 进 张 雪 鲁洋洋 王一如 / 196

书 评

金融风险转化及其治理
——《地方金融治理的制度逻辑——一个风险转化的分析视角》述评
…………………………………………………… 李国武 焦 钖 / 217

Table of Contents & Abstracts ……………………………………… / 230

《金融与社会》征稿启事 ……………………………………………… / 238

金融社会学理论评述

国家与金融：西方金融研究的政治视角综述*

李国武**

摘　要：本文综述了从政治视角分析国家与金融之间关系的代表性研究。这种视角通常采用历史比较分析的方法，从利益联盟和政治交易的角度探究现代化进程中一国金融体系的形成和变革，以及不同国家金融体系的变迁及其差异。银行业是现代金融体系的基石和各类金融业务的生发中心，政治视角对金融体系的研究格外关注银行业，进而延伸至金融市场。产权制度是银行业立业和运行的基础，银行业运行涉及政府、银行家、股权投资者、储户和借款人等诸多利益相关者之间的产权及其合约问题。银行业蕴含的产权议题离不开政府的积极参与，但置身其中的政府无法成为中立的仲裁者，反而面临内在的利益冲突。基于产权制度的银行体系不是由市场效率原则决定，而是利益相关者之间围绕银行许可、信贷配置、损失分配及监管政策进行交易博弈的产物。一个国家的金融体系内生于并适应该国的政治体制及由此决定的权力分配格局。民主政治体制与威权政治体制会产生不同类型的银行交易博弈和不同特征的银行体系。

关键词：产权　银行交易博弈　政治体制　联盟

---

* 基金项目：国家社会科学基金项目“社会金融化的特征、动力和影响研究”（编号：21BSH087）。

** 李国武，中央财经大学社会与心理学院教授。

一 引言

无论是过去还是现在，金融体系都不是一个自由竞争、自我调节的独立市场，而是始终与现实政治息息相关，一个国家的金融体系在很大程度上是特定政治体制和政治交易的产物。金融体系的构建和运行离不开国家，国家的生存和建设也离不开金融工具，国家建设与金融发展在很大程度上是共同演进的。

围绕国家与金融之间关系的研究产生了金融社会学的政治视角或者说金融政治经济学的视角。当研究国家与金融之间的关系时，学者们通常在工具或机构而非共同体意义上使用国家这个概念，把国家界定为在领土范围内行使公共权力的政权体系。金融研究的政治视角往往采用历史比较分析的方法，主要研究现代化进程中一国金融体系的形成和变革，或者不同国家金融体系的变迁及其差异。银行业是现代金融体系的基石和各类金融业务的生发中心，金融市场总是由银行创造并维持的，没有一个国家的金融体系可以在银行体系发展之前就形成债券市场和股票市场，金融市场提供的直接融资渠道也受制于银行信贷供给的影响。因此，政治视角对金融体系的研究格外关注银行业，进而延伸至金融市场。金融研究的政治视角关心的核心问题是金融业特别是银行为什么需要国家，国家为什么需要银行，不同的国家、同一国家在不同时期为什么会出现不同的银行体系乃至金融体系，为什么高效且稳健的银行体系如此稀少。根据有些学者（凯罗米里斯、哈伯，2021）的统计，1970～2010 年，117 个国家①中仅有 6 个国家的银行体系达到高效（向私营部门发放的银行信贷占 GDP 的比重超过 83%）和稳定（未发生过系统性危机）的标准。

金融研究的政治视角是在反思普适抽象的金融经济学理论基础上发展起来的。秉承自由竞争信条的经济学家认为，市场是一个能够由供给、需求和价格等要素自我调节和自我纠正的独立体系。虽然关注制度的经济学家认识到市场的运行依赖于维护财产权利和强制合约执行的政府和法律，但通常假定存在一个利益中立、法治健全、有限干预的政府。在

① 这些国家人口均超过 25 万，现在和过去均不是社会主义国家，银行体系的规模足够大，并于 1990～2010 年在世界银行金融结构数据库中上报了至少 14 年的商业银行对私营部门的贷款数据。

有效市场假说看来，金融市场是有效市场的最佳体现（Fama，1965，1970；Jensen，1978）。不过，在现实中金融市场并非如此有效和完美，信贷稀缺和金融危机时有发生。对于金融市场的不完美，经济学也发展出一些解释，但这些解释总体而言是脱离了历史背景和政治环境的一般性推理。比如，对于私营部门信贷不足的问题，经济学通常从信息不对称和风险规避的角度给予解释。对于银行业危机，经济学的解释主要有存贷款之间的期限错配和流动性错配导致的内生性风险、银行之间相互关联带来的风险外溢以及过度乐观和过度恐慌等人类短视行为引发的反复波动等理论。这些理论并非不适用，而是过于普适，不足以解释信贷稀缺和银行业危机为何在不同国家和不同时期并非以同样的概率发生。虽然有些学者试图把政府引入对金融市场运行的分析，从政府的利率管制和金融抑制的角度研究信贷稀缺（麦金农，1997；肖，2014），从政府的信贷扩张和过度干预的角度认识金融危机（罗斯巴德，2003），但这些研究暗含着政府与市场二元对立的认知模式：一方面认为存在一个自我调节的完美金融市场，市场的不完美是由政府干预导致的，只要政府放松管制和减少干预，金融市场自身的调节机制就会使其趋向理想状态；另一方面假定存在一个利益中立的理想政府，从市场效率逻辑而不是政治逻辑来理解政府的金融政策和行为。这种认识模式显然无法解释在现实中效率低下的金融市场为何长期存在，为什么不同国家的金融体系在政府与金融市场的关系上存在巨大的差异。

与一个完美有效的金融市场应该选择一个什么样的理想国家作为外在前提这种研究路径不同，金融研究的政治视角认为，现实中一个国家的金融体系内生于并适应该国的政治体制及由此决定的权力分配格局。国家与市场之间的关键连接点是产权。产权是经济增长和金融发展的关键，国家是产权的基础，因此研究一个国家金融市场的发展必须考虑国家，任何国家的金融体系都离不开国家的行政监管权。诺思（1991）和巴泽尔（2006）等在研究国家与产权的关系时提出了著名的“国家悖论”的观点，认为国家具有相对暴力优势，在产权界定中是一把双刃剑，既可能通过降低社会认可成本，成为有效率产权结构的保护者，也可能以损害社会利益的方式谋求自身利益最大化，成为侵害民众产权的掠夺者。诺思与温加斯特在他们对17世纪英格兰金融革命的研究论文中，认为英国公共财政的发展和资本市场的兴起与国家对金融产权的更好保护密不可分，这很大程度上得益于光荣革命和《权利法案》颁布之后议会相对于君主权力的大幅提升（North and Weingast，1989）。1689 年之后英国政府的公共借贷需要获得议会批准，议会的批准让公共债权人有了更可靠的保障。经济社会学家卡拉瑟斯进一步研究了 17 世纪晚期到 18 世纪初英国的政治变革与金融革命之间的关系（卡拉瑟斯，2019）。他的研究表明，一方面议会权力的增强、党派政治竞争、与公共财政和私募融资有关的法律的完善塑造出了一个竞争激烈、富有效率的资本市场；另一方面通过特许的股份公司将公共债务与私募资本市场连接起来的金融革命，解决了战争期间英国的财政短缺问题，助其一跃成为世界强国。经济社会学家弗雷格斯坦提出了市场研究的“政治 - 文化视角”（Fligstein，1996）。他认为市场的形成、稳定化和转型是一个政治过程，国家在市场制度建构中扮演着重要角色，因为国家在产权制度、治理结构和交易规则等方面为经济行动者设定规则。不过，这些法律规则的内容、它们对既定企业和市场的适用性以及政府干预经济的程度和方向存在政治竞争，这些法律规则从来都不是中立的，而是有利于特定的利益联盟的。法律和惯例通常反映了社会中最具组织化联盟的利益，只有在诸如战争、萧条或国家崩溃等危机情况下这些群体才会支持制度的整体转型（Fligstein，1996）。后来，弗雷格斯坦从市场与政府关系的角度剖析了 2008 年美国发生金融危机的根源（Fligstein，2021）。

基于政府政策反映了不同利益集团之间的联盟和冲突的分析路径（Olson，1965；Stigler，1971；Krueger，1974），凯罗米里斯（Charles W. Calomiris）和哈伯（Stephen H. Haber）从银行交易博弈（Game of Bank Bargains）的角度探究了银行业危机和信贷稀缺的政治根源。他们认为一个国家的银行体系受制于该国的政治体制以及由此决定的政治权力分配格局（凯罗米里斯、哈伯，2021）。银行业的立业基础是产权制度，相关产权制度不是由市场效率原则决定的，而是银行体系运行的利益相关者之间政治交易的产物。与政府结成伙伴关系的联盟决定了市场准入的规则、银行业务许可范围、信贷流向及其条款，以及银行陷入困境时的损失分担办法。不同时期和不同国家政治体制的差异导致了银行交易博弈规则的不同，进而导致了银行体系的国别差异和历史变迁。

本文将对西方金融社会学政治视角的基本观点和代表性成果进行综述。首先对凯罗米里斯和哈伯从政治逻辑视角分析银行业运行及其绩效的框架和理论观点进行梳理，然后介绍卡拉瑟斯对1672～1712年英国金融革命中政治与市场关系的研究，最后介绍一些学者从政治逻辑的角度对美国次贷危机的解释。

二 银行交易博弈的政治逻辑

政治因素如何塑造银行体系？凯罗米里斯和哈伯（2021）建立了一个分析框架，这一部分主要对此加以介绍。银行业运行涉及政府、银行家、股权投资者、储户、借款人和纳税人等诸多利益相关者之间的产权及其合约问题。银行业蕴含的产权议题离不开政府的积极参与，但置身其中的政府无法成为中立的仲裁者，反而面临内在的利益冲突。基于产权制度的银行体系不是由市场效率原则决定，而是政治交易的产物。这些政治交易是由政治逻辑而非市场逻辑主导的。参与银行体系运行的利益相关者之间的交易博弈的规则及其结果取决于一国的政治体制。因此，民主政治体制与威权政治体制会产生不同类型的银行交易博弈和不同特征的银行体系。

（一）银行业的产权基础及其挑战

1. 银行业经营的基本逻辑

商业银行从事的是从储户手中借钱然后再贷给借款人的高杠杆率生意，本质上是一种不稳定且高风险的金融组织。因为银行的主要产品是借款人与银行的债务合约，主要投入是银行与储户的债务合约，其投入和产出都是在未来偿还债务的承诺。这使得银行业的经营面临信用风险和流动性风险两个基本问题。所谓信用风险就是借款人因各种原因逾期偿还甚至不偿还贷款的风险。所谓流动性风险就是银行的储备资本无法应对储户提款需求的风险，这主要是储蓄合约与借贷合约的期限错配所导致的，前者的周期通常较短，而后者的周期通常较长。

那么，如何应对信用风险和流动性风险？基本方案是在银行的资产负债表中加入缓冲。第一种缓冲是股权资本，即创始股东和外部股东投资在银行的钱。借此，银行能在部分借款人违约时仍有充足的资金支付储户的提款需求。第二种缓冲是现金资产，即银行不把所有的存款用于放贷，而是留存一部分作为储备。银行的存款和贷款规模越大，就越需要更多的股权资本和现金资产作为缓冲以实现审慎经营。如果银行放出的贷款违约风险很高，并且又没有充足的资本储备，那么很容易发生危机。

筹集股权资本和吸收存款，然后将资金贷给可能偿还的借款人，同时还需保留一部分现金资产作为储备，这就是银行业的基本经营逻辑。一家银行要实现安全、稳定和盈利，至少需具备这样三个条件：储户和投资者愿意给银行提供资金，借款人违约的风险很低，银行保持充足的资本和现金缓冲。不过，这些条件并不容易实现。银行内部人士[①]与外部股东之间、储户与银行之间、银行与借款人之间的合约很有可能无法自我强制执行。

那么，谁来许可银行的建立，并授权银行的投资者只承担有限责任呢？谁来防止银行内部人士过度冒险、利益输送等机会主义行为以赢得储户和外部投资者的信任呢？谁来建立借款人的财产和商事登记制度，并对借款人的合约进行强制执行呢？谁来监管银行以使其保持充足的资本和现金缓冲呢？答案是政府。只有政府能够许可银行建立，提供对相关产权和合约的法律保护。政府的介入就产生了政府与银行之间的交易合约问题。政府与银行之间的交易合约不仅是经济性的，在很大程度上也是政治性的。二者之间的合约既需要规定银行的有关责任，如银行所得税、资本税、银行必须持有充足的法定货币或国家债券，以及银行运营必须接受政府监管等，也需要赋予银行一系列特权，如发行可用于对公或对私支付的法定货币的权力、持有政府存款的权力，以及股东的有限责任制度等。

2. 银行业面临的三大产权挑战

保护金融产权的安全性对银行业运营至关重要，但政府控制下的银行业至少面临着三个基本的产权挑战或者说合约执行挑战。

首先，政府掠夺的挑战。根据银行许可的相关规定，政府拥有检查、监督和规制银行运营的权力。凭借其强制权力，政府可能会通过税收、超发货币、借而不还、征用等方式掠夺银行资产，进而损害银行投资者和储户的利益。因此，政府和银行必须创造出有关机制，要么规定政府不得掠夺银行的资产，要么补偿银行投资者和储户因政府可能掠夺而额

① 指的是银行的创立者、董事会和经理人。

外承担的风险。否则，银行就不会出现。

其次，银行内部人士控制的挑战。凭借其信息和控制优势，为了自身利益，银行内部人士可能通过过度冒险、挪用资金或关联交易①等方式窃取银行资产。这样的话，就会损失储户和外部投资者的利益。因此，外部投资者和储户必须创造出有关机制，要么防止银行内部人士窃取资本，要么补偿储户和外部投资者所承担的资本被窃取的风险。否则，就不会吸引到储户和外部投资者为银行提供资金。

最后，借款人违约的挑战。由于道德风险、经营不善及不可预见的情况，借款人可能不愿或无力偿还银行的贷款。这样的话，就会侵占银行内部人士、储户和外部投资者的资产。因此，银行必须创造出有关机制，要么防止借款人从银行贷款后违约，要么补偿银行内部人士、储户和外部投资者财产被借款人侵占的风险。否则，银行内部人士和外部股东就不会投资于银行，储户也不会存款于银行。

这三个相互依存的问题事关银行的立业基础，它们要想得到解决，离不开政府的介入。外部股东和储户需要政府颁布并执行禁止关联交易的法律，确保银行完全履行其合约义务，建立会计标准和监管机构；银行需要法院和警察执行贷款合约和抵押合约；储户和股东可能需要政府通过存款保险或银行救助制度来降低风险。这就又引发出一个更根本的问题，如果一个政府拥有如此之大的强制力，人们如何相信该政府不会为了牟取自身利益而剥夺合约各方的利益呢？

（二）政府应对金融产权中的四种利益冲突

银行业经营建立在银行与储户之间、银行与借款人之间、银行内部人士与外部投资者之间的多重合约及相关交易基础之上。所有这些合约都难以做到自我执行，政府必须仲裁这些合约，并在合约无法执行时分配损失。因此银行业的运行最终立基于政府与银行之间的合约。遗憾的是，政府并不是无相关利益的中立第三方，它在解决银行业的产权和合约问题时常常面临四种利益冲突。

第一，政府作为银行监管者与资金需求者之间的利益冲突。一方面，为了限制银行的冒险行为和内部人士控制，政府是银行成立的许可者并

① 将银行财产转移至银行内部人士拥有的公司。

充当银行运行的监管者。另一方面，执政者或政府又把银行视为重要的公共资金来源。17 世纪和 18 世纪的帝王君主需要银行为战争和贸易融资。现代威权和民主国家也都大量运用银行为一系列维持政治秩序的项目融资，诸如发展战略性产业、改善基础设施、实现居民的自有住房梦等。如果政府将自身利益置于社会公共利益之上的话，那么可以预见，政府优先考虑的是，建构有利于自身及其代理人融资的监管环境，而非塑造稳定高效的银行运营环境。

第二，政府在规范债务人行为与获得债务人政治支持之间的利益冲突。一方面，为了保护银行的利益，政府需要强化信贷合同执行以规范银行债务人的行为，并且一旦债务人违约，政府就会协助银行获取借款人的抵押品。不过，这样做的话，可能会使执政者失去债务人的政治支持。另一方面，在有些情况下，这些借款人的政治支持（以投票或拥护等方式表现出来）对执政者连任或维持政权稳定具有重要意义，政府可能会放宽借款人的贷款门槛或者拒绝强制执行债务人的借款合约。这样的话，可能会伤害银行体系的稳定性，甚至打击银行提供贷款的意愿。

第三，银行经营失败时政府在债权人间分担损失与寻求债权人群体政治支持之间的利益冲突。在银行经营失败时政府对损失承担的分配存在不同的选择，面临复杂的利益冲突和后果。如果政府让作为债权人的广大储户承担损失，则毕生储蓄化为乌有的储户很难在政治上继续支持执政者。如果政府迫使高级债权人（如债券这样的非存款债务持有者）接受折价，减记对银行的债权价值，同时不触动存款基础，并保护股东免遭损失，那么不仅会失去高级债权人的政治支持，也会激励银行内部人士继续过度冒险的道德风险行为。

第四，银行经营失败时由纳税人承担损失与获得纳税人政治支持之间的潜在利益冲突。这一点是第三点的延伸。为了应对巨额的银行损失，很多国家都建立了存款保险制度和问题银行救助制度，这些安全保障制度实质上是由纳税人承担救助资不抵债银行的包袱。这种相对隐蔽的由纳税人买单的安全网有助于执政者利用银行来回报政治上支持他们的银行投资者、储户和借款人。为什么执政者在有些情况下会选择由纳税人而非银行投资者、储户和借款人来承担资不抵债银行的包袱？这主要是基于减少政治阻力的考虑，这样做不需要获得纳税人的明确同意，也不容易招致纳税人的集体反对。这是因为分散的纳税人组织起来反对救助计划的协调成本很高；纳税人很难分辨银行救助使哪些主体受益使哪些主体受损；有些纳税人也是储户，他们难以准确判断政府金融政策对其财产权价值和福利的影响。不过，这也并不意味着纳税人的利益可以完全被忽略，当纳税人认识到他们为银行失败承担了太多的损失时，他们也会站出来反抗政府和银行。而且，这种由纳税人兜底的银行安全保障制度，纵容了银行的冒险行为，加剧了银行的软预算约束和不稳定。

由此可见，银行业运行中经济交易与政治交易交织在一起。借款人和储户在银行业运行的经济交易中的角色是债务人和债权人，与此同时他们在银行业运行的政治交易中的角色是选民或投票人。政府在参与银行业监管时不仅要考虑自身的资金需求，还要考虑政治权力。出于自身利益考虑，政府有多种方式采取机会主义行为来应对作为银行体系基石的产权制度。为了从银行获得资金，政府可以直接征用银行资产；可以从银行融资（直接贷款或发行债券）然后违约；可以增发钞票；可以强制银行持有政府债券、法定货币或在央行存入储备资金，而其实际利率为负；可以强迫银行向国有企业或其他政府支持的借款人提供低息贷款。如果政府认为一些银行内部人士、储户或借款人对其保持权力十分重要，则会有动力向这些人群施以好处，比如对银行内部人士不实施某些监管规定、为储户提供超过法定界限的保护，以及强迫银行放弃某些债权。

（三）政治体制与银行交易博弈

1. 银行交易博弈

银行业得以运行的法律规则和监管标准未必是根据市场效率原则或社会福利最大化原则制定的，政府的银行业政策很大程度上是利益相关者之间政治交易和策略性互动的产物。凯罗米里斯和哈伯（2021）把这一达成政治交易的过程称为“银行交易博弈”。博弈的行动者主要有政府、银行家、股权投资者、借款人、储户和纳税人，博弈规则取决于一国的政治体制和权力分配格局。这些规则决定了哪些群体被纳入政府和银行家的伙伴关系中，而哪些群体则可能被有意排斥。在博弈过程中，行动者之间的联盟逐渐形成，这些联盟及其斗争决定了银行许可、信贷配置、损失分配及监管政策等重要内容，即谁被授予哪一类的银行牌照、哪些借款人可以得到政府扶持获得信贷、银行经营失败时损失如何分担、哪些与金融交易及其监管相关的法律得以通过。一个国家的信贷是否充足、银行是否稳定可以被理解为银行交易博弈产生的均衡结果。

银行交易博弈中的联盟指的是同意经济租金的某种分配安排，且可以监控分配过程的一部分特定群体。政府凭借其对银行的许可权总能从租金分配中谋得一杯羹，而与政府结成伙伴关系的其他联盟成员则瓜分剩余利益。银行许可的授予对象和数量的决定、银行的放贷规模及放贷对象的决定都是银行交易博弈的关键元素。交易旨在提高主导集团及联盟成员的福利，而非社会大多数人的福利。因为银行家、股权投资者、储户、借款人和纳税人的经济动机各异，不可能做到利益上的协调一致，政府有充足理由利用这一点，与某些群体组成联盟的同时对其他群体采取机会主义行为，以实现自己的政治和经济目的。

考虑到享有银行控制权的代理人数量多、银行借款人的类型多样以及政治体系的多元化，银行家、股权投资者、纳税人兼储户、非储户纳税人、借款人和政府可能的组合数非常大，但并非每个组合都能形成有效联盟。不同时期和不同国家政治体制的差异导致了博弈规则的不同，不同的博弈规则会塑造不同的银行体系。有的规则塑造稳定且充足的银行体系，有的规则塑造不稳定且短缺的银行体系，有的规则塑造不稳定但充足的银行体系，有的规则塑造稳定但短缺的银行体系。不同的银行体系意味着不同的联盟构成和租金分配安排。

凯罗米里斯和哈伯（2021）把政治体制主要分为威权政治体制与民主政治体制两大类，每大类政治体制下又有若干子类（见表1）。我们先暂不讨论威权政治体制国家之间或民主政治体制国家之间的差异。总体而言，威权政治体制更容易产生不稳定且信贷短缺的银行体系，其特征为相对受限的准入和对银行业的更多限制；而民主政治体制更容易产生信贷充足且相对稳定的银行体系，其特征为相对开放的准入和对银行业的更少限制。动态来看，从威权政治体制到民主政治体制的国家转型并不会自动且迅速地导致银行体系重构，因为一个信贷充足且稳定的银行体系需要解决前文所述的三大产权问题，与此相关的制度的建立需要耗费大量的时间和成本。

表 1　政治体制与银行体系分类

<table>
<tr><th>政体</th><th>政府</th><th>政府 - 银行家伙伴联盟</th><th>银行体系</th></tr>
<tr><td rowspan="4">威权</td><td>绝对权力</td><td>无</td><td>无</td></tr>
<tr><td>中央集权</td><td>创造并分享租金的网络</td><td>信贷狭窄，地方银行稳定</td></tr>
<tr><td>弱集权</td><td>寡头和威权统治者分享通胀税</td><td>以浮存金为主</td></tr>
<tr><td>地方寡头</td><td>几乎无全国性特许银行</td><td>小而碎片化</td></tr>
<tr><td rowspan="3">民主</td><td>自由主义</td><td>竞争性行业，同时需缴税</td><td>信贷充足，银行稳定</td></tr>
<tr><td rowspan="2">民粹主义</td><td>福利国家减轻了对银行的政治压力</td><td>银行职能有限</td></tr>
<tr><td>政治决定信贷投放</td><td>信贷充足，银行不稳定</td></tr>
</table>

资料来源：根据凯罗米里斯和哈伯（2021：36）著作中的图 2.1 修改。

2. 威权政治体制下的银行交易博弈

威权政治体制的主要特点是威权统治者相对于其他行动者拥有更大的强制力和自由裁量权，因此其承诺的可靠性较低，其他行动者不可能通过投票来影响统治集团。当然，威权统治者也存在集权程度的差异，威权政治体制因此可分为绝对权力的威权政治体制、中央集权的威权政治体制、弱集权的威权政治体制、地方寡头体制等子类型。

在拥有绝对权力的威权统治者统治下，威权统治者的自由裁量权意味着他做出的任何承诺都是不可信的，银行随时可能成为其掠夺的对象，因此在这样的体制下私人不会去投资建立银行，人们也不会把钱存入银行，这样也就无法组织起一个银行体系。

当中央统治者缺乏绝对权力，但足以在权力体系中居主导地位时，这种中央集权的威权统治者需要构建一个盟友网络以维持统治，银行家是这个网络的重要组成部分。因为没有银行，威权统治者无法为超出税收收入的支出融资。不过，银行家非常担心威权统治者在某些情况下掠夺他们的财产。威权统治者强大的权力使他的承诺不可信，因此需补偿银行家财产被政府掠夺的风险。通常的做法有威权统治者限制特许银行数量，允许银行把贷款利率提高至完全竞争利率之上，还可通过给予银行代理政府税收等附加特权提高其回报率。银行家通过向威权政府及威权统治者亲友运营的企业提供贷款，与威权统治者结成联盟关系。为了补偿外部投资者可能遭受威权统治者和银行内部人士双重掠夺的风险，银行必须给予外部投资者以较高的投资回报率，只有这样才能吸引外部投资，扩大银行的资产规模。因此，在中央集权的威权政治体制下，易于形成威权统治者、少数股东和银行内部人士三方利益的结盟，分享垄断性银行业带来的租金。在这一银行体系下，储户、无法获得信贷的潜在借款人、纳税人成为被攫取租金的来源。因为储户通常只能得到低收益甚至负收益，且承受较大损失风险，所以无法大规模吸引储户存款。即使建立了存款保险制度，集权政府财政紧张时也可能会掠夺储户财富。银行信贷主要流向与威权统治者和银行内部人士有关联的企业，大量潜在借款人被排除在信贷体系之外。如果存在存款保险制度或银行救助制度，纳税人也成为政府攫取租金的来源。而且当威权统治者政权不稳急需资金时，银行所有股东和债权人都可能成为政府攫取租金的潜在对象。因此，在中央集权的威权政治体制下，会形成一个信贷分配范围狭窄且供给不稳定的银行体系。

在相对较弱的中央集权的威权政治体制下，只要威权统治者能够决定货币发行、存款利率及存款准备金率等制度，就可能与银行家形成建立在通货膨胀税基础上的联盟。当不断增发的货币数量超过了对应商品和服务的价值时，就会发生通货膨胀，公众持有的现金日益贬值，这就是以无声无息的方式向公众征税。因为富人更愿意以资产而非现金的方式持有财富，所以这样做通常不会招致富人的反对。通胀税的负担主要落在持有现金的穷人身上。执政者、银行家和银行股东分享通胀税的红利。随着通货膨胀程度的提高，家庭和商人会尽量压低持有的现金量和存款余额。当通货膨胀程度非常高时，人们只有在需要签发支票用于支付时，才会将钱短期转入支票账户。在这种情况下，通货膨胀仅仅在支票款项未达账的很短时期（称为浮存期）内，侵蚀支票账户余额的价值。在支票托收过程中对账户余额征收的通胀税被称为对浮存金的税。因此，在弱集权的威权政治体制下，通常会出现数量有限、规模极小、信贷短缺且极不稳定的以浮存金为主的银行体系。

如果中央的威权统治者极其孱弱，以致国家实际上几乎由若干地方寡头统治，那么中央政府很难建立起全国性的银行体系，在局部区域拥有足够权威的地方寡头可能会建立起满足本地需求的银行，结果就是弱小而碎片化的银行体系。

3. 民主政治体制下的银行交易博弈

在民主政治体制下，银行业的经济交易嵌入在选举政治中，政府和官员受到选民的政治约束，选民可以通过投票来惩罚对他们的财产造成损失的执政者。因此，与威权政治体制相比，民主政治体制下的银行交易博弈有几个明显的不同点：银行家、股东和储户被政府掠夺财富的风险更小；政客可以通过承诺提高信贷规模并改进信贷条件来赢得更多潜在债务人的选票；选民不会同意政府借助通胀税来解决财政问题，而更愿意投票支持那些承诺向更富裕人群征税的候选人。

所有民主政治体制都同时包含自由主义和民粹主义两种要素，因此民主政治体制因其政治制度偏向自由主义或民粹主义观念的程度而有所差异。在政治学家威廉·赖克（Riker，1982）研究的基础上，凯罗米里斯和哈伯（2021）把民主政治体制分为偏向自由主义的政治体制和偏向民粹主义的政治体制两种类型。自由主义和民粹主义对选举的功能具有不同的认识。在自由主义观点看来，选举的功能仅在于控制官员，并无其他功能。不过，大众投票可能带来多数人的暴政，因此必须建立一些辅助性制度，主要包括多重立法机关、法官不由选举产生且不受任期限制、分散化的政党等。这些辅助性制度要求立法必须通过“否决门”[①]，以防止多数人的暴政。而在民粹主义观点看来，选举的功能是允许社会获悉民意，选民选出官员以代表民意，自由意味着能够通过政府行使人民的集体意志，民意应当受到政府尊重并体现在社会政策中。

在民主政治体制下，自由主义占上风还是民粹主义占上风会给银行交易博弈带来不同的影响。在自由主义的民主政治体制下，不同利益集团的权力相互牵制，不容易出现特定利益集团与执政者的联盟，所以，执政者难以掠夺银行家、股东、储户和纳税人的财产，银行业的裙带交易也难以发生。在这种自由主义的民主政治体制下，更容易产生高效且稳定的银行体系。

在民粹主义的民主政治体制下，民选政府有更大的压力来增加普通民众的发展机会、增进其生活福祉。一种解决方案是建立福利国家制度，在医疗、教育、住房、就业等方面为公民提供更多的福利保障。这需要国家有较强的税收能力，且不存在出台全面福利制度的政治约束。福利国家制度会减少国家通过银行信贷来解决民众私人福利问题的需求，减轻了银行的政治压力。当国家税收汲取能力弱，或存在较强的联邦政治制度制约（如美国的情况）时，很难通过福利国家方案来解决民粹主义

① 即在该决策点上，立法可被小群体组织否决，比如议会委员会或上议院等。

问题。在这种情况下，可能会形成政治家、银行家与债务人（关键政治群体）之间的银行交易联盟。民选的政客可能会承诺大幅增加关键选民的信贷，改善信贷条款，并在还款困难时赦免债务，以换取这些债务人的选票和政治支持。这种通过扩大信贷准入以缓解不平等问题的国家干预模式被社会学家普拉萨德（2019）称作按揭凯恩斯主义（Mortgage Keynesianism），美国是这种模式的典型。为了解决民粹主义债务人与政客的联盟对银行财产的潜在掠夺问题，银行家会寻求与政治家形成救助债务人的联盟，促使政府建立银行救助制度和存款保险制度。这两种举措都把与债务豁免相关的损失从银行转移到纳税人身上。在民粹主义的民主政治体制下，银行家、政治家和债务人会达成交易，以创造并分享租金。银行家与政治家分享关于信贷流向和信贷条款的决策权，政治家以此确保其关键选民得到想要的贷款。政治家通过制定政策规则来提高银行资本收益率以回报银行家。比如，通过法规和许可限制银行竞争，用政府管理的存款保险制度代替股东出资的资本缓冲，向关键政治选区的高风险贷款提供纳税人买单的贷款补贴或担保。在民粹主义民主政治体制下，虽然有可能扩大信贷供给的对象，但是将大量高违约风险的债务人纳入联盟，无疑鼓励了银行以更高杠杆经营的冒险行为，加剧了银行的不稳定。

接下来，本文将结合英国早期金融革命和美国2008年金融危机的历史事实来展现从政治视角分析国家与金融关系的经验研究。

三 英国金融革命中的政治与市场

从17世纪晚期到18世纪早期，在对外战争不断的英国，金融革命的发生与财政-军事强国的形成同向而行，资本市场与国家建设共同演进，充分体现了“国家创造了银行，银行创造了国家”（凯罗米里斯、哈伯，2021）。卡拉瑟斯（2019）在《资本之城——英国金融革命中的政治与市场》一书中，从国家、组织和个人三个层面研究了1672年至1712年英国金融革命期间政治与金融市场的关系。

（一）金融与国家形成

在研究欧洲的国家形成时，查尔斯·蒂利（Charles Tilly）提出了战争塑造国家形成的经典命题。欧洲国家政权的形成与巩固源于统治者试图在特定领土内保持对暴力的垄断，从而与其内外对手产生冲突，故而迫使统治者强化自身武装力量的建设并加强财政资源的汲取，从而产生相应的军事、财政与行政机构，即国家政权（Tilly，1975；蒂利，2021）。从 17 世纪下半叶到 18 世纪上半叶，英国为什么经过同荷兰、法国、西班牙等国家的一系列旷日持久且代价惨重的战争①，能够从欧洲的边缘国家崛起为欧洲乃至世界的强国？英国之所以能够在国际军事竞争中实力不断增强，与其 17 世纪末和 18 世纪初公共财政体系的重大变革密切相关，而英国在这段时期公共财政能力的提升又得益于所谓的金融革命（Dickson，1967）。

战争给英国财政带来了巨大的资金负担，引发了英国公共收入与公共借贷的变化。1662 年英国的公共支出总额约为 160 万英镑，收入约为 150 万英镑；1672 年其公共支出升至 250 万英镑（其中 120 万英镑用于军事开支），收入约为 230 万英镑；1712 年其公共支出接近 790 万英镑（其中 480 万英镑用于军事开支），公共收入总计约 570 万英镑（卡拉瑟斯，2019）。战争意味着需要提高税收与增加债务来填平收支之间不断扩大的缺口。

持续改善的征税方式和税种结构带来的税收增长并不能满足战争导致的不断攀升的公共开支需求，因此只能借助短期贷款解决税收缺口问题。主权债务与普通债务相比存在一定的特殊性，如果作为债务人的君主违约的话，债权人很难通过法律渠道强制执行或者没收其抵押品，因此借款给君主的公共债权人会承担很大的风险。为补偿风险，债权人通常会收取高额利息。在 17 世纪六七十年代，英国国王的短期贷款主要来自伦敦地区的金匠银行家。这些金匠银行家把其他人存在他们那里的钱转贷给王国政府，银行家支付 6% 的存款利率，同时向王国政府收取 10% 左右的贷款利率。

随后对抗法国的九年战争、西班牙王位继承战争加剧了英国的财政赤字。除了继续完善短期借贷工具（如 1696 年开始发行国库券）之外，

① 在本文重点关注的 1672～1712 年，就有 1672～1674 年，与法国联盟反对荷兰的“第三次英荷战争”，也是荷法战争的一个组成部分；1688～1697 年，与西班牙、奥地利、荷兰联盟反对法国的“九年战争”，又称“奥格斯堡同盟战争”；1702～1713 年，与奥地利、荷兰联盟反对法国和西班牙的“西班牙王位继承战争”。

从1693年起议会开始探索长期贷款工具，以年金、彩票等形式直接向公众筹集资金。长期债务利息支付周期更长、利率更低，不仅更便于管理，而且还款成本更为低廉。到1712年的时候，长期债务在总债务中的占比达到73.4%；债务利率从1700年的8.8%下降到1712年的6.8%，到1720年更是低至5.1%（卡拉瑟斯，2019）。

不过，更重要的筹款来源是以英格兰银行、东印度公司、南海公司为代表的大型特许股份公司。英国政府授予这些股份公司特许权和垄断权以换取它们对政府经费的支持，这些股份公司为政府提供了大量的短期贷款和长期贷款。以成立于1694年的英格兰银行为例，它不仅为政府提供长期贷款，而且提供短期融资和汇款等服务，政府则给予它吸收存款、发行纸币和银行券等特权。到1720年，这三家股份公司持有的公共债务比例已超过70%（凯罗米里斯、哈伯，2021）。股份公司向投资者发行股票募集资金，再把发行股票筹集的资金贷款给政府，然后将收取的贷款利息以股息的形式支付给股东。股份公司在英国金融革命中发挥了重要作用，特许的股份公司将股票市场与公共财政连接起来，活跃的股票交易市场提高了政府长期贷款的资金流动性，投资于公共债务和公司股票的人数稳步增长。

从国家形成的角度看，从17世纪末发展起来的英国金融体系成效卓著。借助于股份公司和资本市场，英国的公共财政能力大幅提升，军费投入和军力部署达到前所未有的规模，最终赢得了一系列漫长的战争，成为世界霸主。英国资本市场的发展为英国这个财政－军事国家[①]的出现奠定了坚实基础。

（二）金融产权与国家

那么，如何解释英国金融市场的发展，以及人们对政府债务的投资热情呢？投资者为什么愿意购买特许股份公司的股票，债权人为什么愿意借钱给英国政府？战争导致的财政赤字只能从需求侧解释国家的借贷增长，战争胜利带来的国际贸易增长及丰厚商业回报从供给侧解释了国家借贷资金的来源。但还需要回答的是，债权人借贷给政府和投资者投资高风险证券的意愿问题，这就涉及与金融产权保护相关的政治和法律

① 指的是有能力进行大规模战争及筹措必要资源支付战争开支的国家。

变化（North and Weingast，1989；卡拉瑟斯，2019）。

与普通债务人不同，作为债务人的君主或政府有其特殊性，债权人很难强制执行约束君主或政府行为的法律规定，而且政权的生死存亡关系到债权人的切身利益。1672 年，英国无法既为新发动的英荷战争买单，又履行对债权人的偿债义务，于是国王查理二世（1660～1685 年在位）选择了通过债务违约来摆脱面临的资金紧张，下令暂停财政部汇票赎回，将税收收入用于支付军事开支。大部分违约贷款（总计 120 多万英镑）的被拖欠方是伦敦金匠银行家。止兑事件既暴露了当时英国政府财政体制的缺陷，也体现了金匠银行家在政治上的弱势。如果税收长期不足，短期贷款居高不下，累积的赤字就会拖垮公共财政体系。止兑事件发生后，查理二世极力向议会争取额外资金加以偿付，但没有政治组织或党派维护金匠银行家的利益。议会并不代表金匠银行家的利益，甚至认为国王对他们的过度依赖会削弱议会对政府财政的控制。30 年之后这些违约欠款及其利息才被完全结算。1672 年的财政部止兑事件充分表明，让人们放心大胆地借钱给政府需要解决的关键问题是，约束主权债务人的违约行为，更好地保护公共债权人的金融产权，让公共债权人相信政府会履行还款义务。

在 1672 年的英国政治中，尽管议会偶尔难以驾驭，但国家大权显然掌握在国王查理二世手中。不受法律约束的君主更可能以强制贷款筹措资金，并且违约的可能性很大。1688 年光荣革命发生，国王詹姆斯二世（1685～1688 年在位）流亡国外，玛丽二世（1689～1694 年在位）和威廉三世（1689～1702 年在位）继位，1689 年议会通过《权利法案》，君主权力受到宪法的制约，权力重心由王室向议会转移。公共财政不再是君主的个人之事，而是议会中的君主的事务，议会对公共财政的控制权增强。此外，普通法法院逐步摆脱了君主的控制。对于长期贷款，议会不仅提供担保，而且承诺以特定的税收收入来偿还。政府承诺的可信性提升，借款给政府的风险降低，潜在借款人更愿意向政府提供贷款。公共债务不仅规模扩大，而且利率有所降低。

英国资本市场的发展离不开股份公司的公开交易，因此与私人金融工具、股份公司相关的法律的变更也提高了资本市场的深度与流动性。债权、股权的可转让性对于促进资产流通和加速资本市场流动异常重要。可流通的金融工具（本票、汇票、股票等）交付后可进行转让，受让人可享有与让与人一样的所有权或者说相同的法律权利。英国法律中流通性的许多基本要素在17世纪下半叶发展起来。传统上本票、汇票这些金融工具受到商事习惯法这种特殊法律的规范，普通法法院通常不承认这些合同的效力。从17世纪下半叶起，商事习惯法逐步被纳入普通法体系，本票和汇票的转让得到普通法的认可。这些变化虽然没有涉及公共债权人，但通过加强伦敦资本市场的整体流动性，间接地促进了英国政府的借贷。

另外，由于许多债权人利用股份公司作为中间人将钱借给政府，因此，与股份公司相关的法律对主权债权人的影响重大。股份公司通过向股东筹集资金，把资金集中在一起，作为一个整体进行经营。在1672年至1712年英国并没有通用的公司法，成立股份公司需要王室特许或议会的专门法令，授予公司存续权、起诉权、应诉权、公章所有权以及财产所有权。按照当时的普通法规定，公司股份这种财产形式不得转让，因此很难在市场上交易。为解决这一问题，公司特许状中会写入允许公司股份合法自由转让的条款，这保障了公司股份的交易流转。

（三）党派政治与股份公司

与诺斯和温加斯特强调宪政制度变化（North and Weingast，1989）不同的是，卡拉瑟斯（2019）重点考察了党派政治对股份公司控制权争夺和公司股票交易行为的影响。18世纪70年代晚期，英国政治的另外一个重大变化是现代政党登上议会舞台。英国在议会政治斗争中诞生了辉格党和托利党，它们以投票手段影响政策制定，以选举手段争取议会控制权。两党的形成改变了英国政治的组织形式，也改变了国家的政治局势。两党冲突反映了政治精英内部的巨大分歧。特许的股份公司通过贷款为公共开支提供资金，难免会卷入政治事务以及辉格党和托利党的两党之争。股份公司成为国家与新兴金钱利益群体结盟的媒介，也是经济权力与政治控制的焦点所在，这集中体现在辉格党和托利党对股份公司控制权的争夺上。控制股份公司为政党赢得了政治和经济上的双重优势，不仅有机会让政党影响政府政策，也会带来经济回报。

活跃在公共财政领域的特许股份公司主要是东印度公司、英格兰银行和南海公司，它们的成立和控制背后都有党派竞争和冲突的影子。1694年，英格兰银行是在财政大臣辉格党人查尔斯·蒙塔古（Charles

Montagu）和胡格诺派金融家迈克尔·戈弗雷（Michael Godfrey）等核心人物的支持下成立的，辉格党战胜托利党，通过议会促成了对英格兰银行的特许。英格兰银行的组织者是辉格党的主要成员，该银行一直在辉格党的绝对控制之下。1696年反对英格兰银行特许的托利党成功推动议会特许成立土地银行。然而，由于未能在规定的期限内筹集到足够资本，土地银行胎死腹中，未能正式成立并与英格兰银行展开竞争。

东印度公司于1600年被授予特许状，获得对东印度的贸易垄断权，回报政府以现金捐赠与短期贷款。在詹姆斯二世统治时期，东印度公司为其提供巨额资金，公开同国王与托利党站到了同一战线。该公司绝大部分股票掌握在极少数人手中，外部投资者无缘从垄断带来的丰厚利润中分得一杯羹。于是东印度公司的竞争对手与辉格党人结成了联盟。为争夺东印度的贸易特权，竞争对手与东印度公司展开了价格战。在辉格党大臣的政治支持下，1698年议会通过法案，批准成立新东印度公司与东印度公司开展贸易竞争。新东印度公司（80%的董事是辉格党人）与东印度公司（2/3的董事是托利党人）背后分别有辉格党和托利党的支持，二者并行存在了好几年。双方于1701年达成合并协议，最终于1709年完成合并。两党围绕1709年合并成立的东印度公司在董事会选举、投票权及股份所有权上的争夺最为激烈。

而南海公司则是由安妮女王（1702～1714年在位）统治时期的托利党大臣罗伯特·哈利（Robert Harley）于1711年牵头创建，他曾是流产的土地银行计划的主要支持者。它的成立主要是为了解决当时政府面临的紧迫的短期债务违约风险。南海公司被授予在南海地区的贸易垄断权。投资者将持有的政府短期债务置换成新成立的南海公司的股票，这样将短期公债转换为长期债务。南海公司主要在托利党人的控制之下。

这些股份公司通过投递请愿书、委派代表团、交叉任职（既是公司成员也是议会议员）等方式影响议会政策。而且这些公司之间的商业竞争与党派之间的政治较量互为映照、相互推动，不同党派支持的股份公司围绕政府贷款利率争相竞价，力图获得议会的批准，政府因此得到更为优惠的贷款。

（四）股票市场上的群内交易

党派之间的竞争冲突渗透到股票市场，影响个体对公司股票的交易行为。公司股票包含经济权和投票权，股东有权以股息形式获得利润分红，也有权投票选举公司董事，帮助选出公司管理层。对辉格党和托利党而言，要想夺取股份公司的控制权，最佳策略就是大批买进公司股票，避免股票落入对方之手，并利用投票权选举本党成员为公司董事。个体的股票交易决策最终会影响公司的控制者，因此政治目的可以通过股票交易来实现。

卡拉瑟斯（2019）利用英格兰银行与东印度公司股东分户账上的股权转让数据以及议会选举中的投票记录、投资者的其他社会特征数据，对 1712 年这两家公司的股票交易模式进行了经验研究。[①] 结果发现，对这两家公司的股票交易并非完全遵循对交易对象一视同仁的无差异交易模式，即毫不在意交易对象的社会特征；交易者的国内政治立场和国际政治承诺很大程度上影响了股票交易模式（见表 2）。

表 2　政治党派、种族 – 宗教群体与同业公会交易东印度公司与英格兰银行股票的模式（1712 年）

	东印度公司	英格兰银行
政治党派	群内交易	非群内交易
种族 – 宗教群体	群内交易	群内交易
同业公会	非群内交易	非群内交易

资料来源：卡拉瑟斯（2019：217）著作中的表 7.15。

东胡格诺派教徒与犹太教徒在这两家公司上都表现出明显的同派交易倾向。之所以如此，并非英国政府对少数派的财产权利没有给予很好的保障，实际上这是他们对抗路易十四宗教迫害的一种政治行为。群内交易让这些少数派有机会团结起来为击败法国的英国军事行动提供自己的支持，以报复路易十四对他们的驱逐。

就政治党派的群体交易而言，英格兰银行的股票交易对交易伙伴的政治立场并不介意，这是因为英格兰银行的控制权牢牢掌握在辉格党人手中，除非有非常大宗的交易才能改变这一局面；而东印度公司的股票交易人特别是富有股东和不活跃交易人，带有政治立场上的明确偏见，

① 卡拉瑟斯之所以选择 1712 年，是因为这一年的市场交易没有受到竞选活动、金融危机、公司合并或者不成熟的市场环境这些因素的影响，所以能更好地识别政治关联的影响。

在选择交易对象时更倾向于同一党派的成员，这也体现了两党对东印度公司控制权争夺的激烈性。无论是东印度公司，还是英格兰银行，并不存在基于同业公会的群内交易。这说明东印度公司存在的党派内股票交易是为了争夺对公司的控制权，而不是出于降低交易成本或风险的经济考虑。因此，卡拉瑟斯的研究表明，1712 年英国股票市场中存在交易行为嵌入政治关联的现象，股票交易人利用金融市场达到与经济无关的政治目的，维持同党派的股票基数，以争夺对公司的控制权。

（五）政府与新兴金钱利益群体的结盟

从银行交易博弈的角度来看，在 1672～1712 年这段时期银行业的发展中，英国经济交易与政治交易交织在一起。1694 年英格兰银行的建立旨在为因战争而入不敷出的英国政府融资。英国政府用一套获利丰厚的垄断特权与银行家做交换，以换取其对政府的贷款，体现了执政者、银行家和贸易商之间的联盟。光荣革命后的威廉政权需要贷款来赢得对外战争和维持政治统治，债权人则依靠威廉政权的稳固发展来保障其经济利益的获取。银行家、投资者与执政者分享了垄断性银行体制带来的租金收益，与此同时，国家和政权赢得了新兴金钱利益群体的政治支持，一个财政－军事强国赫然崛起。

自 1694 年英格兰银行成立，一直到 1825 年，英格兰的银行体系由垄断性的英格兰银行以及受到严格管制的小规模金匠银行和乡村银行组成。英格兰银行是英国政府以特许方式成立的一家股份制的有限责任公司，其主要功能是为政府筹资。政府赋予英格兰银行发行股票和银行券的权力，股票和银行券则由股东实缴资本支持，然后银行将这些银行券以一定利息贷给政府。议会通过法案赋予其唯一特许银行的垄断地位，不能新设与英格兰银行类似的银行，也不准其他组织染指与其相同的业务。在 18 世纪英格兰银行为私营部门提供的业务较为有限：通过发行银行券形式的纸币筹资，银行券可作为人们的支付手段而流动；接受富有的个人和企业的存款；为伦敦商人提供汇票和本票贴现业务。当时英格兰还存在一些小型的私人银行，在伦敦被称为“金匠银行”，在其他地区被称为“乡村银行”。这些银行受到政府法律的严格限制：不能通过公开市场募集股本资金；必须以独资或合伙人制的形式存在，合伙人不得超过 6 人；不能在伦敦及周边地区通过发行银行券融资（被英格兰银行垄断）；

对私人债务利率的限制（政府借贷不受此限制）[①]。这些限制既维护了英格兰银行的垄断和特权地位，也有助于信贷资金流向政府。1720 年通过的《泡沫法》规定，在未经议会或国王授权的情况下，禁止成立股份制公司并转让其股票。因此，这样一种金融体系，虽然满足了国家的战争筹资需要，但是信贷供给狭窄，不能给当时的工业革命提供太多产业融资，从而阻碍了经济增长。这种情况直到 1825 年之后才逐渐发生变化。

这种金融抑制的银行体系之所以能够在 17 世纪晚期到 19 世纪早期的英国稳定存在，与当时享有选举权的人口有限密切相关。当时英国的民主体制发育尚不充分，到 19 世纪中期之前，根据当时的财产资格和性别标准，只有不到 10% 的人口有资格参与选举。当时的议会代表的是上层阶级与中上层阶级的利益。

不过，新兴金钱利益群体的经济实力和政治影响力因公共债务而上升。国债是执政者与社会精英建立政治关系的一种经济手段，因为精英的经济利益捆绑于政权的生死存亡。一个可能发生贷款违约或解散股份公司的政权会威胁到公共债权人的利益。光荣革命后上位的威廉国王既要防备詹姆斯二世及其后裔对英国王位的争夺，又要对抗来自路易十四统治的法国的侵犯，他通过培养新政权的既得经济利益集团来争取政治支持。特许股份公司股东、年金持有人以及公债持有人的个人资产与 1688 年之后的新政权关联到了一起。投资公共金融资产的社会群体主要是商业、贸易与金融领域的精英以及来自伦敦地区的中产阶级（新兴金钱利益群体），而传统的地主精英（土地利益群体）则普遍参与不多。新兴精英群体权力与财富的增加是以牺牲传统地主精英为代价的。而且，精英构成的变化与政党政治关联在一起。托利党人与传统的统治精英主要代表土地利益群体，他们通过议会参与国家事务管理。日益威胁传统统治阶级的辉格党人代表新兴金钱利益群体，他们利用财务关系影响国家事务。新兴金钱利益群体利用自己的金融实力支持辉格党以干预政治。

四 政治交易与美国次贷危机

政治视角不仅可以用来理解英国早期的金融革命，还可以帮助我们

① 在 1714 年之前，私人债务利率不能超过 6%。1714 年之后，该利率上限降至 5%。利率限制直到 1833 年才被废除。

解释21世纪初的美国金融危机。很多研究从政治性因素的角度来探求这次危机的根源（Krippner，2011；Quinn，2019；普拉萨德，2019；拉詹，2011；凯罗米里斯、哈伯，2021）。直接来看，银行系统危机的发生是由于银行资产负债表中的资本不足以弥补其所承担的高风险贷款和投资带来的相关损失。对美国2007～2009年的系统性金融危机而言，一个基本共识是，它是由住房金融市场危机尤其是“次级”贷款[①]市场危机引起的。一些大型银行和政府支持企业（Government Sponsored Enterprises）发放并持有了大量高风险的住房抵押贷款及其衍生的证券产品，但却并未保有充足的资本金。一旦房价下跌，房贷借款人违约增加，整个住房抵押信贷的供应链就会断裂。因此，深层的问题是，为什么有那么多的金融机构，在仅有少量资本防范破产风险的情况下，却持有了如此大量的高风险抵押贷款资产？这个悲剧性的系统结果不能简单地归咎于金融机构的贪婪、美国监管机构和国会的疏忽甚至纵容。实际上，它是在特定政治环境下，超级银行、城市激进团体、住房类政府支持企业、监管者和政客等众多利益相关者参与的交易博弈的结果，而沉默的纳税人成为最终的买单者。

（一）住房金融政策与高风险住房抵押贷款的增长

20世纪六七十年代美国收入分配和财富不平等问题恶化，大量低收入人群集中居住在城市，城市生活中的不平等成为困扰美国的重要问题。由于国会内不同派别很难在税收和再分配问题上达成一致，所以没法完全通过财政体系和改善国家福利制度来缓解不平等问题。自20世纪80年代以来，通过住房金融政策扩大住房信贷成为一种政治阻力最小的解决方案（普拉萨德，2019；拉詹，2011；凯罗米里斯、哈伯，2021）。

1. 城市激进团体和超级银行的结盟

20世纪70年代后期至20世纪90年代后期，美国银行市场经历了一个放松管制的过程，州政府和联邦政府先后破除了在州内和跨州设立分行及进行银行并购的壁垒；存款利率上限的规定被废止；1999年通过的《金融服务现代化法》彻底取消了对银行、证券和保险混业经营的限

① 指的是一些贷款机构向信用程度和偿还能力低的借款人提供的住房抵押贷款。

制。这使得美国从过去的单体银行体系[①]转型为以超级银行为主的银行体系。20 世纪 80 年代初，拥有全国性分支机构的银行只占美国银行体系的 10%；到 20 世纪 90 年代中期，这一比例已经超过 70%。这也意味着农业民粹主义与单体银行家联盟的瓦解，一个新的银行体系交易联盟开始形成。

银行开设分支机构、合并和收购必须得到美联储等银行监管部门的同意，其中必须遵守一个叫“好公民”的标准。这个标准源自 1977 年国会通过的《社区再投资法》，这部法案主要是为了解决银行对城市低收入者的信贷歧视问题，要求银行增加对城市低收入者的信贷投入。但一直到 1992 年，仅有 430 亿美元的《社区再投资法》贷款承诺，该法带来的影响很小。随着银行跨州开设分行和并购潮的深化，《社区再投资法》1995 年修订并细化了合规要求，不遵守该法要求的银行将面临不利的后果。1999 年《金融服务现代化法》出台，明确规定任何银行或银行控股公司，获得从事该法所涉及的金融服务业务的前提条件是符合《社区再投资法》。

为城市中低收入群体、少数族裔及破败社区争取权益的城市激进团体（比如社区组织推动改革协会）和社区组织可以在一家银行提交开设分行、合并或并购申请后，对该行在《社区再投资法》贷款和公平贷款方面的表现以书面形式发布评价。全国社区再投资联盟可以帮助社区组织准备对银行相关申请的评价。根据银行满足其所在社区的金融需求状况，银行的《社区再投资法》评级分为优秀、满意、尚需改进和完全未遵循四级。低《社区再投资法》评级会阻碍银行开设分行或合并。

实施并购战略或开设分行的银行，可以选择独立运行《社区再投资法》贷款项目，或者与城市激进团体联合开展项目。对双方而言，结成伙伴关系，显然比独立运行项目要好。从 1977 年到 2007 年，城市激进团体与银行达成的长期协定至少有 376 个，涉及几十个团体。作为回报，城市激进团体同意不阻碍银行即将进行的并购或开设分行举动，有时还以提交文件或听证会作证的形式为银行提供支持。对银行而言，与激进团体合作，可以消除在并购和开设分行申请过程中来自它们的反对和干扰，从而顺利实现规模扩大带来的各种好处，主要包括规模经济、分散风险、

---

① 禁止跨州甚至州内设立分行的以单体银行为主的体系。

市场支配力，以及“大而不倒”的政府保护。对城市激进团体而言，与银行达成合作协定，一方面能增加自身的可支配资源（比如银行支付的贷款管理费、设立慈善基金、贷款组合分配的控制权），另一方面能为其成员谋求银行贷款（比如发放住房贷款和支持中小企业融资）。根据美国参议院银行委员会估计，1977～2007年城市激进团体从银行获得的贷款管理费和直接资助的总值达到了95亿美元。1977～2007年银行通过正式合同为城市激进团体认可的借款人发放的信贷总额为8670亿美元，其中8500亿美元发生在1992年之后；此外，这一时期银行还向服务欠缺地区或低收入地区承诺额外发放3.6万亿美元《社区再投资法》贷款（凯罗米里斯、哈伯，2021）。而城市激进团体对参与和支持组织活动的成员给予优惠的贷款条件，包括很多信用评级非常低的借款者。银行为履行《社区再投资法》要求所做的努力已经对其贷款规模和信用风险产生了重要影响。

2. **住房类政府支持企业的加入**

从20世纪90年代开始，老布什（任期1989～1993年）、克林顿（任期1993～2001年）、小布什（任期2001～2009年）三届政府均以“居住有其屋”，特别是提高中低收入和少数族裔家庭的住房自有率为重要施政战略，增加住房信贷成为美国政府公共政策的重要内容。20世纪80年代，原来主要负责为民众提供住房抵押贷款服务的储贷机构（Savings and Loan Association）大量破产，房利美、房地美和联邦住房贷款银行等政府支持企业在住房信贷领域的政治重要性提升。

住房抵押贷款具有还款周期长、利率波动风险大、贷款违约风险高等特点，美国政府在“大萧条”和“新政”时期就对此采取了一些支持举措，其中很多组织和制度被延续下来。美国联邦住房贷款银行是胡佛（任期1929～1933年）政府时期根据《1932年住房贷款银行法》建立的住房金融机构，是一个政府支持的信用合作组织，其资本源于成员银行（商业银行和储贷机构），凭借其特殊地位以优惠条款从市场上筹集资金，并向成员机构提供“预付款”，从而为成员机构的住房抵押贷款投资组合提供资金。1989年，政府要求12家联邦住房贷款银行启动为低收入人群住房融资提供支持的特别项目，从这一年开始，必须从其净收益中拿出10%支持中低收入人群的住房贷款项目。联邦住房贷款银行的预付款降低了成员银行发放这类贷款的成本，推动了贷款标准的下降。从1989年到2005年，各联邦住房贷款银行的总资产从1750亿美元增长到1万亿美元（凯罗米里斯、哈伯，2021）。

1934年，罗斯福（任期1933～1945年）政府设立了联邦住房管理局，通过为低收入居民的住房抵押贷款提供担保来帮助其购房，从而使银行和其他贷款机构能够发放这些贷款。它原来的担保贷款标准为期限20年、首付比例20%、经济上稳健的分期偿还住房抵押贷款。2000年，在克林顿政府的施压下联邦住房管理局调低了信贷标准，最低首付比例降到3%，同时提高了可担保的贷款额度上限，向借款人收取的担保费用也减少了一半。结果，由联邦住房管理局担保的住房抵押贷款的违约率显著上升。

为了吸引私营金融机构进入住房信贷市场，增加住房抵押贷款的供给量，1938年美国政府成立了房利美①，主要业务是以发行债券的方式回购由银行和储贷机构发放并且由联邦住房管理局担保的住房抵押贷款。出于财政预算压力，1968年政府对房利美进行了私有化改革，将其一分为二（Quinn，2017）。一部分名为吉利美②，作为美国住房和城市发展部的一个下属政府机构，主要负责为联邦住房管理局和退伍军人管理局担保的抵押贷款所支持的证券提供担保，并不参与放贷。另一部分仍叫房利美，成为一家可发行股票的私营股份公司，其主要业务有二，一是抵押贷款投资业务（MIB），直接持有贷款组合并承担信用风险；二是抵押贷款支持证券业务（MBS），在二级市场购入住房抵押贷款并进行资产证券化，向投资者出售抵押贷款支持证券、抵押担保债券（CMO）等产品。房利美的金融活动和债务不再纳入联邦政府财政预算，这减少了其承担公共责任的政治阻力。不过，作为政府支持企业，它享有一系列特权：可以从美国财政部获得信用额度，政府为其债务融资提供隐性担保；发行的证券不需要在美国证券交易委员会登记，房利美证券被视为政府债券，可作为向联邦政府借款的抵押物；不用向地方政府缴纳所得税；不受联邦破产法约束。这意味着其享有巨大的隐性公共补贴、较低的融资成本和宽松的资本充足率要求。1971年美国政府又成立了业务类似的机

① 联邦国民抵押贷款协会（Federal National Mortgage Association），简称Fannie Mae，中文语境中通常称其为房利美。

② 全国政府抵押贷款协会（Government National Mortgage Association），简称Ginnie Mae，中文语境中通常称其为吉利美。

构——房地美①，与房利美展开竞争。房地美成立之初由联邦住房管理局及其成员银行控股，但在1989年转变成与房利美一样的由公众持股的政府支持企业，享有同样的特权。房利美和房地美（以下简称“两房”）购买由银行、储贷机构发放的住房抵押贷款，投资者从“两房”购买抵押贷款及其证券化产品（“两房”提供还款担保），于是“两房”能从银行和储贷机构购买更多的抵押贷款，这些贷款发放机构也就能向购房者发放更多的贷款。

“两房”享有税收减免和政府对其债务的隐性担保，所以它们必须达到国会为其设定的贷款目标。出于连任的考虑，国会中的议员希望大幅提高选区内居民的住房所有率，而这些居民的贷款资质很差。城市激进团体也利用其在国会不断提升的发言权，持续施压“两房”降低住房抵押贷款的认购标准。因为如果“两房”不带头实行更低的认购标准，那么城市激进团体通过《社区再投资法》协议从银行获得的贷款总量就非常少。1992年《联邦住房企业金融安全与稳健法》的通过是一个重要的分水岭。这部法案要求，住房和城市发展部必须为“两房”制定可承受的（Affordable）住房贷款目标。1993年，住房和城市发展部要求“两房”购买的抵押贷款中有30%中低收入者贷款，1%特别可承受（Special Affordable）贷款（贷给收入很低的借款人）。1995年，要求40%的中低收入者贷款，12%的特别可承受贷款，还新增加了服务不足地区贷款，最低比例为21%（这些类别会有些重叠）。此后又多次提高各类比例下限要求，次级贷款规模在20世纪90年代后开始迅速扩张。2001年上台的小布什总统并没有改变对房地产融资的补贴，还提高了克林顿政府时期对“两房”设定的“可承受的住房贷款”目标：中低收入者贷款占所有“两房”贷款的56%，特别可承受贷款占27%，服务不足地区贷款占39%。到2008年，整体而言，“两房”在二级市场上购买的80%的住房抵押贷款可能都属于这些强制性类别的贷款。这些强制性要求的目的是迫使“两房”降低认购标准（即住房抵押贷款的违约风险标准），从而推动私营银行给低收入的城市选民发放住房抵押贷款。

很多商业银行和其他金融机构把对政府支持企业的强制性要求视为

① 联邦住房贷款抵押公司（Federal Home Loan Mortgage Corporation），简称Freddie Mac，中文语境中通常称其为房地美。

重要的商业机会，开展低标准住房抵押贷款发放业务，在交易中赚取佣金。参与这方面业务的巨头主要有全美金融公司、富国银行、华盛顿互助银行、美洲银行、花旗银行、摩根大通等。它们可以将这些高风险贷款出售给“两房”。即使不能出售，也可以将高风险贷款打包成一个由“两房”提供担保的抵押贷款支持证券，然后将这些有担保的抵押贷款支持证券放入自己的资产组合中，或者出售给第三方。

3. 高风险住房抵押贷款的增长

监管部门设定的可承受的贷款比例目标不断提高，可是，合格的低收入借款人的数量是相对恒定的。在此压力下，“两房”只能逐步放松认购的住房抵押贷款的风险标准。

首先，首付标准不断降低。1992 年国会要求“两房”购买首付金额低于 5% 的住房抵押贷款，并且借款人可以有逾期记录；还要求要坚定地协助银行履行其《社区再投资法》规定的义务。“两房”从 1994 年开始购买首付比例仅为 3% 的住房抵押贷款，包括中产阶层在内的每个美国人都能享受这些宽松的贷款标准，后来甚至出现了零首付的抵押贷款。[①]到 2007 年已有 2/5 的贷款首付比例为 3% 甚至更低。其次，购买低 FICO（美国个人消费信用评估公司开发的评级法）评分的贷款。“两房”购买了大量借款人 FICO 评分低于 660 分的高风险贷款。再次，积极进入浮动利率贷款和纯利息贷款市场。2004 ~ 2006 年，商业银行和其他贷款机构发放的住房抵押贷款中 48% 为浮动利率贷款，在高风险住房抵押贷款中，这一比例更高。最后，2004 年监管部门取消了对购买所谓“无证明贷款”（一般属于次优级住房抵押贷款）[②] 的限制。随之而来的是，商业银行和其他贷款机构对不良信用记录和证明文件不完整的容忍度提高。

低首付、低信用、缺证明和浮动利率的组合不仅使借贷人范围和住房信贷规模急剧扩大，也大大增加了住房抵押贷款的违约风险。截至 2008 年 6 月，大约有 2800 万份存续的次级（Sub-prime）和次优级（Alt-A）[③] 贷款，余额约为 4.8 万亿美元；在 2008 年中，所有存续住房抵押贷

① 2003 年 12 月 16 日，小布什签署了《美国梦首付款法案》（American Dream Downpayment Act），推出了每年 2 亿美元的首付款资助计划，为购房的中低收入家庭提供 1 万美元或住房购买价格 6% 的首付款资助，这对很多中低收入家庭基本意味着零首付。

② 无证明贷款指的是借款人不必提供工资单、税单等证明收入文件的贷款。

③ 次优级（Alt-A）是“Alternative to Agency”的缩写，意为在住房抵押贷款标准放松前不能卖给房利美和房地美的贷款，因为它不符合政府支持企业的认购标准。

款中大约有一半存在高风险（凯罗米里斯、哈伯，2021）。“两房”持有大量的高违约风险住房抵押贷款。在住房抵押贷款泡沫的高峰期，“两房”拥有大约1300万份总价值为2万亿美元的次级贷款和次优级贷款（凯罗米里斯、哈伯，2021）。如果把贷款价值比高于80%的住房抵押贷款或FICO评分低于660分的贷款归为“高风险贷款”，2003～2007年，政府支持企业新增高风险贷款总额为1.5万亿美元（Acharya et al.，2011）。

从20世纪80年代末到21世纪初，20年的时间里从老布什、克林顿到小布什几任政府实施扩大住房信贷供给的金融政策，这一政策导向很大程度上超越了党派和意识形态分歧，得到了国会中诸多政客的支持。以“两房”为代表的政府支持企业在政府赋予的公共责任压力之下，不断降低住房抵押贷款的认购标准，超级银行为履行《社区再投资法》贷款承诺也加大住房抵押贷款的投放，申请住房抵押贷款的门槛一降再降。1996年，美国家庭住房抵押贷款债务占GDP的比例为54%，2006年上升至89%。房价下跌、利率上升、经济衰退这些因素很容易把他们拖入贷款违约的境地，实际情况也是如此。

（二）金融机构缓冲资本不足与监管失败

如果在降低住房抵押贷款标准的同时，相关金融机构能够有充足的股东资本覆盖这部分贷款违约的概率，那么当坏账真的发生时，金融机构股东虽然会遭受一定损失，但不至于陷入资不抵债的境地。不过，实际的结果却并非如此。在宽松的审慎监管之下，很多金融机构并没有储备充足的缓冲资本，当危机真的来临时，自身没有偿付能力，只能指望政府出手救助，最终由纳税人买单。不断降低的贷款标准和脆弱的审慎监管并不是完全独立的两个因素，二者背后反映的其实是同一个政治交易，即只有提高住房信贷风险容忍度才能扩大住房所有权覆盖面。国会和相关监管部门本应该提高银行和政府支持企业的资本充足率要求，但这样做会使承担更高住房抵押贷款风险的成本增加，从而使银行不愿意发放高风险的住房抵押贷款。显然，严格的审慎监管不符合当政者希望提高居民住房自有率的政治目标。

1. 金融机构缓冲资本不足

美国政府为银行和政府支持企业编织了一系列最终由纳税人兜底的安全网。这些安全网的主要形式有存款保险制度、美联储和联邦住房贷款银行提供的融资窗口、政府对政府支持企业的隐性担保、未被存款保险覆盖的银行债务享受的“大而不倒”的隐性担保。这些隐性担保和公共补贴，使得银行和政府支持企业可用较低的权益资本去承担较高的风险。金融机构的规模越大、杠杆率（负债对所有者权益比率）越高，政府安全网提供的补贴的价值就越大。在这个巨额租金诱惑面前，如果银行和政府支持企业的管理层以安全网价值最大化为目标制定商业策略，那么最优的选择就是通过债务融资扩大业务规模，而不是投入大量权益资本作为其运营的资金来源。

这些安全网不仅降低了银行和政府支持企业的债务违约风险，而且削弱了债权人监督和要求股东投入高于政府要求的资本的激励。对于“两房”、花旗银行、华盛顿互助银行等把住房抵押贷款及其证券化作为主要业务的金融机构而言，如果可能遭受损失的资金主要来自股东，那么它们将不会持续购买价值上万亿美元的高风险住房抵押贷款或对其实施证券化。只有在以债务融资而非股权融资为主的情况下，这些机构才会这样做。而债权人之所以愿意为这些机构提供融资，是因为他们相信债务最终将由政府（广大纳税人）兜底。

唯一可以要求银行和政府支持企业的股东投入足量资本的，是政府监管部门。虽然监管部门注意到了住房金融市场不断累积的风险的预警信号，也有权力提高对金融机构资本金的要求，但它们有意放松了监管的审慎性。

根据 1988 年《巴塞尔协议》的国际标准，美国商业银行每 100 美元住房抵押贷款需要对应 4 美元资本。后来，随着巴塞尔标准的演化和美国监管的变化，对抵押贷款或抵押贷款支持证券的要求发生变化，大型商业银行和投资银行可以基于自己的风险评估模型，自行决定缓冲资本的恰当水平。当然，监管部门保留了不同意银行使用自身风险评估模型的权力，也保留了在既定风险水平提高最低资本充足率要求的权力，但它们并没有运用这些权力。

1992 年《联邦住房企业金融安全与稳健法》规定，资产组合中每 100 美元住房抵押贷款，“两房”仅需持有 2. 5 美元的资本金；在证券化过程中，它们只需为每 100 美元抵押贷款支持证券提取 45 美分的拨备来防范违约风险（覆盖潜在亏损的缓冲资本）。这部法案还允许“两房”大规模举债来履行向低收入群体贷款的义务，这意味着慷慨的政府为它们提供了隐性担保和补贴，使它们能够用极低的利率借入剩余的 97. 5 美元。

不过，这些资本要求都是建立在首付比例 20%、固定利率、期限 30 年、由银行发行并持有抵押贷款资产的假定基础之上的。前文已述，事实上后来发放的贷款标准大大降低，对政府支持企业的资本要求不足以防范其实际承担的潜在违约风险。

这一住房金融结构制造了监管套利的机会。如果商业银行发行住房抵押贷款并将其留存于资产组合中，则每 100 美元贷款需持有 4 美元资本作为缓冲资本；但如果银行购买 AAA 评级的抵押贷款支持证券，按监管部门要求，每 100 美元投资仅需持有 1.6 美元资本。之所以 AAA 级抵押贷款支持证券比抵押贷款对应的缓冲资本少，是因为证券的价值得到了政府支持企业或一些贷款银行的担保，而这一担保的价值同时体现着担保方的权益资本和这些中介机构享有的政府担保的共同影响。这样的话，某银行向“两房”出售抵押贷款，然后购回相同数量的抵押贷款支持证券，每 100 美元贷款中，整个金融体系（银行加政府支持企业）中的资本金实际只有 2.05 美元（银行的 1.6 美元，加上“两房”发行证券时作为担保的 0.45 美元）。

银行可以将品质不同的住房抵押贷款打包在一起，创建不同评级的抵押贷款支持证券（最高可达 AAA 级，最低为 BBB 级）。随后，又衍生出担保债务凭证（CDO）① 和信用违约掉期（CDS）②。这些衍生品也有助于相关机构以较低的监管资本要求继续持有风险相对较高的住房抵押贷款，从而提高其资本回报率。许多商业银行、投资银行及“两房”都持有大量的抵押贷款支持证券及其衍生品，而一旦作为最终基础资产的住房抵押贷款出现违约，这些证券的价值就会直线跳水，相应机构随之陷入资不抵债的境地。这些金融机构微薄的股东资本不足以弥补其证券和衍生品的损失，纳税人成为最终的买单者。

2. 监管失败

问题不仅在于政策制定者和监管部门放松监管要求，还在于实施了大量的无效监管。首先，监管部门把监管责任外包给存在利益冲突的评级机构，并试图弱化它们精确评级的动机。评级机构存在低估风险调高

---

① 发行 CDO 的机构发挥了管道作用，将住房抵押贷款支持证券和其他证券（通常评级较低）打包在一起，再度证券化。

② 指的是银行或保险公司给出的承诺，承诺在信用风险事件（如未能支付利息）发生时，投资银行或保险公司将以面值购回原始证券。

评级的激励。如果银行要购买的抵押贷款支持证券或担保债务凭证是AAA级资产，那么其缓冲资本要求就会很低。因此，抵押贷款支持证券或担保债务凭证的发行人非常期望评级机构证明它们是AAA级证券。美国证券交易委员会认定的统计评级组织市场是一个由穆迪、惠誉和标准普尔构成的寡头垄断市场。证券发行人会要求三大评级机构在发布评级之前，提前告知其将出具的证券评级，谁给出的评级最差，发行人就不会选择它，即所谓的评级选购。这种商业模式内含利益冲突，因为给出更高评级的机构才会被选中。如果评级公司给出的评级低估了风险，所有买家都会受益，持有这些证券所需的缓冲资本要求更低，同时可以获得更多的优惠待遇。另外，更具戏剧性的是，为了给次贷相关证券出具虚高评级，评级机构采用的评估次贷相关证券的风险模型建立在两个存在明显且根本性缺陷的假定之上：收入或就业证明缺失与更高的住房抵押贷款违约风险无关联；房价永远不会下跌。

在一些为住房抵押贷款支持证券提供虚高评级的评级机构和其他既得利益者的施压下，2006年国会通过了一项法案，敦促美国证券交易委员会出台“反降级”规定，迫使各机构在担保债券凭证评级中使用其他机构提供的担保债券凭证基础资产的评级，而不做任何下调。虽然这项规定最终没有实施，但传递了有关决策者偏好的信号，试图反抗评级虚高的评级机构会面临和证券交易委员会对抗的风险。

其次，美联储在2002~2005年宽松的货币政策也助长了危机。美联储通过调整联邦基金利率（银行间隔夜拆借利率）来制定美国的货币政策。2002~2005年美联储实行的货币政策特别宽松，其后果是大幅压低了风险的价格。如果风险看起来很便宜的话，那么银行和老百姓有动机承担更大的风险。在认购标准降低和没有充足资本支撑的情况下，宽松的货币政策就会为危机的积累火上浇油。

最后，当住房抵押贷款损失的系统性影响显现时，监管部门采取限制措施的动作迟缓甚至坐视不管。当大型银行投资次级贷的损失刚浮出水面时，监管者没有严厉要求银行及早确认损失并通过股票市场筹集更多资本，而是再次选择容忍。因此，从2007年春到2008年秋的次贷危机发酵期，各相关金融机构并没有利用股票市场筹资，而是坐等政府实施救助。当然，考虑到当时面临的政治环境和严峻形势，监管部门选择回避问题比积极作为要容易得多。在2007年和2008年初，如果监管部门出台措施严格要求银行和政府支持企业提高资本储备，虽然会降低系统性危机发生的可能性，但短期信贷供应紧缩也会带来不小的经济和政治成本。在经济上，利率的上升迫使各金融机构用更高的成本融资以应对可能的损失，会提高借款人的还款成本甚至导致违约、止赎；在政治上，会招致造就住房信贷供应链的强大利益联盟的各成员的不满甚至抗议。与其直接与这个庞大的联盟展开争斗——结果很可能失败，还不如置若罔闻坐等泡沫破裂，最终让不易觉察损失也不易团结起来的纳税人为危机处置买单。

（三）政治交易与次贷危机

随着房价下跌美国次贷危机最终全面爆发，许多大型金融机构走向破产、重组或寻求政府救助，房利美和房地美由政府接管，美国财政部2008年通过临时回购计划，花费4130亿美元为银行注入资本，2009年国会又通过7870亿美元的紧急支出计划。从深层来看，这场危机的最终发生，是围绕提高居民住房自有率这一目标，大型银行、城市激进团体、政府支持企业和各方政客共同参与的政治交易的结果。在这场经济交易与政治交易交织的银行交易博弈中，每一类行动者都从追求自己眼前利益出发投身其中，展开一场收益私有化而风险社会化的游戏，最终酿就一个公地悲剧式的系统结果。

起初是城市激进团体与希望扩张规模的银行走到一起，它们合作的主要催化剂是1977年通过的《社区再投资法》。这部法律为城市激进团体向银行施压增加对低收入社区和人群的信贷投入提供了制度保障。这个暗含着租金创造和分享的结盟对双方而言各有好处，城市激进团体既能为自己的成员争取到更多的信贷支持，又可增加自身可支配的资源；而银行则可以减少并购或设立分行申请审批过程中的阻力，进而享受规模扩大带来的益处，特别是“大而不倒”的政府隐性保护。

原本不情愿的住房类政府支持企业随后加入城市激进团体与超级银行的联盟，关键的转折点是1992年通过的《联邦住房企业金融安全与稳健法》。这部法律的出台与城市激进团体利用其在国会的影响力为银行争取更大的利益有一定关系。《联邦住房企业金融安全与稳健法》授权住房和城市发展部对“两房”制定具体的可承受贷款目标，要求“两房”购买指定类型的住房抵押贷款，迫使“两房”降低认购标准。而“两房”接受国会与住房和城市发展部强制性要求的条件是，有权使用由政府提供隐性担保的债务融资支持住房抵押贷款及其证券化业务，并且对它们的资本要求低于其他被监管的金融机构。通过出售高风险的住房抵押贷款给“两房”，或用较低水平的权益资本支持住房抵押贷款及其证券化，银行得以以更低成本开展更多业务。在克林顿政府和小布什政府时期，“两房”购买的可承受贷款目标不断提高，住房抵押贷款发放标准不断降低，越来越多的商业银行、投资银行加入住房信贷及其衍生品的产业链中，形成了一个资产规模巨大的分享住房金融租金的利益集团。赞成高风险住房抵押贷款补贴的联盟不断壮大。不过，那些在拓展优势客户方面能力出众的金融机构并未陷入太深。从借贷人角度来看，不仅低收入者和信用较差者，数以百万计的中产阶级也都经不住房贷标准降低的诱惑加入购房大军之中。如果后来没有发生利率上涨和房价下跌，他们无疑也是当时房贷标准降低的受益者。

在“两房”的资产负债表中，低标准住房抵押贷款不断增加而缓冲资本又储备不足，蕴含着巨大的风险，在风险不断累积的过程中，并非没有人觉察，也并非没有批评的声音。例如，尽管房地美的风险管理经理一再向公司高层对大量投资于次级贷款表达担忧和提出警告，但高层管理者迫于政治压力并没有接受建议。一些共和党议员（主要来自农业州）、时任美联储主席格林斯潘、财政部负责金融机构的部长助理、国会预算办公室的政府经济学家、部分左翼人士等人员都曾公开表达过对政府支持企业的批评和潜在风险的担忧，建议提高权益资本比率要求、限制其规模扩大、切断其与政府的关联，甚至废除这些机构。不过，这些声音都未能改变国会和监管部门对政府支持企业的隐性补贴和宽松监管。国会议员在意的是如何取得连任，而不是公共利益。特别是对于来自大城市选区的议员而言，他们清楚选区中的低收入者对其实现连任的重要性。“两房”的直接监管者是住房和城市发展部下设的联邦住房企业监管办公室（1993 年成立），起初它在金融服务监管方面没有任何经验，而且受制于财政拨款。如果这一监管机构开始严格约束“两房”，它们在国会的盟友就会减少这一部门的预算。当然，“两房”也做了大量的游说和公关工作，以赢得更多国会议员的支持。1998 ~ 2008 年，房利美和房地美分别支出 7950 万美元和 9490 万美元用于游说国会。房利美在有重要国会议员的州和地区建立了 55 个伙伴关系办公室并开展一些其资助的公益项目，以获得接近或影响国会议员的机会。“两房”还毫不避讳地为其政治盟友提供竞选捐款，同时资助那些支持“两房”商业模式的学术研究。2000年前后，住房抵押贷款行业的公司为了继续赢得政府补贴，对国会竞选的捐款急剧增加。一项实证研究发现，2003～2004年，竞选捐款在住房抵押融资相关的立法方面影响了20%的选票；相比之下，在1995～1996年这一比例仅为3%（Mian et al.，2010）。美联储虽然在银行监管上拥有重要权力，但其有强烈的动机回避问题。因为美联储的监管权力是国会授予的，美联储不会为了监管政策而对抗国会关键议员或总统，这种对抗很可能会威胁到美联储最关心的货币政策独立性权力。无论是民主党出身的克林顿总统，还是共和党出身的小布什总统，都把“两房”作为实现他们“居住有其屋”“房主社会”等施政纲领的重要抓手。

由此可见，政策制定者和监管部门也是这一住房信贷联盟中的重要成员。如果没有国会和监管者的积极支持或被动默许，政府补贴的住房金融政策和宽松的审慎监管不可能出现并得以维续。即使知道这么做不符合公众长远利益，这些政客或官员依然如此，因为这符合他自身的短期利益。不过，我们不能简单地将次贷危机的责任归咎于单一主体和住房抵押贷款证券化本身。需要进一步思考的是，为什么围绕次级贷款能够形成一个高风险容忍度的利益联盟？为什么通过银行信贷来解决不平等问题能够成为一个超越意识形态和党派纷争的政策选择？一些学者的研究揭示了联邦信贷项目（Federal Credit Program）和证券化在美国有着长远的历史，并不是自1968年房利美改制之后才出现，也不是源自大萧条和“新政”时期，而是可以追溯至1916年的《联邦农场信贷法》乃至更早的建国初期的土地信贷尝试（Quinn，2019；普拉萨德，2019）。在美国的国家建设历程中，信贷已成为一种重要的国家治理工具，在提振需求、刺激消费甚至解决收入分配问题中发挥着重要作用。这种基于扩大消费信贷的政府干预方式和私人福利制度的“按揭凯恩斯主义”模式，不同于很多欧洲国家通过公共财政来建立福利国家的“社会凯恩斯主义”模式（普拉萨德，2019）。而美国与欧洲很多国家在福利制度和政府干预方式上的重大分野出现在“大萧条”及“新政”时期。面对农业生产进步带来的产能过剩，在政治上强势的农业利益集团和民粹主义政治家将原因归结为消费不足和财富集中，因此一直阻碍国家消费税立法的通过，建立了以累进性所得税为主干的税收体系。在征税的政治阻力过大的情况下，美国选择了更多依赖鼓励消费信贷的政府干预方式。普拉萨德

(2019) 认为，美国在20世纪二三十年代的农业民粹主义政治给美国未来的发展投下了长长的阴影，形成了一种弱公共福利、重消费信贷的资本主义模式。通过扩大信贷的金融政策来解决收入不平等问题在20世纪六七十年代以来的美国的延续，实际上也是在美国独特的政治体制之下的一种政治阻力和意识形态障碍最小的选择。碎片化的政治体制加上高度的社会分化定义了美国的政治生活。当两极分化特别严重且利益集团强大时，有关集团可能利用否决门迫使政府决策停滞不前。因此，美国政府官员设计了一些巧妙的方法来回避否决门，将各种权力席位联系起来，并弥补该制度的缺陷（Quinn，2019）。精心设计的金融政策可以取悦选民，节省税收，避免政治僵局。用政府支持企业来促进住房信贷市场发展就是这样一种治理工具。通过住房类政府支持企业来扶助城市中低收入者的住房消费进而缓解不平等，不需要财政预算，因此在国会立法和表决中不会招致代表各农业州利益的议员的抵制。另外，让纳税人来最终承担住房抵押贷款借款人的违约风险不容易在政治决策过程中遭到反对。信贷的民主化承诺了经济平等的社会进步目标，不需要用政治激进的手段来重新分配现有财富，因此能获得更广泛的共识和同意。

五 总结与讨论

金融研究的政治视角主要是把国家带回对金融体系分析的核心，探讨国家与金融的紧密关系，金融市场的发展离不开国家的政策和监管，国家的治理和发展也离不开对金融市场的建构。不过，在不同的政治体制下，会出现不同类型的利益联盟和银行交易博弈，进而导致不同特征的银行体系。因此金融研究的政治视角不只是单纯地讨论国家货币政策、公共财政（Public Finance）或金融监管政策，而是试图探讨不同类型政治体制与银行体系实现充足稳定信贷之间的关系。在分析国家与金融的关系时，不能把国家视为一个具有自主性的单一行动主体，而是要注意到不同政治体制下参与金融市场的政治力量的多样性，它们未必拥有始终一致的利益和动机。就像在前文的叙述中所看到的，在英国早期金融革命中有国王、议会、托利党、辉格党等不同的政治力量参与其中，在美国的住房金融政策和监管中有不同党派和选区的议员、总统、城市激进团体、不同的监管部门参与其中，这些政治行动者的利益可能有一致的地方和时候，但也存在大量分歧甚至争斗。

凯罗米里斯和哈伯为研究政治因素与银行体系的关系建构了一个基础性的分析框架。这一框架把政府在解决银行产权问题时所面临的利益冲突作为分析起点，进而提出银行体系的构建是一个利益相关者围绕银行许可、信贷配置、损失分配、监管政策展开的政治交易和政治博弈过程的基本观点。当然，因拥有相对暴力优势，政府或者国家是一个不同于银行家、投资者、储户、借款人、纳税人的核心行动者。不过，在不同的政治体制下，国家内部不同行动者的权力分配和不同利益相关者的权力分配是不一样的，对执政者的制约程度也是不一样的，因此就会形成不同类型的权力结构和利益联盟，进而造就在充足性和稳定性上特征不同的银行体系。凯罗米里斯和哈伯把政治体制分为民主政治体制与威权政治体制两大类，进而区分了一些亚类型，在此基础上探讨了不同政治体制下银行交易博弈的逻辑及可能的银行体系结果。无论是对英国早期的金融革命，还是对美国的次贷危机的分析，我们都能体会到政治交易逻辑的强大解释力。金融体系不仅是一个众多私人参与者进行自由交易和价格竞争的市场，而且是不同利益相关者围绕租金创造和分配展开政治交易、斗争和联盟的舞台，甚至在很大程度上后者是更为底层的逻辑。金融交易嵌入于特定政治体制下的政治交易之中，金融交易与政治交易相互交织、相互建构。

银行交易博弈理论提供了一种独特的思考方法来探究政治与银行体系之间的关系，但“并不试图兜售一个精巧的、永恒不变的模型来解释银行成败的一切”（凯罗米里斯、哈伯，2021）。凯罗米里斯和哈伯对政治体制和银行体系只划分了几种有限的类型，这种必要的简化有助于为我们提供一般性的框架，但肯定不足以涵盖现实中政治体制和银行体系的复杂多样。在《人为制造的脆弱性：银行业危机和信贷稀缺的政治根源》一书中，他们选取英国、美国、加拿大等国家作为案例进行了深度的历史比较分析，展现了银行交易博弈和银行体系的特征如何随着不同国家间政治体制的差异及同一国家不同时期政治体制的变化而不同。其中，英国、美国、加拿大是作为民主政治体制的案例。[①] 遗憾的是，像德

① 篇幅关系，本文并未选取凯罗米里斯和哈伯（2021）书中对墨西哥和巴西这两个曾经的威权政治体制及其民主化转型过程中银行体系变迁的研究进行综述。

国、日本、俄罗斯等一些重要的国家在他们的著作中并没有作为案例进行深度研究，也许这些国家的经验能够充实、修正甚至挑战他们的分析框架和基本观点。

最后需要指出的是，从政治视角对金融的研究体现在不同的分析层次和研究对象上。除了本文重点关注的在民族－国家层次分析国家与银行体系关系的研究之外，还有基于行业层次的研究，比如对美国共同基金行业产品分类持续和变迁的政治过程的研究（Lounsbury and Rao，2004），以及对汇率政策、国际货币秩序的政治经济学研究（弗里登，2016；Strange，1971；李巍，2011），等等。这些研究因为分析层次和研究对象的不同，所涉及的行动主体和政治结构也必然不同，但也都包含权力、交易、联盟、竞争等政治逻辑。限于篇幅，本文对此不做详细介绍。

参考文献

爱德华·肖，2014，《经济发展中的金融深化》，邵伏军、许晓明、宋先平译，格致出版社、上海三联书店、上海人民出版社。

布鲁斯·G. 卡拉瑟斯，2019，《资本之城——英国金融革命中的政治与市场》，李栋飏译，上海财经大学出版社。

查尔斯·蒂利，2021，《强制、资本与欧洲国家（公元 990—1992 年）》，魏洪钟译，上海人民出版社。

查尔斯·凯罗米里斯、史蒂芬·哈伯，2021，《人为制造的脆弱性：银行业危机和信贷稀缺的政治根源》，廖岷、杨东宁、周叶菁译，中信出版集团。

道格拉斯·C. 诺思，1991，《经济史中的结构与变迁》，陈郁、罗华平等译，上海三联书店、上海人民出版社。

杰弗里·A. 弗里登，2016，《货币政治：汇率政策的政治经济学》，孙丹、刘东旭、王颖樑译，机械工业出版社。

拉古拉迈·拉詹，2011，《断层线——全球经济潜在的危机》，刘念、蒋宗强、孙倩、刘开雄译，中信出版社。

李巍，2011，《货币竞争的政治基础——基于国际政治经济学的研究路径》，《外交评论》（外交学院学报）第 3 期，第 44～55 页。

罗纳德·I. 麦金农，1997，《经济发展中的货币与资本》，卢骢译，上海三联书店、上海人民出版社。

莫妮卡·普拉萨德，2019，《过剩之地：美式富足与贫困悖论》，余晖译，上海人民出版社。

默里·罗斯巴德，2003，《美国大萧条》，谢华育译，上海世纪出版集团、上海人民出版社。

约拉姆·巴泽尔，2006，《国家理论——经济权利、法律权利与国家范围》，钱勇、曾咏梅译，上海财经大学出版社。

Acharya, V. V., Richardson, M., van Nieuwerburgh, S., and White, L. J. 2011. *Guaranteed to Fail: Fannie Mae, Freddie Mac, and the Debacle of Mortgage Finance.* Princeton: Princeton University Press.

Dickson, P. G. M. 1967. *The Financial Revolution in England.* London: Macmillan.

Fama, E. 1965. "The Behavior of Stock Market Prices." *Journal of Business*, 38 (1): 34 - 105.

Fama, E. 1970. "Efficient Capital Markets: A Review of Theory and Empirical Work." *Journal of Finance*, 25 (2): 383 - 417.

Fligstein, N. 1996. "Markets as Politics: A Political-Cultural Approach to Market Institutions." *American Sociological Review*, 61 (4): 656 - 673.

Fligstein, N. 2021. *The Banks Did It: An Anatomy of the Financial Crisis.* Cambridge. Massachusetts: Harvard University Press.

Jensen, M. 1978. "Some Anomalous Evidence Regarding Market Efficiency." *Journal of Financial Economics*, 6 (2 - 3): 95 - 101.

Krippner, G. R. 2011. *Capitalizing on Crisis: The Political of the Rise of Finance.* Cambridge: Harvard University Press.

Krueger, A. O. 1974. "The Political Economy of the Rent-Seeking Society." *American Economic Review*, 64 (3): 291 - 303.

Lounsbury, M. and Rao, H. 2004. "Sources of Durability and Change in Market Classifications: A Study of the Reconstitution of Product Categories in the American Mutual Fund Industry, 1944 - 1985." *Social Forces*, 82 (3): 969 - 999.

Mian, A., Sufi, A., and Trebbi, F. 2010. "The Political Economy of the Subprime Mortgage Credit Expansion." National Bureau of Economic Research Working Paper 16107.

North, D. C. 1981. *Structure and Change in Economic History.* New York: Norton.

North, D. C. and Weingast, B. R. 1989. "Constitutions and Commitment: The Evolution of Institutions Governing Public Choice in Seventeenth-Century England." *Journal of Economic History*, 49 (4): 803 - 832.

Olson, M. 1965. *The Logic of Collective Action: Public Goods and the Theory of Groups.* Cambridge, MA: Harvard University Press.

Quinn, S. L. 2017. "The Miracles of Bookkeeping: How Budget Politics Link Fiscal Policies and Financial Markets." *American Journal of Sociology*, 123 (1): 48 – 85.

Quinn, S. L. 2019. *American Bonds: How Credit Markets Shaped a Nation*. Princeton: Princeton University Press.

Riker, W. H. 1982. *Liberalism Against Populism: A Confrontation between the Theory of Democracy and the Theory of Social Choice*. San Francisco: W. H. Freeman and Company.

Stigler, G. 1971. "The Theory of Economic Regulation." *Bell Journal of . Economics and Management Science*, 2 (1): 3 – 31.

Strange, S. 1971. "The Politics of International Currencies." *World Politics*, 23 (2): 215 – 231.

Tilly, C. 1975. "Reflections on the History of European State-Making." In Tilly, C. (ed.), *The Formation of National States in Western Europe*. Princeton: Princeton University Press.

金融化研究的微观转向：从经济金融化到企业和个人生活金融化*

高　岭　李　雯　杜巨澜　李思沛**

摘　要：本文旨在研究金融部门与实体经济之间转化关系的金融化理论，其不仅是理解世界经济新趋势的关键，而且是理解中国当前经济"脱实向虚"的关键。本文首次以新古典经济学的金融发展理论为参照框架，系统地评述了激进政治经济学和后凯恩斯经济学视角的金融化理论之最新进展——金融化研究的微观转向。研究表明，金融发展理论和金融化理论之间的对立并不是绝对的，企业金融化是股东价值运动对公司治理结构重塑的结果，个人生活金融化则是福利国家向社会投资国家转型和企业社会化的产物。超越金融发展理论和金融化理论的对立是全面理解金融化的关键。

关键词：金融发展　金融自由化　企业金融化　企业社会化　社会投资国家

* 基金项目：教育部人文社会科学基金青年项目"马克思主义政治经济学视角的国家理论演进及其当代意义研究"（编号：21YJC790033）。

** 高岭，厦门大学经济学院、王亚南经济研究院助理教授；李雯，中国人民大学经济学院博士研究生；杜巨澜，香港中文大学经济系副教授、沪港发展联合研究所所长；李思沛（通迅作者），中国人民大学经济学院博士研究生，邮箱：gyz_1217@126.com。

一 引言

改革开放之初，邓小平同志即强调“金融很重要，是现代经济的核心。金融搞好了，一着棋活，全盘皆活”①。进入中国特色社会主义新时代之后，习近平总书记则再次强调“金融活，经济活；金融稳，经济稳。经济兴，金融兴；经济强，金融强。经济是肌体，金融是血脉，两者共生共荣”②。可见，金融发展在中国的经济体制改革中始终处于重要的位置。不断推进金融体制改革，使其更好地服务于实体经济的健康发展，也一直是理论界和实践界的共识。然而，近年来中国政府关于放开银行、证券、保险等金融行业外资持股比例限制的政策，却引发了广泛的关注和持续的讨论。对此，其拥护者认为，这是中国进一步扩大对外开放、深化金融体制改革的关键举措，金融自由化主导的金融深化有利于中国未来的发展；而其反对者则表示，这是全球金融资本主义扩张对中国金融领域的渗透，放松金融管制及金融自由主义导向的改革，将导致中国经济面临严重的系统性金融风险，金融投机资本对生产性资本的挤出也将抑制中国经济未来发展的潜力。显然，这两种对立观点的背后，是金融化研究两大理论传统的对立，即主流经济学的金融发展理论与异端经济学的金融化理论之对立。要深刻理解中国当前金融改革的实质，必须超越辩论双方的对立，立足于一个更宽的理论视角来审视金融化过程的实质及其对社会经济的影响。

20 世纪 70 年代以来，理论界涌现出大量关于金融化的研究，这些研究较为全面地展示了学者们对金融化的认识（张成思，2019；艾云、向静林，2021）。时至今日，与金融化相关的论题已经渗透于各类社会科学学科的研究之中，而且发展出了较多不同的层次，除传统的经济金融化以外，还包括企业金融化、个人生活金融化等内容（Blackburn，2006；Zwan，2014；杨典、欧阳璇宇，2018）。综观既有的关于金融化研究的综述性评论可以发现，相关研究仍然存在以下不足之处：第一，现有文献

① 《金融很重要，是现代经济的核心。金融搞好了，一着棋活，全盘皆活。》，http://cpc.people.com.cn/n1/2019/0827/c367206-31319958.html，最后访问日期：2023 年 4 月 4 日。

② 《习近平：深化金融供给侧结构性改革 增强金融服务实体经济能力》，http://www.xinhuanet.com/politics/leaders/2019-02/23/c_1124153936.htm，最后访问日期：2023 年 4 月 4 日。

对不同层次“金融化”的讨论并不充分，要么停留于宏观层面的“经济金融化”，忽视了金融化研究的最新进展，即金融化研究的“微观转向”，其最多只关注到企业金融化的层面（张慕濒、诸葛恒中，2013；蔡明荣、任世驰，2014；戴赜等，2018），而遗漏了个人生活金融化的层面，要么把不同层次的金融化混为一谈，将其仅仅看作不同量化指标的区别，忽视了理论层面的演进（张成思、张步昙，2015；陈波，2018；周绍东、谢浩然，2018；邹旸，2018）；第二，现有文献对“金融化”的研究总是狭隘地局限于某一特定研究传统，或者是激进政治经济学视角的金融化（Zwan，2014；张雪琴，2015），或者是后凯恩斯经济学视角的金融化（崔学东，2009；赵峰等，2013），或者是新古典经济学视角的金融化（何光辉、杨咸月，2000；胡海峰、倪淑慧，2013），而不同研究传统之间缺乏必要的理论对话[①]，不可避免地导致其对金融化的理解存在一定片面性。

与本文密切相关的研究来自 Zwan（2014）。其综合评述了异端经济学视角下金融化研究取得的全面进展，相应地，其缺陷在于完全没有提及主流的新古典经济学视角下金融发展的研究成果。事实上，虽然研究主题看似不同，新古典经济学视角的相关研究倾向使用“金融发展”和“金融深化”等术语，激进政治经济学和后凯恩斯经济学视角的相关研究则更加习惯使用“金融化”等术语，但是，两者之间的差别并没有想象中的巨大。为弥合主流经济学和异端经济学在金融化研究问题上的认识鸿沟，本文在 Zwan（2014）的研究基础上，以新古典经济学的金融发展理论为参照框架，对 20 世纪 70 年代以来的金融化研究文献进行了系统性评述，以期深化理论界对金融化的认识，进一步推动金融化研究。本文的边际贡献可能在于：第一，进一步拓展了金融化的研究范围，使之不仅包含传统的、狭义的激进政治经济学视角和后凯恩斯经济学视角的金融化研究，而且包括新古典经济学视角的金融发展研究，让不同研究范式的金融化研究实现“理论对话”，并透过不同的研究视角检视了金融化研究的三个面向，即经济金融化、企业金融化和个人生活金融化；第二，透过不同的理论视角，全面理解金融化，为中国当前的金融体制改革提

① 一个例外是杨典和欧阳璇宇（2018）尝试从金融社会学的视角让激进政治经济学的金融化研究或金融资本主义的兴起与波兰尼的“大转型”理论进行对话。不过从整体上来看，其属于社会学的研究范畴。

供一定的理论参考。

本文接下来的结构安排如下：第二部分梳理资本积累和经济增长视角下的金融化研究；第三部分讨论金融化研究的微观转向之一，即“企业金融化”；第四部分探索金融化研究的微观转向之二，即“个人生活金融化”；第五部分是结论。

二 资本积累和经济增长视角下的金融化

20世纪初期，部分学者已经注意到“金融业在国民经济行业中所占比重不断提高”“金融资产对国民经济体系的支配作用不断增强”等金融化现象，并进行了一定的理论探讨（Hobson，1902）。不过，“金融化”的概念未被明确提出。在金融化概念的溯源上，现有文献主要有两种观点：第一，将金融化追溯到Hilferding（1910）、Baran和Sweezy（1966）等人的研究，相应的研究路径形成了激进政治经济学视角的经济金融化理论；第二，将金融化追溯到Schumpeter（1912）的早期研究，相应的研究路径形成了新古典经济学视角的金融发展、金融深化理论，是金融化研究的主流范式。经济金融化理论着眼于金融化在资本积累体制中的作用，金融发展理论则着眼于金融化在后发国家经济发展中的作用，两者均是在宏观层面考察金融化。

（一）资本积累视角的金融化研究

Hilferding（1910）首次尝试把垄断因素纳入马克思主义分析框架中，并特别强调金融资本在垄断资本主义运行中的作用。可以说，其对金融资本的深入分析实际已经触及资本积累过程中生产与金融的复杂关系（袁辉，2014）。时隔数年[①]，Baran和Sweezy（1966）延续了通过资本积累过程研究金融化的传统，开辟了以垄断资本为核心的资本主义发展、繁荣及停滞的分析框架。其将金融、保险和房地产等看作“经济剩余”的一种存在方式，认为金融化是在资本主义投资停滞状况下吸收和转移“经济剩余”的一种重要形式，是维系垄断资本主义体系正常运行的关键

① 1917年布尔什维克革命后，作为一个分析概念，“金融资本”在主流文献中沉寂甚至消失了很长一段时间（Eatwell et al.，1990）。

所在。不过随后，Sweezy（1991）坦承自身对金融化的认识和理解存在不足[①]。在其看来，自己的研究仅仅把资本积累的实质局限于增加资本品的存量，而完备的资本积累理论，不仅应当包括资本品存量的增加，还应当包括金融资产存量的增加，故其对资本积累过程的理解是片面的、不完整的。虽然 Sweezy（1991）未能构建出完备的资本积累理论，但是其始终坚信，只有创建一个包含金融资产积累过程的资本积累理论并且关注实物资产和金融资产之间的相互作用，才能更好地理解当代垄断资本主义（福斯特、范国华，2014）。因此，Sweezy（1994）重申了这一论断：金融部门与实体经济之间的转化关系，是理解世界经济新趋势的关键。其把经济体中越来越多经济剩余流向经济的金融上层建筑领域（金融部门）的过程和趋势，称为"资本积累过程的金融化"，认为这个过程缓解了资本主义体系进入深度停滞的趋势，却也增加了金融的不稳定性（Magdoff and Sweezy，1987）。

一方面，资本积累过程的金融化表现为金融上层建筑的扩张，在现实中反映于金融业在国民经济体系中地位的上升，以 Dore（2002）的定义为代表，即"金融产业在经济体系中的支配作用越来越强，金融活动在经济活动中的主体地位越来越高"。所以，经济金融化体现出这样一个事实：金融市场沿着国民经济行业链条不断向其他行业扩散，而资本主义的经济重心开始从生产活动转移到金融活动（Foster，2007；Davis and Kim，2015）。不仅如此，金融化还能跨越国民经济运行过程本身，对政府部门的决策过程产生一定影响。政府在金融化过程中扮演着推波助澜的角色（渡边雅男、高晨曦，2017），即政府决策的金融化。在金融化过程中，金融意识、金融市场、金融活动以及金融从业者的地位均得到显著提升（Epstein，2005）。另一方面，资本积累过程的金融化表现为资本积累方式的金融深化。每一个经济体的资本积累过程都可以明显分为资本扩张阶段和金融扩张阶段。在前一个阶段，各个经济体主要通过从商品生产和商品贸易中获取利润的方式进行资本积累；而进入后一个阶段，金融化打通了资金流动的虚拟渠道，为各个经济体的资本积累提供了全新的方式（Arrighi，1994）。资本积累越来越依赖金融渠道，越来越脱离

① 福斯特和范国华（2014）认为，Sweezy（1991）对未能解决金融化问题的自我批评过于严厉，实际上，其研究并没有忽视金融部门。

传统的商品生产及贸易渠道（Krippner，2005），金融化甚至已经成为资本积累的决定性因素（Gonzúlez and Sala，2014）。正因如此，经济金融化被认为是资本积累方式的革新（Zwan，2014）

以 Sweezy 等为代表的每月评论学派（也称垄断资本学派）提出的“金融上层建筑扩张和资本积累方式金融化”的研究路径，是激进政治经济学研究金融化的典型范式。后来法国调节学派的相关研究仍然没有超出该分析框架，不过，其开始对金融化的“霸权地位”表示怀疑，认为金融资本并没有控制产业资本，产业资本也没有被“食利者”所渗透（Lapavitsas，2014；张雪琴，2015）。同时，后凯恩斯主义对金融化的研究也着眼于资本积累体制的金融化。相关学者在传统的“不完全竞争市场结构下的加尔布雷斯式寡占企业行为假设”的基础上，引入“敌对接管和经理报酬结构变化”等能改变阶级力量对比和经理偏好的制度变量，然后在一个内含收入分配理论的经济增长框架下，研究金融化对资本积累、利润、产能利用率的动态影响，揭示了金融支配积累体制的多元性和不稳定的动态演化过程（崔学东，2009）。当然，后凯恩斯主义的金融化研究实际是从微观企业行为出发推演到制度层面的金融积累体制，因而更适宜放到企业金融化中进行讨论。

（二）立足于后发国家的金融发展理论

与从资本积累方式的视角观察金融化不同，金融发展理论基于金融在后发国家经济发展中的作用来探讨金融化，可将其追溯到 Schumpeter（1912）的研究。其赋予金融（银行）以重要的角色，在其看来，经济发展源于企业的“创造性破坏”，而企业的创新投资需要向银行融资。因此，银行的发展和完善对经济的发展至关重要。Gurley 和 Shaw（1960）进一步把金融的范畴由银行（中央银行、商业银行）扩展至非货币体系的金融中介，认为非货币型金融中介同样能够发挥银行的作用：将储蓄转化为投资，从而推动经济增长。Hicks（1969）同样将金融发展视为工业革命的先决条件。Goldsmith（1969）则把“金融发展”界定为“金融结构的改善”。其综合了金融机构和金融工具两个层面，认为应当从影响金融工具存量和金融交易流量的经济因素出发研究金融结构和金融发展。

金融发展理论的正式提出以 McKinnon（1973）和 Shaw（1973）为代表，这标志着金融发展理论具备了一个规范的分析框架。麦金农－肖的金融发展理论基于对凯恩斯主义和新结构主义货币理论的批判，强调发展中国家与发达国家在制度建设上的不同，立足于发展中国家普遍存在金融抑制的事实，提出了金融自由化的制度改革路径。其认为，在发展中国家的经济发展过程中，政府的过度干预导致了金融抑制，而金融抑制阻碍储蓄通过金融中介顺利转化为投资的过程，进一步抑制了经济增长。如果说以麦金农－肖的金融发展理论为代表的第一代金融深化理论是对凯恩斯主义金融干预理论的革命，那么，以卡普－马西森的K－M模型（Kapur，1976；Mathieson，1980）、加尔比斯的两部门模型（Galbis，1977）、弗赖伊的开放经济下金融发展模型（Fry，1978，1980）等为代表的第二代金融深化理论，则是对发展中国家财政赤字、国内金融自由化、金融国际化三者之间无序状态的革命。第二代金融深化理论深入发展了金融自由化次序理论，进一步强化了麦金农－肖的金融发展理论，认为发展中国家的经济落后是政府抑制金融发展的结果，金融自由化是发展中国家摆脱欠发达状态、促进经济增长的必由之路（何光辉、杨咸月，2000）。

不可否认，以金融自由化为核心的金融深化理论在20世纪70年代及80年代部分发展中国家的经济实践中得到了经验证据的支持，然而，其却面临越来越多来自理论和实践的“双重打击”。拉美国家于20世纪80年代金融自由化改革失败（Kitchen，1986），金融抑制在1956年至1994年韩国经济的发展中起到明显的推动作用（Arestis and Demetriades，1997），1997年亚洲金融风暴和2008年国际金融危机接连发生，使得金融自由化逐步走下指导发展中国家金融改革的神坛。理论界的反金融自由主义思潮蔚然成风，金融抑制在发展中国家经济发展中的重要性则得到反复强调（Hamada and Horiuchi，1987）。其中影响最大的，要数Stiglitz和Weiss（1981）对金融深化理论的直接挑战，其指出由于存在信息不完全，如果没有政府干预，通过市场利率的甄别和激励机制自然实现的信贷市场，最终将会是一个信贷配给市场，这时，只有政府干预，才能改善信贷市场的资源配置效率。总的来说，在这场“辩论”中，坚持金融自由化的一方落了下风，“转攻为守”，将“市场出清”的条件放松为“接近市场出清”（何光辉、杨咸月，2000）。

为了应对反金融自由主义者在理论上的挑战以及金融自由化在发展中国家实践中的失败，第三代金融深化理论开始反思传统金融化理论

（包括第一代和第二代金融深化理论）中存在的局限。目前，比较有影响的是内生金融发展理论和金融过度发展理论。前者放松了传统金融发展理论中“完全竞争市场”的基本假设，开始接受“市场竞争不完全”“信息不完全”“金融摩擦”等更接近现实的假设，并把金融结构（包括金融中介和金融市场）纳入新古典经济学的内生增长模型，将金融中介和金融市场内生化，力图揭示金融中介和金融市场是如何随经济发展的演进而变化的（Boot and Thakor，1997；Greenwood and Smith，1997）。既然金融结构内生于经济增长，而经济增长又依赖于金融结构，那么，金融结构和经济增长之间将呈现出双向因果关系。尽管如此，内生金融发展理论仍然在其理论框架内识别出了金融结构对经济增长的正向因果效应，并得到了经验证据的支持（King and Levine，1993）。特别是，内生金融发展理论把模型的适用范围由原来的发展中国家延伸至发达国家，从而建构出了具有普适性的一般金融发展理论。此外，内生金融发展理论还对金融自由化导向的金融深化改革之有效性做出了前提性的限制说明[①]，更是为20世纪70年代较多发展中国家金融自由化改革的失败进行了辩护。

虽然第三代金融深化理论的完善使新古典主义的金融深化理论重新回到金融化研究的主流位置（陈晓枫、叶李伟，2007），但是，以Stiglitz为代表的金融约束理论（Hellmann et al.，1997）仍然对金融自由化导向的金融深化理论表示怀疑。根据金融约束理论，尽管金融深化理论对金融自由化的有效性做出了限制性说明，发展中国家的制度情况却依然不能完全满足这些条件——这恰恰是问题之所在。因此，金融深化理论并不适合发展中国家的金融体制改革。考虑发展中国家的具体情况，就会发现，金融约束理论更具现实意义。其强调政府对利率的适度管制，而由政府管制产生的金融抑制能为金融部门和实体部门创造“租金机会”，即获得超出竞争性市场收益的机会。“租金机会”的存在会激励金融部门和实体部门显示出个人信息和偏好，故“信息不完全”问题得以克服，金融资源的配置效率也得到相应提高。可以说，金融约束理论是为数不

① 其实，第二代金融深化理论已经对金融自由化改革的适用条件做了限制性说明，如建立完善的金融监管制度、维持稳定的价格水平、强化财政纪律、建立竞争型的金融体制和运转良好的税收体系等，但是在政策推行中，这些限制性条件纷纷受到了忽视（陈晓枫、叶李伟，2007）。

多的能与金融自由化相关理论进行竞争的学说。

（三）金融化对社会经济的影响研究

就金融化对社会经济的影响来说，虽然从整体上看，资本积累视角下的金融化研究对金融化过程持否定态度，但这并不意味着其忽视了经济增长视角下金融发展理论所特别强调的金融化的积极效果。在金融化扩张过程中，金融化研究从未回避金融化产生的以下积极作用：第一，金融化将提高金融业对国内生产总值的贡献（Krippner，2005；Jayadev and Epstein，2019），为拉动经济增长开辟新的通道；第二，随着股份制的发展和证券市场的繁荣，新的融资技术不断涌现（Hilferding，1910），进一步为实体经济部门的发展保驾护航；第三，金融市场的健全化和金融工具的多样化使得大量金融资金不断涌入，大幅度降低了国家公债、地方政府债券的发行成本，在一定程度上相当于放松了预算约束（Boyer，2000；Palley，2010），持续刺激经济增长。显然，在金融发展研究文献中，对这些积极作用的阐述也同样并不陌生，“金融发展与经济发展正相关”也是金融发展理论和发展经济学的基本共识之一（黄宪、黄彤彤，2017）。

然而，在促进经济增长的同时，经济金融化也埋下了一定隐患，即资本积累过度依赖金融化，可能会导致金融市场的脆弱性和经济增长的不稳定性（明斯基，2015）。在资本流通过程中，以金融资产为代表的虚拟资本往往受到投资人心理预期的影响，当虚拟资本代表的价值量与以长期固定资产为代表的实际资本所具有的价值量不再一致时，虚拟资本的价格往往过度膨胀，大幅度偏离合理阈值，吸引社会资金进入金融市场，再通过独立的循环运动产生利润，从而形成经济中的泡沫。例如，社会资金在股票市场中“空转”，不断参与投机活动以追求资本利得。这不仅使得国民收入分配有利于金融部门，而且将造就大量凭借持有金融资本获得巨额收入的群体，即“食利者阶层”（Crotty and Epstein，1996）。食利者阶层在社会体系中的财富和权力不断膨胀，将相应地降低工人阶层的工资水平和福利水平，从而导致不平等问题的加剧（Epstein，2005；Tomaskovic-Devey and Lin，2011；Lin and Tomaskovic-Devey，2013）。同时，股票等虚拟资本的价格水平不断上升，需要更多货币的支撑，而投资者也日益希望通过其价格上涨获得收益（金德尔伯格、阿利伯，

2017），这将导致投入实体经济活动的货币大幅度减少，对实体经济产生挤出效应（Orhangazi，2008），在全球范围则会引起商品生产和商品贸易的不平衡（Newman，2009）。一旦金融活动失去控制，甚至可能引发更加严重的经济危机（Stockhammer and Grafl，2010；Tomaskovic-Devey et al.，2015）。

事实上，金融化的相关研究所强调的以上消极后果，也并未被主流的金融发展研究文献忽视。也就是说，虽然金融发展理论一再强调，“解除金融抑制，使金融朝着自由化方向发展”将有利于经济增长，但是随着金融发展理论的日趋成熟，学者们也越来越认识到金融发展与经济增长之间并不是简单的线性关系。关于金融深化对经济增长可能造成的影响，金融发展理论认为：金融深化对经济增长的正效应存在一个“门槛值”，超过这个门槛值，金融深化对经济增长的正效应将转化为负效应。由此，引申出了“金融发展过度理论”（胡海峰、倪淑慧，2013）和“金融超发展理论”（黄宪、黄彤彤，2017），两者均试图在经典的“金融深化 - 经济增长”框架下为金融发展导致的国民经济“脱实向虚”提供一个合理的理论解释。而在何光辉和杨咸月（2000）看来，金融发展理论若要从根本上应对金融自由化理论体系遭遇的、来自理论和实践的双重挑战，则必须重构金融深化的微观基础，将传统金融深化理论所忽视的“金融自由化的过程性”和“发展中国家金融自由化的作用环境之本质特征及作用机制”纳入“金融深化 - 经济增长”的分析框架。作者认为，金融发展理论的反思对资本积累视角下金融化研究的改进也是适用的。虽然金融化理论强调金融化对经济发展的破坏性作用，但其并没有给出金融化的正效应如何转化为负效应的详细说明，宏大的金融化理论也并没有一个坚实的微观支撑，包括明斯基的“金融不稳定假说”，均只停留于宏观层面的叙事逻辑。

三 金融化研究的微观转向之一：企业金融化

自 20 世纪 70 年代“金融化”成为理论界的研究热点以来，其主要沿着两条路径发展，一是马克思主义和后凯恩斯主义强调的资本积累视角下的金融化，二是新古典主义的金融发展理论和新凯恩斯主义的金融约束理论。两者均是在制度层面研究金融化，属于宏观层面的金融化研究。该类研究传统把金融化的研究对象局限于金融机构和金融市场的扩张，忽视了金融化早已超越金融部门的范畴并渗透到企业和个人生活等微观活动中这一现实。毫不夸张地说，世界经济体系现存的事物，要么已经经历金融化，要么正在发生金融化。微观层面的金融化本应是现阶段金融化研究所偏重的方面，但是在国内外理论界的讨论中，尤其是在国内学者对金融化的思考中，其却被传统的主流金融化研究所忽视（张慕濒、诸葛恒中，2013）。简言之，金融化的微观研究也主要体现于两个方面，一是企业金融化（张慕濒、诸葛恒中，2013），二是个人生活金融化（Zwan，2014）。

在20世纪80年代关于公司治理的理论辩论中，“股东至上主义”和“利益相关者论”一度旗鼓相当，但是随着新自由主义的扩张，前者取得了压倒性的胜利，日益成为全球公司治理的准则和规范（杨典，2018）。“股东至上主义”主张，企业高管必须受到股东价值最大化目标的约束，及时“吐出”自由现金流（Jensen，1986），而这些自由现金流将以股息、红利和股票回购等方式回馈给股东，并非投资于扩大再生产（Froud et al.，2000；Lazonick and O’Sullivan，2000；Williams，2000）。Blackburn（2006）曾讽刺这样的公司为“一次性公司”（The Disposable Corporation）。在股票期权成为激励管理层的薪酬契约之后，管理层与企业所有者（股东）之间建立起稳固的利益联盟，从而缓解了Jensen和Meckling（1976）所强调的委托代理问题。高管的注意力从企业的能力建设和长远发展转向短期的盈利能力以及如何推高市场估价，这既是为了自身利益——提升期权的价值，也是迫于公司控制权的压力。与此同时，金融行业的扩张，尤其是影子银行业务的兴盛，大幅度改变了企业的运行规则。金融机构重设企业绩效的评估标准，通过股东价值运动和公允价值会计核算，评估企业在特定时刻的市值（Boyer，2000；Lazonick and O’Sullivan，2000）。最终，公司治理的有效性被重新界定为“股东利益最大化”和“股价高企”（Fligstein，1990），这更加强调了“股东价值最大化”在公司治理模式中的决定性意义（Aglietta，2000；Boyer，2000；Davis and Kim，2015）。

如果撇开股东价值运动和会计核算规则改变的影响，不同资产之间投资回报率的差异也会将企业引向金融化的方向。把所持资金投向能够获得更高回报率的资产，既是企业家的天性，也是资本的天性。若产业资产的投资回报率高于金融资产的投资回报率，企业的资产配置将偏向于长期固定资产，而非金融资产；若金融资产的投资回报率高于产业资产的投资回报率，企业的资产配置又将偏向于金融资产，而非长期固定资产。从这个角度看，企业金融化不过是企业资产配置偏好转移的自然反映。也就是说，在当前的经济环境中，企业更愿意将所持资金投入金融资产，而金融资产和长期固定资产（产业资产）的投资回报率差异越大，偏好转移的程度则越大（Duménil and Lévy，2005；Jayadev and Epstein，2019）。事实上，正是以加工制造为代表的实体产业的投资回报率大幅下降，而金融业的利润率却稳步上升，导致了企业的资产配置偏离长期固定资产、偏向金融资产，这是促使企业金融化的直接原因（Froud et al.，2002；Crotty，2003；Krippner，2005；Erturk et al.，2008；Orhangazi，2008；Davis and Kim，2015）。面对不断萎缩的利润，即使是加工制造等类型的非金融企业，也存在一定动机无视企业本身的商品生产要求，将资产配置到金融市场中（Davis and Kim，2015）。“经济金融化”与“以加工制造为代表的实体产业投资回报率下降”之间的因果关系，在Demir（2009）的研究中亦得到了验证，这样的因果关系持续促使经济重心由商品加工制造领域转移到金融领域。

可是若反过来看，当实体产业的发展受阻甚至陷入停滞时，“金融化过程”却为稳定经济提供了一种解决供需矛盾的方法（Foster and Magdoff，2009）。这说明，遏制国民经济“脱实向虚”的关键并非在于遏制金融发展，而在于提振实体经济活力，重点则是以技术创新推动制造业升级。如果制造业的利润率能够逐步回升，社会资金自然会从金融部门流向实体部门。然而，这是一个漫长的过程，不可能一蹴而就。在这个过程中，深化金融体制改革，充分利用金融对实体经济的支持作用显得尤为重要（李扬，2017）。本质上，商业银行依然是营利性企业。在业务经营过程中，其积极发展贷款等传统业务以外的投资活动，即所谓的“银行金融化”，属于分散市场风险、最大化盈利能力的理性行为，无可厚非。而中小企业融资难、融资贵，也不是银行的责任，相反，银行贷款给信用良好、有资产抵押、规模大、实力雄厚的企业（多数为国有企业），更是银行控制金融风险的需要。解决中小企业融资难、融资贵的问题，最终还是需要用市场的办法，而非行政的办法（如定向配额）。当然，金融的发展，只是政府从供给侧提供了制度性建设，以期为企业发展实业铺平道路。企业利用金融制度建设是为了实业发展，还是为了金融投机，仍然是一个大问题，这既与企业的定位和发展战略有关，也与政府的政策引导有关。在企业利用金融化追求利润的过程中，如何使其发展策略顺应国家的产业发展导向，是中国政府在金融化时代面临的重要挑战。

给定“企业正朝着金融化方向发展”这一事实，更值得关心的是企业金融化对企业的发展将产生怎样的影响。从现有的研究来看，企业金融化对企业的发展同样具有正负两种效应。其中，企业金融化对企业发展的促进作用主要表现为以下四点：第一，在金融化过程中，企业脱离商品生产和商品贸易的传统渠道，放弃投资回报率偏低的长期固定资产，增加所持资金在金融资产上的配置，可以直接提升企业的盈利能力（Zhang，2000；Biddle et al.，2001；Aivazian et al.，2005；Denis and Sibilkov，2010）；第二，金融资产的流动性较强，具有“蓄水池效应”（胡奕明等，2017），即企业在营运资金不足时，可以通过及时出售金融资产，扩大所持可支配资金的规模，从而调整自身的财务杠杆状况和经营杠杆状况，有利于企业减轻资金约束，提升投融资水平（Smith and Stulz，1985；Cleary，1999）；第三，金融深化提高了资源的流动性，降低了金融投资的交易成本，从而导致企业投资的增加（Merton and Bodie，1995）；第四，金融深化可以提升金融资源的配置效率和回报率，从而提高企业生产率（King and Levine，1993；Beck et al.，2000；张军、金煜，2005）。

当然，部分文献则对企业金融化的积极效果表示怀疑，综其所述，企业金融化对企业发展的负面影响主要表现为以下三点。第一，企业金融化对资源配置效率的改善是以削弱生产性效率为代价的，简言之，当企业的融资方式由银行主导的间接融资转向由资本市场（债券和股票）主导的直接融资时，企业必须在资源配置效率和生产性效率之间进行一定的权衡取舍（黎贵才等，2016）。第二，企业金融化将导致企业的发展战略短视化，不利于企业的长远发展。在金融化和股东价值运动的主导下，企业的战略控制权由内部经理人转向外部股东，经理人将在股东意志的支配下专注于提升股价，而非进行企业内部的创新能力建设。企业创新需要满足三个社会条件，即内部人的战略控制、财务承诺、资源整合，而企业金融化会对这三个条件产生破坏作用（拉佐尼克等，2019）。

第三，企业金融化可能催生出一个“双层劳动力市场”，并把全球生产引向“孤岛先锋主义”的发展模式。一方面，金融化企业为了追求公司的利润绩效，往往会通过兼并重组等以工人失业为代价的方式换取股东利润的增加（拉让尼克，2011）——这是企业高管应对市场竞争和经济周期的惯常做法。另一方面，金融化企业的经营活动被高度聚焦于企业的核心竞争力（Dobbin and Zorn，2005）。企业专注核心业务，外包非核心业务（Davis et al.，1994），从而形成由核心企业工人和外围企业工人构成的“双层劳动力市场”。核心企业工人以高技能、高福利的年轻工人为主，外围企业工人则以低技能、缺乏劳动安全保障的工人为主。这决定了只有少数工人能够享受现代工业文明的发展成果（虽然这些工人也处于不稳定的雇用状态），被昂格尔（2018）称为“孤岛先锋主义”。

四　金融化研究的微观转向之二：个人生活金融化

在现代社会，几乎人人都会与金融“打交道”，就业、收入、消费结构也越来越受到金融活动的影响（周绍东、谢浩然，2018）。作为投资者的居民个人及其家庭在现代社会中逐渐崛起，被称为“金融的民主化”，即金融活动的行为主体不再局限于社会的精英阶层或食利阶层，而是扩展到平民全体，在金融活动面前，阶层差异似乎“消失”了（Erturk et al.，2007）。“个人生活金融化”研究视角不再专注于全球化背景下的资本积累过程的金融化和新自由主义及股东价值运动背景下的企业运营过程的金融化，而是扎根于个人的日常生活实践，即“民间金融”（Popular Finance）（Aitken，2007），主要包括投资基金养老计划（Langley，2004；Waine，2006）、消费信贷（Montgomerie，2006）、住房按揭贷款（Langley，2007）以及其他大众市场金融类产品（Zwan，2014）。

按照个人生活金融化的研究逻辑，金融霸权对居民日常生活的渗透是20世纪后半叶科学技术和制度发展的产物（Zwan，2014）。在制度方面，资本主义社会经过1950年至1973年的“黄金时代”之后陷入了滞胀危机，也称“福特制生产组织危机”。为了应对危机，资本主义生产体系在制度上做出系统性调整，国家政策从主张干预的凯恩斯主义转向放松管制的新自由主义（Piore and Sable，1984；Krippner，2011），其中，以英国的“撒切尔政府”和美国的“里根政府”纷纷放弃福利资本主义模式最为典型，企业的生产模式由福特主义生产模式向后福特主义的弹性专业化生产模式转变[①]，资本主义系统的运行逻辑也随之发生根本性变化：资本投机化、劳动非正式化、临时工化（卢荻，2019）。在激进政治经济学文献中，资本主义制度的这场变革被称为“新自由主义”[②] 改革。计算机科学和通信技术的迅速发展为金融化扩张提供了相应的技术条件，有效地辅助了金融市场的发展——尤其是金融衍生品的推广和繁荣（陈波，2018），促使数字经济或信息经济日益融入居民的日常生活当中。除此之外，人口老龄化进程也为金融化进入居民日常生活提供了社会条件。日本、德国、意大利等发达经济体的老龄化程度不断提高，劳动力数量逐步减少，社会资金在经济体内部的实体产业领域中只能获得较低的投资回报率，故转而流向国际市场的金融业领域（Deutschmann，2011）。

推动个人生活金融化的技术创新或金融创新，主要包括零售投资银行（Davis，2009）、银行业务多元化（Erturk and Solari，2007；Hardie and Howarth，2009）、养老基金（Engelen，2003；Dixon，2008）、共同基金（Davis，2008）、资产担保证券（Bryan and Rafferty，2006）以及其他金融衍生品。在相关学者看来，这些正是金融资本主义的典型特征。其本质即在于不断寻找并建设（发明）新资产，以产生可预期的收入流。这些新资产还可以作为抵押品继续借入新资本，新借的资本或者直接用于金融投资和其他高风险资产投资，或者被证券化之后间接地参与到进一步的投机中（Leyshon and Thrift，2007）。一切形式的私有化都有引致金融化的潜在可能性，因为其可以创造一连串的收益，然后被整合成资产，该资产能够成为金融衍生工具的一部分，用于投机交易（Fine，2012）。

在金融化渗透到居民日常生活实践的过程中，广告宣传、商业杂志、投资手册以及金融知识宣传活动起到了推波助澜的作用（Clark et al.，2004），这是在用金融文化规训现代市民，其幕后推手则是金融从业者、市场营销人员和政治家（Zwan，2014）。Krippner（2011）特别研究了金融化的政治起源，强调政府在金融化的过程中并不是处于被动地位，而

---

① 资本主义生产组织出现了两种不同的生产模式以应对福特制生产组织模式的危机：以日本丰田企业为代表的精益生产模式和以美国企业为代表的后福特主义生产模式。就全球范围来看，后福特主义生产模式更具代表性。

② 关于“新自由主义”在理论文献中的界定和阐释，参见 Saad-Filho（2017）的研究。

是扮演着积极推动和顺应金融化扩张的角色。政治和文化规训的目的在于使市民个人意识到其当前身处的世界充满了风险和不确定性，这种风险和不确定性来自20世纪70年代以来灵活雇用制下的工作弹性、福利资本主义政府的崩溃和金融市场本身的不稳定性，而这种风险和不确定性只能靠个体自身应对，市民个人需要对生活的不确定性负责（Cutler and Waine，2001）。

在规训过程中，金融从业者和市场营销人员的角色很好理解，那么，政治家或政府具体扮演了什么角色呢？与金融化相伴发生的是国家政体的转型，在福利国家向社会投资国家转型的过程中（Sherraden，2003；Perkins et al.，2005），国家开始关注居民的人力资本和社会资本，鼓励居民积极掌握必要的技能及资讯以构建和优化个人资产，自主选择其所向往的生活方式，并倡导居民增加储蓄以应对未来生活可能出现的风险。不幸的是，这个美好的设想在新自由主义主导的政府改革中已经变质。国家把原来由自身承担的社会风险转移给了市民个体，即Hacker（2019）所说的“大风险转移”（Great Risk Shift）。典型做法是政府通过社会公共服务投资支出的削减以及社会保险制度的私有化，来瓦解社会保障制度，个人及其家庭若需要获得经济保障，则必须自行向保险公司和金融市场投保（Hacker，2019）。

事实上，这也是个人生活金融化研究的基础假设，即金融化过程涉及金融资本主义的形成，而金融资本主义的形成正是建立在金融管理相关人员“需要具备个人责任感、风险承担及评估能力”这一特定叙述基础上的（Martin，2002）。经过金融文化的熏陶和规训，个人生活金融化在一定程度上就是由居民自身金融意识驱动的、自我实现的产物，而不仅仅是外界强行推动的结果。在具备“风险不能规避而只能管理”“只有通过承担风险，个体才能够获得投资收益以作为维持生存的必要条件”等金融素养的情况下，生活本身就成为一种有待管理的资产（Martin，2002）。因此，这种视角下的金融化研究，不仅强调了金融化影响大多数人的现实结果，而且涵盖了金融化对个人在政治经济体系中所起作用之主观理解的改变效果（Zwan，2014），后者产生的一个直接结果是金融化创造了全新的投资主体（Aitken，2007）。所谓“全新”，是因为该投资主体具有鲜明的个体性：自主的个体为了自身及家人的利益而行动，并凭借其具备的金融知识自主应对生活中的风险。而个体性的强化同时意味着个体中集体性成分的弱化（Langley，2007）。

然而，如果换一个角度看，将会发现个人生活金融化本质上是企业社会化的表现。对现实中的企业来说，社会性是一个关键的问题。随着股份制的发展和企业融资方式的改变，企业出资者（股东）数量增加，形成相应的社会群体，特别是随着资产证券化过程的推进，证券通过资本市场得以实现社会化，现实中的企业逐步演化为“公众公司”。这种类型的公司具有两个基本的制度特征：一是股权分散化形成“股权社会化”，雇主群体转化为由普通家庭组成的出资者（股东）群体；二是股权匿名化抹去了雇主的人口学特征，将股权持有者高度简化为单纯的出资者，而这种出资者身份和雇员身份往往是重叠的，因而很难通过劳资关系轻易地甄别这两个本该独立甚至对立的社会层级。也就是说，雇员和雇主的双重社会化导致个人社会角色的多元化和复杂化，个人的社会身份相互叠加，同时归属于多个群体。这是劳动市场和资本市场社会化的真正意义（周业安、高岭，2017）。在企业社会化的视角下，居民自身及其家庭参与的金融活动受到所处的社会关系网络、个人及家庭的财富结构和风险偏好等因素的影响。当前，关于个人和家庭参与股票市场的研究，主要沿着两条路径展开：一是依据经典的消费理论和金融学理论，如财富效应理论（Keynes，1936）、资产组合理论（Markowitz，1952；Samuelson and Merton，1969），强调个体的理性决策和风险－收益的权衡；二是借鉴社会学的社会结构理论和社会资本理论，强调个人的社会性对金融决策的影响（朱光伟等，2014），而这种结合经济学与社会学的研究方向被称为“经济社会学”。

具体来说，前一条研究路径主要考察了以下几点。第一，不同收入来源和性质导致的异质性风险偏好对个人和家庭参与股市的意愿及相关决策的影响。以劳动收入为主的个人往往持有风险厌恶态度，在投资股市时更加谨慎（Heaton and Lucas，1997），同时，劳动供给弹性与个人所能接受的金融风险水平正向相关（Shum and Faig，2006）。此外，持久性收入风险会降低风险资产在家庭资产组合中所占的比重，而临时性收入风险对家庭资产组合则没有显著的影响（Campbell and Viceira，1999）。第二，所持财富或资产的性质会影响个人和家庭的风险偏好，进而影响其参与股市的意愿及相关决策。研究发现，房产作为一种非流动性资产，将弱化投资者的金融风险承受能力，从而对个人及家庭的风险资产持有倾向和股市参与意愿、相关决策产生挤出效应（Cocco，2005；Sinai and Souleles，2005；Pelizzon and Weber，2008），而拥有企业资产的个人和家庭则倾向于增加风险资产的持有，特别是投资于私人所有的企业（Davis et al.，2006）。现有文献认为，这种差异源于流动性约束、信贷约束和交易成本，流动性约束将降低个人和家庭对风险资产的需求水平（Cocco et al.，2005），信贷约束将使个人和家庭减少甚至完全放弃股权投资（Willen and Kubler，2006），交易成本则会使个人和家庭更加愿意投资交易成本较低的资产（Heaton and Lucas，1997），从而减少对风险资产的持有和交易次数（Davis and Norman，1990）。在一定程度上，投资者的财富水平可以抵消交易成本对持有风险资产的负面影响，但是财富必须足够多，直到超过一个临界值（Guiso et al.，2008）。否则，交易成本所产生的负面影响将不能被抵消，这在一定程度上说明了相当比例的美国中等富裕家庭不参与股市交易的原因（Vissing-Jørgensen，2002）。

后一条研究路径则主要考察了以下几点。第一，社会互动对股市参与意愿及相关决策的影响。研究发现，个人和家庭的社会互动越频繁，越容易参与到股市的交易当中（Hong et al.，2004；李涛，2006；郭士祺、梁平汉，2014）。第二，信任水平对股市参与意愿及相关决策的影响。个人和家庭对外界的信任水平越低，越倾向于不购买股票（Guiso et al.，2008）。第三，社会关系对股市参与意愿及相关决策的影响。也就是说，社会关系对个人和家庭参与股市的意愿具有正向的因果效应（朱光伟等，2014）。

整体来看，个人及家庭参与金融活动的研究视角侧重于对股市参与意愿及相关决策的影响因素分析，但是其往往从个体的禀赋（包含社会关系情况）和风险偏好出发，忽视了制度性因素的影响，而后者正是文化视角下的个人生活金融化研究所重视的。此外，个人生活金融化还研究了个人及家庭参与金融活动的趋势，不过，学者们倾向于把个人生活金融化与马克思主义的经济危机理论相联系，从个人及家庭卷入金融化出发，讨论金融资本主义时代金融危机的发生机制（拉帕维查斯，2009）。

五　结论

20 世纪 90 年代以来，金融扩张成为每一个卷入全球化的国家在经济发展过程中的普遍特征，“金融发展”和“金融化”随之成为理论界研究和讨论的热点。令人困扰的是，“金融发展”“金融深化”“金融自由化”“金融化”等分属不同理论传统的概念和范畴常常被混为一谈（张慕濒、诸葛恒中，2013），这是金融改革争论不休的重要因素之一。事实上，“金融发展”“金融深化”“金融自由化”属于新古典经济学视角下的金融发展理论，在“金融发展－经济增长”的分析框架中，金融深化是实现经济增长的前提条件，而金融自由化是实现金融深化的必要手段，三位一体，互释互补。发展中国家的金融深化并不仅仅是金融自由化的问题，而是涵盖“金融自由化－金融深化－经济增长”的两阶段动态演化过程（何光辉、杨咸月，2000）。“金融化”是激进政治经济学和后凯恩斯经济学等异端经济学对金融业在实体经济乃至全球范围扩张的一种概括，着重从资本积累机制的变化研究金融扩张。

虽然研究对象相同，即“金融扩张”，但是金融发展理论和金融化理论对该问题的讨论却得出了相反的结论：前者倾向于肯定金融化，后者倾向于否定金融化。不过，这种差异并非绝对。通过对金融发展理论和金融化理论的演进过程进行梳理，可以发现金融发展理论绝不是无条件地倡导金融深化，其甚至肯定过度的金融深化将对经济增长产生负面影响，而金融化理论也不是无条件地否定金融发展，其只是强调“金融化将导致金融投机对生产性投资产生挤出效应，从而引发经济‘脱实向虚’”的观点。在研究和评估金融化对社会经济的作用效果时，不能只关注主流经济学的金融发展理论及其研究成果，也不能只关注异端经济学的金融化理论及其研究成果。如果忽视其中任何一个，失去竞争性理论作为参照，所得到的结论就容易以偏概全。以往的相关研究要么只重视前者，要么只重视后者，鲜有文献将两种不同的理论研究传统置于同一个分析框架中进行考察。本文则从新古典经济学、激进政治经济学和后凯恩斯经济学等多个视角，全面考察了金融化研究的三个维度：国民经济的金融化、企业的金融化和个人生活的金融化。

近年来，中国不断深入推进金融体制的市场化改革，而国民经济出现的“脱实向虚”现象更是引发理论界关于“中国是否存在过度金融化”的思考，同时，学者们对放松外资比例限制等金融自由化改革可能导致的金融风险表示出了明显的担忧。问题在于，中国的金融化水平究竟如何？目前尚无定论。毋庸置疑，“金融化”的概念是典型的“学术舶来品”。国内学者在分析金融化时，基本接受了国外学者的概念界定和研究范式。而金融化的具体量化指标并未在国外学者中形成统一的标准，再加上国情的差异，导致国内学者虽然在借鉴国外经验的基础上，构建了从宏观到微观的不同层次的金融化指标，但是其研究结论依然没有达成共识。在很大程度上，这种不一致来源于相关指标的多样性。整体上看，中国的经济金融化呈现出稳步上升的态势（赵峰、田佳禾，2015；周绍东、谢浩然，2018）。然而，当具体到微观层面时，相关研究则发现宏观层面的金融化研究可能高估了中国的经济金融化程度，其认为中国企业的金融化程度仍然较低，并未陷入过度发展的泥潭（张慕濒、诸葛恒中，2013）。可是，就个人生活的金融化程度而言，“过度金融化”的确又是中国面临的一个客观事实。根据田国强等（2018）的研究，2017 年，中国家庭债务占国内生产总值的比重高达 48%，而家庭债务与可支配收入之比则高达 107.2%，已经超过美国当时的水平。而且，这仅仅统计了中国的显性家庭债务，如果考虑到隐性民间借贷等无法被统计的部分，那么，中国的部分家庭可能处于一种入不敷出的状态，这部分家庭的资金流动性已经“岌岌可危”。自 2008 年以来，中国经济中的金融投机已经对生产性投资产生了比较严重的挤出效应，这一点值得特别关注，这或许正是中国经济进入新常态并偏离 2000 年以来的“黄金增长模式”（高投资、高消费、高增长）的重要原因（卢荻，2015）。中国经济“脱实向虚”，到底是经济金融化的产物（张成思、张步昙，2015），还是其他原因——例如，现有财务分析体系的缺陷导致资金效率与财务风险信息被严重扭曲（王竹泉等，2019），现有公司治理的金字塔结构存在天然的缺陷（文春晖、任国良，2015）——的结果，仍然有待进一步检验。

参考文献

艾云、向静林，2021，《从经济金融化到社会金融化——社会学金融化研究的兴起与展望》，《国际社会科学杂志》（中文版）第 1 期，第 18 ~ 31 页。

蔡明荣、任世驰，2014，《企业金融化：一项研究综述》，《财经科学》第 7 期，第 41 ~ 51 页。

查尔斯 · P. 金德尔伯格、罗伯特 · Z. 阿利伯，2017，《疯狂、惊恐和崩溃——金融危机史》，朱隽、叶翔、李伟杰译，中国金融出版社。

陈波，2018，《经济金融化：涵义、发生机制及影响》，《复旦学报》（社会科学版）

第 5 期，第 159 ~ 169 页。

陈晓枫、叶李伟，2007，《金融发展理论的变迁与创新》，《福建师范大学学报》（哲学社会科学版）第 3 期，第 52 ~ 57 页。

崔学东，2009，《后凯恩斯主义的资本主义金融化理论述评》，《教学与研究》第 11 期，第 63 ~ 68 页。

戴赜、彭俞超、马思超，2018，《从微观视角理解经济“脱实向虚”——企业金融化相关研究述评》，《外国经济与管理》第 11 期，第 31 ~ 43 页。

渡边雅男、高晨曦，2017，《试论日本经济的金融化》，《政治经济学评论》第 6 期，第 66 ~ 87 页。

郭士祺、梁平汉，2014，《社会互动、信息渠道与家庭股市参与——基于 2011 年中国家庭金融调查的实证研究》，《经济研究》第 S1 期，第 116 ~ 131 页。

海曼 · P. 明斯基，2015，《稳定不稳定的经济——一种金融不稳定视角》（中文修订版），石宝峰、张慧卉译，清华大学出版社。

何光辉、杨咸月，2000，《金融自由化理论体系的挑战与金融深化理论的微观重构》，《上海经济研究》第 4 期，第 34 ~ 40 页。

胡海峰、倪淑慧，2013，《金融发展过度：最新研究进展评述及对中国的启示》，《经济学动态》第 11 期，第 88 ~ 96 页。

胡奕明、王雪婷、张瑾，2017，《金融资产配置动机：“蓄水池”或“替代”？——来自中国上市公司的证据》，《经济研究》第 1 期，第 181 ~ 194 页。

黄宪、黄彤彤，2017，《论中国的“金融超发展”》，《金融研究》第 2 期，第 26 ~ 41 页。

考斯达斯 · 拉帕维查斯，2009，《金融化了的资本主义：危机和金融掠夺》，李安译，《政治经济学评论》第 0 期，第 30 ~ 58 页。

黎贵才、卢荻、刘爱文，2016，《中国金融体制在经济增长中的作用——生产性效率对资源配置效率的替代》，《经济学动态》第 3 期，第 21 ~ 30 页。

李涛，2006，《社会互动、信任与股市参与》，《经济研究》第 1 期，第 35 ~ 45 页。

李扬，2017，《“金融服务实体经济”辨》，《经济研究》第 6 期，第 4 ~ 16 页。

卢荻，2015，《重塑“中国模式”》，《政治经济学评论》第 1 期，第 102 ~ 115 页。

卢荻，2019，《全球化视野下的中国改革开放》，《政治经济学报》第 1 期，第 51 ~ 62 页。

罗伯特 · 昂格尔，2018，《金融危机与知识经济时代的劳资关系》，《文化纵横》第 3 期，第 50 ~ 59 页。

田国强、黄晓东、宁磊、王玉琴，2018，《警惕家庭债务危机及其可能引发的系统性金融风险》，上海财经大学高等研究院。

王竹泉、王苑琢、王舒慧，2019，《中国实体经济资金效率与财务风险真实水平透析——金融服务实体经济效率和水平不高的症结何在?》,《管理世界》第2期,第58~73页。

威廉·拉让尼克,2011,《创新魔咒:新经济能否带来持续繁荣?》,黄一义、冀书鹏译,上海远东出版社。

威廉·拉佐尼克、谢富胜、李英东,2019,《创新型企业与企业理论》,《当代经济研究》第1期,第53~64页。

文春晖、任国良,2015,《虚拟经济与实体经济分离发展研究——来自中国上市公司2006-2013年的证据》,《中国工业经济》第12期,第115~129页。

杨典,2018,《金融全球化与"股东导向型"公司治理制度的跨国传播 对中国公司治理改革的社会学分析》,《社会》第2期,第46~83页。

杨典、欧阳璇宇,2018,《金融资本主义的崛起及其影响——对资本主义新形态的社会学分析》,《中国社会科学》第12期,第110~113页。

袁辉,2014,《金融资本:从希法亭理论到经济金融化》,《当代经济研究》第12期,第5~11页。

约翰·贝拉米·福斯特、范国华,2014,《垄断资本主义理论:论马克思主义政治经济学》,《国外理论动态》第11期,第8~21页。

张成思,2019,《金融化的逻辑与反思》,《经济研究》第11期,第4~20页。

张成思、张步昙,2015,《再论金融与实体经济:经济金融化视角》,《经济学动态》第6期,第56~66页。

张军、金煜,2005,《中国的金融深化和生产率关系的再检测:1987—2001》,《经济研究》第11期,第34~45页。

张慕濒、诸葛恒中,2013,《全球化背景下中国经济的金融化:涵义与实证检验》,《世界经济与政治论坛》第1期,第122~138页。

张雪琴,2015,《金融化的资本主义与剥夺性积累——评拉帕维查斯的金融化理论》,《学习与探索》第7期,第100~106页。

赵峰、马慎萧、冯志轩,2013,《金融化与资本主义危机:后凯恩斯主义金融化理论述评》,《当代经济研究》第1期,第46~51页。

赵峰、田佳禾,2015,《当前中国经济金融化的水平和趋势——一个结构的和比较的分析》,《政治经济学评论》第3期,第120~142页。

周绍东、谢浩然,2018,《经济金融化程度的定量测度:基于中国数据》,《经济论坛》第2期,第131~138页。

周业安、高岭,2017,《国有企业的制度再造——观点反思和逻辑重构》,《中国人民大学学报》第4期,第38~47页。

朱光伟、杜在超、张林,2014,《关系、股市参与和股市回报》,《经济研究》第11期,第87~101页。

邹旸，2018，《经济金融化的内涵、表现与治理：一个文献综述》，《南方金融》第2期，第20~30页。

Aglietta, M. 2000. "Shareholder Value and Corporate Governance: Some Tricky Questions." *Economy and Society*, 29 (1).

Aitken, R. 2007. *Performing Capital: Toward a Culture Economy of Popular and Global Finance.* Berlin: Springer.

Aivazian, V. A., Ge, Y., and Qiu, J. 2005. "The Impact of Leverage on Firm Investment: Canadian Evidence." *Journal of Corporate Finance*, 11 (1).

Arestis, P. and Demetriades, P. 1997. "Finance and Growth: Institutional Consideration and Causality." UEL Department of Economic Working Paper.

Arrighi, G. 1994. *The Long Twentieth Century: Money, Power, and the Origins of Our Times.* London: Verso.

Baran, P. A. and Sweezy, P. M. 1966. *Monopoly Capital: An Essay on the American Economic and Social Order.* New York: Monthly Review Press.

Beck, T., Levine, R., and Loayza, N. 2000. "Finance and the Source of Growth." *Journal of Financial Economics*, 58 (1-2).

Biddle, G. C., Chen, P., and Zhang, G. 2001. "When Capital Follows Profitability: Non-linear Residual Income Dynamics." *Review of Accounting Studies*, 6 (2).

Blackburn, R. 2006. "Finance and the Fourth Dimension." *New Left Review*, 39 (39).

Boot, A. W. A. and Thakor, A. V. 1997. "Financial System Architecture." *The Review of Financial Studies*, 10 (3).

Boyer, R. 2000. "Is a Finance-led Growth Regime a Viable Alternative to Fordism? A Preliminary Analysis." *Economy and Society*, 29 (1).

Bryan, D. and Rafferty, M. 2006. "Financial Derivatives: The New Gold?" *Competition & Change*, 10 (3).

Campbell, J. Y. and Viceira, L. M. 1999. "Consumption and Portfolio Decisions When Expected Returns Are Time Varying." *The Quarterly Journal of Economics*, 114 (2).

Clark, G. L., Thrift, N., and Tickell, A. 2004. "Performing Finance: The Industry, the Media, and Its Image." *Review of International Political Economy*, 11 (2).

Cleary, S. 1999. "The Relationship between Firm Investment and Financial Status." *The Journal of Finance*, 54 (2).

Cocco, J. F. 2005. "Portfolio Choice in the Presence of Housing." *The Review of Financial Studies*, 18 (2).

Cocco, J. F., Gomes, F. J., and Maenhout, P. J. 2005. "Consumption and Portfolios Choice over the Life Cycle." *The Review of Financial Studies*, 18 (2).

Crotty, J. 2003. "The Neoliberal Paradox: The Impact of Destructive Product Market Competition and 'Modern' Financial Markets on Nonfinancial Corporation Performance in the Neoliberal Era." *Review of Radical Political Economics*, 35 (3).

Crotty, J. and Epstein, G. A. 1996. "In Defence of Capital Controls." *Socialist Register*, 32 (32).

Cutler, T. and Waine, B. 2001. "Social Insecurity and the Retreat from Social Democracy: Occupational Welfare in the Long Boom and Financialization." *Review of International Political Economy*, 8 (1).

Davis, G. F. 2008. "A New Finance Capitalism? Mutual Funds and Ownership Re-Concentration in the United States." *European Management Review*, 5 (1).

Davis, G. F. 2009. *Managed by the Markets: How Finance Re-shaped America.* Oxford: Oxford University Press.

Davis, G. F. and Kim, S. 2015. "Financialization of the Economy." *Annual Review of Sociology*, 41 (1).

Davis, G. F., Diekmann, K. A., and Tinsley, C. H. 1994. "The Decline and Fall of the Conglomerate Firm in the 1980s: The Deinstitutionalization of an Organizational Form." *American Sociological Review*, 59 (4).

Davis, M. H. A. and Norman, A. R. 1990. "Portfolio Selection with Transaction Costs." *Mathematics of Operations Research*, 15 (4).

Davis, S. F., Kubler, F., and Willen, P. 2006. "Borrowing Costs and the Demand for Equity over the Life Cycle." *The Review of Economics and Statistics*, 88 (2).

Demir, F. 2009. "Financial Liberalization, Private Investment and Portfolio Choice: Financialization of Real Sectors in Emerging Markets." *Journal of Development Economics*, 88 (2).

Denis, D. J. and Sibilkov, V. 2010. "Financial Constraints, Investment, and the Value of Cash Holdings." *The Review of Financial Studies*, 23 (1).

Deutschmann, C. 2011. "Limits to Financialization: Sociological Analyses of the Financial Crisis." *European Journal of Sociology*, 52 (3).

Dixon, A. 2008. "The Rise of Pension Fund Capitalism in Europe: An Unseen Revolution?" *New Political Economy*, 13 (3).

Dobbin, F. and Zorn, D. 2005. "Corporate Malfeasance and the Myth of Shareholder Value." *Political Power and Social Theory*, 17 (17).

Dore, R. 2002. "Stock Market Capitalism vs. Welfare Capitalism-Stock Market Capitalism and Its Diffusion." *New Political Economy*, 7 (1).

Duménil, G. and Lévy, D. 2005. "The Neoliberal (Counter-) Revolution." In Johnston,

D. (ed.), *Neoliberalism: A Critical Reader*. London: Pluto Press.

Eatwell, J., Milgate, M., and Newman, P. 1990. *Marxian Economics: The New Palgrave*. London: Macmillan and New York.

Engelen, E. 2003. "The Logic of Funding European Pension Restructuring and the Dangers of Financialisation." *Environment and Planning A*, 35 (8).

Epstein, G. A. 2005. *Financialization and the World Economy*. Massachusetts: Edward Elgar Publishing.

Erturk, I. and Solari, S. 2007. "Banks as Continuous Reinvention." *New Political Economy*, 12 (3).

Erturk, I., Froud, J., Johal, S., Leaver, A., and Williams, K. 2007. "The Democratization of Finance? Promises, Outcomes and Conditions." *Review of International Political Economy*, 14 (4).

Erturk, I., Froud, J., Johal, S., Leaver, A., and Williams, K. 2008. *General Introduction: Financialization, Coupon Pool and Conjuncture, in Financialization at Work, Key Texts and Commentary*. London and New York: Routledge.

Fine, B. 2012, "Financialization and Social Policy." In Utting, P., et al. (eds.), *The Global Crisis and Transformative Social Change*. London: Palgrave Macmillan.

Fligstein, N. 1990. *The Transformation of Corporate Control*. Cambridge: Harvard University Press.

Foster, J. B. 2007. "The Financialization of Capitalism." *Monthly Review*, 58 (11).

Foster, J. B. and Magdoff, F. 2009. *The Great Financial Crisis: Causes and Consequences*. New York: NYU Press.

Froud, J., Haslam, C., Johal, S., and William, K. 2000. "Shareholder Value and Financialization: Consultancy Promises, Management Moves." *Economy and Society*, 29 (1).

Froud, J., Johal, S., and William, K. 2002. "Financialisation and the Coupon Pool." *Capital & Class*, 26 (3).

Fry, M. J. 1978. "Money and Capital or Financial Deepening in Economic Development." *Journal of Money, Credit and Banking*, 10 (4).

Fry, M. J. 1980. "Saving, Investment, Growth and the Cost of Financial Repression." *World Development*, 8 (4).

Galbis, V. 1977. "Financial Intermediation and Economic Growth in Less-developed Countries: A Theoretical Approach." *The Journal of Development Studies*, 13 (2).

Goldsmith, R. W. 1969. *Financial Structure and Development*. New Haven: Yale University Press.

González, I. and Sala, H. 2014. "Investment Crowding-out and Labor Market Effects of Financialization in the US." *Scottish Journal of Political Economy*, 61 (5).

Greenwood, J. and Smith, B. D. 1997. "Financial Markets in Development, and the Development of Financial Markets." *Journal of Economic Dynamics and Control*, 21 (1).

Guiso, L., Sapienza, P., and Zingales, L. 2008. "Trusting the Stock Market." *The Journal of Finance*, 63 (6).

Gurley, J. G. and Shaw, E. S. 1960. *Money in a Theory of Finance*. Washington: Brookings Institution.

Hacker, J. S. 2019. *The Great Risk Shift: The New Economic Insecurity and the Decline of the American Dream*. Oxford: Oxford University Press.

Hamada, K. and Horiuchi, A. 1987. "The Political Economy of the Financial Market." In Yamamura, K. and Yasuba, Y. (eds.), *The Political Economy of Japan, Volume 1: The Domestic Transformation*. Stanford: Stanford University Press.

Hardie, I. and Howarth, D. 2009. "Die Krise but Not La Crise? The Financial Crisis and the Transformation of German and French Banking Systems." *Journal of Common Market Studies*, 47 (5).

Heaton, J. and Lucas, D. J. 1997. "Market Frictions, Savings Behavior, and Portfolio Choice." *Macroeconomic Dynamics*, 1 (1).

Hellmann, T., Murdock, K., and Stiglitz, J. E. 1997. "Financial Restraint: Towards a New Paradigm." In Aoki, M., et al. (eds.), *The Role of Government in East Asian Economic Development*. Oxford: Clarendon Press.

Hicks, J. R. 1969. *A Theory of Economic History*. Oxford: Clarendon Press.

Hilferding, R. 1910. *Das Finanzkapital: Eine Studie über die jüngste Entwicklung des Kapitalismus*. Vienna: Wiener Volksbuchhandlung.

Hobson, J. A. 1902. *Imperialism: A Study*. New York: James Pott & Co.

Hong, H., Kubik, J. D., and Stein, J. C. 2004. "Social Interaction and Stock-Market Participation." *Journal of Finance*, 59 (1).

Jayadev, A. and Epstein, G. 2019. "The Rise of Rentier Incomes in OECD Countries: Financialization, Central Bank Policy and Labor Solidarity." In Epstein, G. (ed.), *The Political Economy of Central Banking*. Massachusetts: Edward Elgar Publishing.

Jensen, M. C. 1986. "Agency Costs of Free Cash Flow, Corporate Finance, and Takeovers." *The American Economic Review*, 76 (2).

Jensen, M. C. and Meckling, W. H. 1976. "Theory of Firm: Managerial Behavior, Agency Costs and Ownership Structure." *Journal of Financial Economics*, 3 (4).

Kapur, B. K. 1976. "Alternative Stabilization Policies for Less-developed Economies." *Journal of Political Economy*, 84 (4).

Keynes, J. M. 1936. *The General Theory of Employment, Interest and Money*. London: Macmillan.

King, R. G. and Levine, R. 1993. "Finance and Growth: Schumpeter Might Be Right." *The Quarterly Journal of Economics*, 108 (3).

Kitchen, R. L. 1986. *Finance for the Developing Countries*. NewYork: John Wiley & Sons.

Krippner, G. R. 2005. "The Financialization of the American Economy." *Socio-Economic Review*, 3 (2).

Krippner, G. R. 2011. *Capitalizing on Crisis: The Political Origins of the Rise of Finance*. Harvard: Harvard University Press.

Langley, P. 2004. "In the Eye of the 'Perfect Storm': The Final Salary Pensions Crisis and Financialization of Anglo-American Capitalism." *New Political Economy*, 9 (4).

Langley, P. 2007. "Uncertain Subjects of Anglo-American Financialization." *Culture Critique*, 65 (1).

Lapavitsas, C. 2014. *Profiting without Producing: How Finance Exploits Us All*. New York: Verso.

Lazonick, W. and O'Sullivan, M. 2000. "Maximizing Shareholder Value: A New Ideology for Corporate Governance." *Economy and Society*, 29 (1).

Leyshon, A. and Thrift, N. 2007. "The Capitalization of Almost Everything: The Future of Finance and Capitalism." *Theory Culture & Society*, 24 (7-8).

Lin, K. and Tomaskovic-Devey, D. 2013. "Financialization and US Income Inequality, 1970-2008." *American Journal of Sociology*, 118 (5).

Magdoff, H. and Sweezy, P. M. 1987. *Stagnation and the Financial Explosion*. New York: Monthly Review.

Markowitz, H. 1952. "The Utility of Wealth." *Journal of Political Economy*, 60 (2).

Martin, R. 2002. *Financialization of Daily Life*. Philadelphia: Temple University Press.

Mathieson, D. J. 1980. "Financial Reform and Stabilization Policy in a Developing Economy." *Journal of Development Economics*, 7 (3).

McKinnon, R. I. 1973. *Money and Capital in Economic Development*. Washington: The Brookings Institution.

Merton, R. C. and Bodie Z. 1995. "A Conceptual Framework for Analyzing the Financial System." In Crane, D. B., et al. (eds.), *The Global Financial System: A Functional Perspective*. Boston: Harvard Business School Press.

Montgomerie, J. 2006. "The Financialization of the American Credit Card Industry." *Competition & Change*, 10 (3).

Newman, S. A. 2009. "Financialization and Changes in the Social Relations along Commodity Chains: The Case of Coffee." *Review of Radical Political Economics*, 41 (4).

Orhangazi, Ö. 2008. "Financialization and Capital Accumulation in the Nonfinancial Corporate Sector: A Theoretical and Empirical Investigation on the US Economy, 1973 – 2003." *Cambridge Journal of Economics*, 32 (6).

Palley, T. I. 2010. "The Simple Macroeconomics of Fiscal Austerity, Public Sector, Debt and Deflation." IMK Working Paper.

Pelizzon, L. and Weber, G. 2008. "Are Household Portfolios Efficient? An Analysis Conditional on Housing." *Journal of Financial and Quantitative Analysis*, 43 (2).

Perkins, D., Nelms, L., and Smyth, P. 2005. "Beyond Neo-liberalism: The Social Investment State?" *Just Policy: A Journal of Australian Social Policy*, 38 (38).

Piore, M. and Sable, C. 1984. "Why Companies Might Be Moving Steadily towards Specialization and Flexibility." *International Management*, 39 (10).

Saad-Filho, A. 2017. "Neoliberalism." In Brennan, D. M., et al. (eds.), *Routledge Handbook of Marxian Economics*. London: Routledge.

Samuelson, P. and Merton, R. C. 1969. "A Complete Model of Warrant Pricing that Maximizes Utility." *Industrial Management Review*, 10 (2).

Schumpeter, J. A. 1912. *Theorie der Wirtschaftlichen Entwicklung*. Leipzig: Duncher & Humblot.

Shaw, E. S. 1973. *Financial Deepening in Economic Development*. Oxford: Oxford University Press.

Sherraden, M. 2003. "Assets and the Social Investment State." In Paxton, W. (ed.), *Equal Shares: Building a Progressive and Coherent Asset Based Welfare Policy*. London: IPPR.

Shum, P. and Faig, M. 2006. "What Explains Household Stock Holdings?" *Journal of Banking & Finance*, 30 (9).

Sinai, T. and Souleles, N. S. 2005. "Owner-Occupied Housing as a Hedge Against Rent Risk." *The Quarterly Journal of Economics*, 120 (2).

Smith, C. W. and Stulz, R. M. 1985. "The Determinants of Firms' Hedging Policies." *Journal of Financial and Quantitative Analysis*, 20 (4).

Stiglitz, J. E. and Weiss, A. 1981. "Credit Rationing in Markets with Imperfect Information." *The American Economic Review*, 71 (3).

Stockhammer, E. and Grafl, L. 2010. "Financial Uncertainty and Business Investment." *Review of Political Economy*, 22 (4).

Sweezy, P. M. 1991. *Monopoly Capital after Twenty-five Years*. New York: Monthly Review.

Sweezy, P. M. 1994. *The Triumph of Financial Capital*. New York: Monthly Review.

Tomaskovic-Devey, D. and Lin, K. 2011. "Income Dynamics, Economic Rents, and the Financialization of the US Economy." *American Sociological Review*, 76 (4).

Tomaskovic-Devey, D., Lin, K., and Meyers, N. 2015. "Did Financialization Reduce Economic Growth?" *Socio-Economic Review*, 13 (3).

Vissing-Jørgensen, A. 2002. "Limited Asset Market Participation and the Elasticity of Intertemporal Substitution." *Journal of Political Economy*, 110 (4).

Waine, B. 2006. "Ownership and Security: Individualized Pensions and Pension Policy in the United Kingdom and the United States." *Competition and Change*, 10 (3).

Willen, P. and Kubler, F. 2006. "Collateralized Borrowing and Life-Cycle Portfolio Choice." NBER Working Paper.

Williams, K. 2000. "From Shareholder Value to Present-day Capitalism." *Economy and Society*, 29 (1).

Zhang, G. 2000. "Accounting Information, Capital Investment Decisions, and Equity Valuation: Theory and Empirical Implications." *Journal of Accounting Research*, 38 (2).

Zwan, N. V. D. 2014. "Making Sense of Financialization." *Socio-economic Review*, 12 (1).

金融研究的制度主义范式

庄家炽　米热古丽·艾尔肯*

摘　要： 基于国内外相关研究，以制度的性质和层次作为分类框架，本文回顾了社会学和经济学等学科领域从制度主义视角下对金融行为和金融市场进行的相关研究。制度主义研究范式深入分析了不同制度下的金融机构和金融市场的运作规律，可以帮助我们更好地理解金融活动中的制度因素；从文化、制度和规则的层面分析了金融危机的发生和演化机制，并提供相应的政策建议和制度改革方案，有助于我们理解金融危机发生和演化的制度根源。未来，随着数字货币、区块链金融、供应链金融等新的技术和业务模式的不断涌现，制度主义可以从制度全球化、数字化金融和金融文化等角度展开进一步研究。

关键词： 正式制度　非正式制度　制度层次　金融活动　金融制度

一　引言

金融是现代经济中不可或缺的重要组成部分，也是经济学的重要研究内容。金融经济学主要研究资产定价与组合管理，金融工程与风险管

---

* 庄家炽，中央财经大学社会与心理学院副教授；米热古丽·艾尔肯，中央财经大学社会与心理学院硕士研究生。

理，公司金融与资本市场，金融市场的结构、功能和规律，以及金融机构的类型、组织形式、运作机制等。虽然研究领域非常广泛，但是金融经济学的一个被普遍接受的理论前提是有效市场假说，即市场中所有公开信息都已被充分反映在资产价格中，因此价格是公正和准确的。这意味着，投资者不可能通过分析公开信息来获得额外的利润。有效市场假说的三种形式分别是弱式有效市场假说、半强式有效市场假说和强式有效市场假说，每种形式都对应了市场中不同的信息情况和对信息的利用方式（Fama，1970）。有效市场假说的假设是市场是完全透明的，信息完全公开，市场参与者对信息的获取和利用都是对等的。在这种情况下，制度对市场价格的影响是非常有限的，甚至被视为噪声。

但是，现实中金融市场往往不是完全透明的，信息不对称和不完全是普遍存在的。金融市场中的规则、法律、监管等制度都会对市场的信息披露、交易流动、资本配置等方面产生影响。例如，在金融市场中，信息披露的透明度和准确性可能存在问题，导致市场价格产生偏差；金融机构的风险管理制度不健全可能导致市场风险大幅度增加；不同国家或地区的金融市场监管制度和法律环境也存在较大差异，导致出现不同的金融体系结构。因此，许多组织社会学和制度经济学的学者就开始尝试从制度主义的角度出发研究金融市场运行和金融交易行为，关注到很多不同于有效市场假说的议题，丰富了对金融组织和金融活动的认识。

二　制度主义与金融研究

制度主义的思想源于19世纪末20世纪初的社会学家和经济学家，特别是韦伯、凡伯伦和康芒斯等人。他们认为，经济和社会制度的演化是社会变革的重要因素，制度的改变会影响社会的运作和个体的行为。从19世纪末开始，以科层制为核心的一系列政治、经济制度开始持续扩张，制度主义的研究在不同领域都有应用。在经济学中，制度经济学强调了制度对于资源配置和经济发展的重要作用；在政治学中，制度主义强调了政治制度的重要性，包括选举制度、政治文化等；在社会学中，制度主义强调了组织结构和制度对于组织行为的影响。其中，组织社会学新制度主义学派和新制度主义经济学两个学派的影响较为广泛。

组织社会学新制度主义学派的核心主张是强调合法性机制在组织内

部结构及其与制度环境互动中的重要作用。与效率机制和功能论视角不同，组织社会学新制度主义学派认为，许多组织行为并不是由效率动机所驱使的，而是为了在社会中获得合法性以求生存发展的需要。在制度环境带来的合法性压力下，组织实践和组织结构会出现趋同的可能。组织的趋同性存在三个机制：第一个机制是强迫性机制，即制度环境通过政府法令或法律制度强迫各个组织接受有关的制度和管制；第二个机制是模仿机制，即各个组织模仿同领域中成功组织的行为和做法；第三个机制是规范机制，即社会规范对组织或个人所扮演的角色或行为的约束作用。正是因为这些机制的作用，我们常常观察到同一制度环境中的组织在内部结构、过程和行为诸方面有着趋同的趋势（DiMaggio and Powell, 1983）。

新制度主义经济学将交易成本这一分析工具引入对组织和制度的研究中。交易成本指的是建立、使用、维持或改变制度所涉及的费用。交易成本概念的引入大大推进了对产权、合约、组织和制度等问题的研究。科斯（2014）开创性地提出交易成本概念来分析市场和企业的边界问题，后来威廉森（2001）进一步从节约交易成本的角度研究了交易特征与治理结构的差异性匹配问题。阿尔钦（1994）提出产权理论，认为产权是一个社会所强制实施的选择一种经济物品的使用的权利，私有产权的强度由实施它的可能性与成本来衡量，这些又依赖于政府、非正式的社会行动以及通行的伦理和道德规范。巴泽尔（1997）认为，人们对资产的权利不是永久不变的，而是一系列变量的函数，具体包括产权人直接保护资产的努力、其他人占有资产的企图、正式或非正式的非官方保护，以及主要通过警察和法庭执行的官方保护。由于交易成本存在，产权常常不可能被完整地界定。后来，经济史学家诺思运用新制度主义经济学的理论分析了经济史中制度的停滞与变迁的问题，解释了为什么有些国家能够走向经济繁荣而有些国家长期陷入停滞（诺思，1994）。

这两个学派研究的切入点不同，对制度的定义也不尽相同。组织社会学新制度主义学派的代表人物斯科特将制度定义为：制度包括为社会生活提供稳定性和意义的规制性、规范性和文化－认知性要素，以及相关的活动与资源（斯科特，2010）。制度具有多重面相，是由符号性要素、社会活动和物质资源构成的持久性社会结构。首先，制度与每个人的日常生活息息相关。其次，规制性、规范性和文化－认知性要素促进了制度传播、维持与再生产的过程，因此制度具有稳定性。最后，制度需要活动与资源去维持，“活动”体现了制度不仅是一种“属性”的制度，还是一种“过程”的制度，“资源”包括制度所依靠的承载、传递和实施工具。而新制度主义经济学的代表人物诺思在《制度、制度变迁与经济绩效》中将制度界定为一个社会的博弈规则，由正式的规则、非正式的约束以及它们的实施特征三个基本部分构成。制度是理解政治与经济之间的关系以及这种相互关系对经济增长（或停滞、衰退）影响的关键，制度变迁决定了人类历史中的社会演化方式，因而是理解历史变迁的关键。

按照不同的标准可以对制度进行不同的分类。在学术研究中，两个通行的分类框架是制度的性质和制度的层次。按照制度的性质，制度可以分为正式制度和非正式制度。正式制度是由政府和其他权威机构制定、强制执行的制度，如法律制度、规章制度等；非正式制度是社会习惯、规范、价值观等自发形成的制度，如道德规范、社会风俗等（North，1990）。制度一方面通过正式的规定和安排（如法律法规），直接为各类行动者参与经济活动提供激励和约束；另一方面则通过非正式的、不成文的社会规范和文化观念影响经济行动者的价值取向。非正式制度作为正式制度的补充，往往比正式制度产生的影响更加广泛且深远。

制度的层次指的是制度发挥作用的范围或者说影响的行动者规模。不同层次的制度，其发挥作用的范围、影响的行动者规模是不同的。在一国范围内，宪法无疑是最高层次的制度，其次是专门领域或特定行业的法律法规，比如《商业银行法》，再次是特定组织的内部规章，最低层次的制度是约束交易双方的合约。为了分析的便利，本文将制度分为两个层次：组织所处场域的制度和组织内部制度。外部场域制度包括政府政策、法律法规、行业准则、文化传统等，这些制度环境构成了组织所处的社会环境和产业环境；组织内部制度包括组织内部的管理制度、流程规范、组织文化等，这些制度构成了组织内部的规则体系和文化氛围（见表1）。因此，本文将以制度的性质和制度的层次作为分类框架，梳理制度主义视角下对金融市场、金融组织和金融活动的研究。

表 1 制度的分类框架

制度层次	正式制度	非正式制度
外部场域制度	法律、贸易规则	文化、宗教
组织内部制度	组织规章	组织文化

制度主义研究范式主要关注金融市场与制度环境的相互关系问题。一方面，他们研究那些形塑金融市场上交易者的仪式、符号是如何形成的（Abolafia，2001）；另一方面，他们还关注金融市场和其他社会机构、制度之间的相互关系及相互影响（Preda，2007）。除了考虑影响个体行动者的制度因素，新制度主义还将那些影响金融市场的制度因素纳入分析，尤其是政治制度的影响。在这里，政府不再是市场的反义词，而是与市场紧密交织在一起的。政府通过制定产权、治理结构与交易规则的方式创立了市场。此外，制度主义还关注制度的动态演变过程，即制度化和去制度化问题。比如，有学者研究了“股东导向型”公司治理制度在中国的传播，认为它主要由内生性和外生性两大动力驱动，经过两个阶段和三种机制完成。第一阶段是在跨国层面，“模仿性同构”机制和“规范性同构”机制发挥了重要作用；第二阶段是在国内企业层面，政府通过法律法规和政策等手段要求企业采用新的公司治理模式，即“强制性同构”机制发挥了主导作用（杨典，2018）。戴维斯等（Davis et al.，1994）的研究揭示了华尔街代表的资本市场对于公司组织形式变迁的重要影响，“华尔街需要什么”成为促使美国大型企业在 20 世纪 80 年代从原来的投资组合公司模式转向强调核心竞争力的公司模式的关键因素。

三 正式制度对金融活动的影响

正式制度对金融市场和金融活动的影响是全方位的。金融市场和金融活动需要在法律框架内运作，比如证券市场需要遵守证券法规和证券交易所的规则和制度、银行需要遵守银行法规等。金融市场和金融活动还受到金融监管机构的制约，例如对银行资本充足率的要求、对证券市场的信息披露要求等。不仅如此，在金融市场交易过程中，金融活动中的各方之间需要签订合同，以确保交易双方的权益得到保护，例如信贷协议、证券发行协议等。这些合同需要符合法律和监管机构的要求。正式制度可以影响金融市场的稳定性、公平性和透明度，也可以影响各方的决策和行为。

在国际层面，不同国家之间的制度距离会对诸如跨国投资、跨国并购等产生重要影响。对跨国并购与制度距离之间关系的研究发现，在控制了企业异构性和东道国制度质量等因素后，涉及并购的两国之间制度距离越大，跨国并购整合难度越大（Zaheer，1995；阎大颖，2011），相应的并购绩效也越差（杜晓君、朱园园，2013；阎大颖，2011）。外商投资企业的生存状况也易受到制度距离的影响。在各种制度因素中，企业管理制度距离和法律制度距离的影响最为显著，企业运行制度距离和文化距离的影响居中，而经济制度距离的影响较小（潘镇等，2008）。另外，制度距离还会影响跨国企业进入战略的选择，制度距离越大，相比于绿地投资方式，中国跨国公司越可能选择并购方式；相比于独资方式，中国跨国公司越可能选择合资方式。而制度距离与进入战略的匹配会为跨国企业带来更高绩效（陈怀超、范建红，2014）。

国家之间不同的制度和政策会给金融发展带来不同的影响。有学者研究发现，金融化对福利制度的影响在不同国家之间存在较大差异，在德国、法国和日本，经济金融化对福利制度的影响相对更小，在英国、美国则更大（Roberts and Kwon，2017；Ahmadjian and Robbins，2005）。除了福利制度，在资本主义国家之间，还有其他诸多的制度设计也不尽相同，这就导致金融化对社会收入不平等程度的影响可能会存在较大的制度差异。从比较政治经济学的角度理解西方国家政治经济制度的互补性及其差异性的一个经典理论是资本主义多样性，它根据“制度协调”（Institutional Coordination）的类型将资本主义国家区分为两种：自由市场经济国家和协调市场经济国家（Hall and Gingerich，2009；Spiller and Mariano，2003；Thelen，2014；Witt and Jackson，2016；霍尔、索斯凯斯，2018）。不同协调类型的国家，金融政策的制定和执行也存在显著差异，货币政策的决策制度与工资/价格谈判制度存在相互影响，并且与谈判的行业参与者存在相互影响。

在国内层面，一个国家的制度发展和变迁会对金融活动产生较大影响。比如，当正式的金融制度和资本市场不完善时，创业企业将更多地依赖家人和亲友的资金支持（Li and Ferreira，2011；李新春等，2015）。随着制度环境的改善，不同类型企业的贷款份额和期限结构之间的差异会显著缩小（方军雄，2007）。在强有力的法律环境下，银行贷款期限会更长，贷款利率也会更低（Qian and Strahan，2005）。宏观制度环境的变化，也会影响企业的结构和战略。Zorn（2004）的研究发现，美国 1979 年会计制度的变化使得公司账面上的收益进一步减少，随着公司规模的扩大和财务环境的复杂化，首席财务官（CFO）的角色越来越受到重视。随着金融环境的变化，首席财务官的职责已从传统的财务管理和会计核算发展到更为战略性的领域，如财务规划、投资决策和业务战略。这种变化反映了公司对财务职能的更高要求，以及首席财务官在公司管理层中更加重要的地位。结果就是 CFO 在美国公司的数量不断增加。

还有学者从制度逻辑的角度研究中国地方政府对金融风险的治理。有研究者从制度主义视角出发，建构了一个风险转化的理论框架，用以解释政府何以介入民间借贷纠纷的解决（向静林，2016）。从制度分析的视角出发，互联网金融给当代中国的政府治理带来的挑战实质上是新的风险特征与政府治理机制之间的匹配问题，即互联网金融风险在隐蔽性、跨域性和转化性三方面的综合特征，与政府既有的风险识别机制、风险隔离机制、风险处置机制不匹配（向静林，2021）。互联网的分布式网络结构产生了信息运行新模式与金融风险新特征（可分为涌现性、集成性和连通性），这使得各层级政府面对的信息优劣势位和风险结构特征不同，各级政府由此采取适应具体情景的差异化应对策略（艾云、向静林，2021）。

四 非正式外部制度对金融活动的影响

法律法规、政治制度对金融市场活动的影响固然重要，但是非正式制度的影响也不容忽视。Abolafia（2001）通过对纽约证券交易所（NYSE）的田野调查研究发现，金融市场的成功不仅取决于经济和技术因素，还取决于市场中的社会文化和具体交易实践。通过对交易员、经纪人、监管机构及机构投资者的实践和规范的参与式观察，他发现，市场规则不仅由正式法规和程序决定，而且由参与者自身不断践行的非正式规范和惯例决定（Abolafia，2001）。关于非正式制度与经济金融活动之间的关系，目前研究较为集中地关注了文化、政治关联、社会信任等对金融活动的影响。

（一）文化

文化可以通过某一社会共享的价值观、传统等影响经济行为。目前文献对文化的研究主要表现为两类，一是广义的文化对经济金融活动的影响，其中包括不同文化之间的差异所带来的影响；二是分析某一文化特征在经济金融活动中所起的作用。

以广义的文化为例，在跨国投资方面，国家之间的文化差异可能会对海外投资、跨国并购等产生影响。国外学者的研究发现，除了正式的法律制度、政治制度之外，文化背景也会影响企业进入国外市场的模式（Brouthers，2013）。东道国与我国的文化距离越大，市场开放度越高，我国企业海外并购越倾向于选择高控制的股权策略；国有企业实施的海外并购，以发达国家企业为标的的并购更多地选择低控制的股权策略（林季红、张璐，2013）。而外资企业可能会选择以新设方式在我国设立分支机构，以避免文化差异带来的企业整合困境（刘兴亚等，2009）。至于文化距离对跨国并购的影响，不同的研究得出了不同的结论。一些学者认为，文化差异与跨国并购绩效呈显著负相关，也就是说并购所涉及的两国之间文化距离越大，企业跨国并购的绩效越低（刘璐、杨蕙馨，2018），而较少的文化冲突也有利于提高并购的可能性（李诗、吴超鹏，2016）。除此之外，中国与并购目标所在国之间的文化距离越大，海外并购为中国上市公司所创造的价值就越低。进一步的研究显示，如果企业聘请了有海外背景的高管，有成功进行海外并购以及同行业并购的经验，则能减轻文化距离给海外并购带来的负面影响（孙淑伟等，2018）。然而，另外一些学者的研究发现，不同于通常的说法，若涉及并购的双方来自文化差距较大的国家，则跨国并购企业长期绩效更好（Chakrabarti et al.，2009；余鹏翼、王满四，2014），且在文化上相去甚远的国家建立的合资企业寿命更长（Park and Ungson，1997）。

在此基础上，许多学者进一步深入研究了文化环境中的具体特征与金融活动之间的关系。文化传统中有保守主义倾向的国家，即使考虑到经济表现、法律制度、金融机构及其他一些因素的差异，这些国家的企业债务比率依然很低（Chui et al.，2002）。个人主义的文化特征还与会计信息披露程度正相关，而和谐主义和不确定性规避特征则对会计信息披露程度有消极影响（Hope，2003）。还有学者研究了儒家传统文化对企业行为的影响，结果发现，儒家传统文化为公司的逐利行为提供了合理性，因此有助于提升企业财务绩效（古志辉，2015a）。儒家伦理可以降低代理成本，提高代理效率，但是由于儒家伦理和公司参与国际市场竞争存在替代关系，因此随着公司参与国际市场竞争，儒家伦理在降低代理成本方面的贡献会被削弱（古志辉，2015b）。

不仅企业的投资、借贷和并购行为受文化环境的影响，个体投资者的金融市场交易行为同样受到文化环境的影响。投资者更有可能买卖和持有那些位于投资者附近、以投资者的母语进行交流并拥有相同文化背景首席执行官的企业的股票（Grinblatt and Keloharju，2001）。儒家思想可以作为一种社会规范来减少控股股东的不道德行为，从而缓和与小股东之间的代理冲突，且儒家思想的这种作用在非国有企业更明显（Du，2015）。而随着金融化向居民个体和家庭生活的渗透，基于金融发展形成的金融文化也可以反过来影响人们的财产管理和消费理念，使得人们更愿意承担风险。对于那些社会地位较低的人而言，金融策略更多是一种勉强过日的防御策略，而位于社会上层的人则将金融视为维护和扩展生活方式的一个机会（Fligstein and Goldstein，2015）。

（二）政治关联

政治关联作为一种特殊的非正式制度也引起了学界的广泛关注。目前学界对于政治关联有普遍一致的看法，即政治关联并不等同于直接的政府干预或者腐败贿赂，而是一种在法律层面有合法性，能够为企业带来一些好处的非正式关系。政治关联通常指企业实际控制人、董事会成员或公司高管通过参与政府政策制定，曾任或现任政府官员、人大代表、政协委员等影响资源分配，从而帮助企业获取某种经济或非经济利益的过程。政治关联为企业带来融资便利已被证实，多个研究发现政治关联能够使得企业在贷款利率、贷款期限和贷款金额上享受优待，且政治关联为企业带来的这种优待在金融发展更落后、法制水平较低的地区更为明显，而当制度环境完善时，政治关联的这种作用会有所减弱（Charumilind et al.，2006；Faccio，2006；Fu et al.，2015；Ijaz and Atif，2005；胡旭阳，2006；严若森、姜潇，2019；余明桂、潘红波，2008）。比如，对巴西的一项研究发现，在 1998 年和 2002 年大选前后，向（当选的）联邦代表提供捐款的巴西公司比没有提供捐款的公司获得了更高的股票回报。这表明，捐款有助于在特定公司的基础上形成政策。比如，在每次选举后，捐款公司相对于对照组公司大幅增加了它们的银行融资，这表明获得银行融资是政治关联运作的重要渠道（Claessens et al.，2008）。对中国民营上市公司2002～2005年的经验数据的研究也发现了政治关联能够缓解民营企业面临的融资约束。相比于没有政治关联的民营企业，有政治关联的民营企业在融资时所受的约束更少；而且政治关联还会和金融市场的发展相互作用，表现为：金融发展水平越低，则民营企业的政治关联缓解其融资约束的作用越明显（罗党论、甄丽明，2008）。民营企业主的党员身份对其企业经营绩效有显著的积极影响，原因在于民营企业主的党员身份通过融资和行政公关两个方面对企业经营绩效产生正向影响（Li et al.，2008；黄灿，2013）。对民营企业的政治关联进一步区分之后发现，由于地方政府对民营企业经营活动的影响大于中央政府，因此上市公司高管的地方政府背景对公司市场价值的正向影响更大，而且政府干预越多，这种正向影响越大，而这种正向影响与高管地方政府背景的贷款融资便利性有关（吴文锋等，2008）。

然而，另一些研究则认为，政治关系的建立和维护也需要花费成本，而且企业行为可能会受政府约束，因此企业追求的效益可能也会大打折扣，从而损害企业绩效。一些实证研究结果也支持了这种观点。虽然有政治关联的企业更易获得债务融资，企业税率也更低，但有政治关联企业的业绩并不比同行业的其他企业好（Faccio，2006）。而且有政治关联的企业，可能会因为较少受融资约束的影响，从而更易面临过度投资的情况，尤其当政治关联程度越高时，企业过度投资水平也越高（梁莱歆、冯延超，2010）。在信息披露方面，在政治关系的庇护下，企业的信息透明度也可能不如非政治关联企业，从而导致其股价信息含量较少，投资者获取政治关联企业信息的成本增加。对政治关联类型进一步区分后发现，代表委员类政治关联显著提高了公司的股价同步性，而政府官员类政治关联对股价同步性的影响则不显著（唐松等，2011）。

除了个人层面的政治关联，企业所有权性质和结构是一种更为直接的政治关联，因此对企业的融资行为发挥着不可忽视的作用。比如，基于江苏、浙江的调查数据发现，我国民营企业面临信贷歧视，相比国企，民营企业不仅获得贷款的可能性较小，而且获得的贷款规模较小，获得贷款的成本也更高（Brandt and Li，2003）。这种情况还表现在所有权性质的变更上，我国上市公司在民营化之后债务融资成本变得更高（李广子、刘力，2009）。还有研究发现，我国国有银行对不同性质的企业发放长期贷款时会差别对待，相比民营上市公司，国有上市公司能获得更多的长期债务融资，而随着政府干预程度的降低、金融发展水平的提高，国有银行对不同性质企业的差别贷款行为有所减少（江伟、李斌，2006）。产权性质对贷款担保也存在显著影响，由于政府对银行信贷决策的隐性担保和行政干预，国有企业能以较少的担保获得银行贷款（沈红波等，2011）。而且国有股权对获取商业信用融资也有隐性担保功能（应千伟、蒋天骄，2012）。此外，国有股权也可以作为一种重要的政治关联，对民营公司获得银行贷款产生影响。比如，含有国有股权的民营企业相比未含有国有股权的企业在银行贷款的期限和金额上能够享受优待，同时国有股权作为政治关联机制与民营企业家参政在影响民营企业获得银行贷款方面存在一定程度的替代效应（宋增基等，2014）。

（三）社会信任

社会信任作为一种社会资本，能够规范和约束经济主体的行为。企业所在地区社会信任水平越高，则其股价崩盘的可能性越小，社会信任也可以抑制管理层隐藏坏消息的行为（Li et al.，2017；姜英兵、班旭，2021；刘宝华等，2016）。社会信任通过提升财务信息透明度与股票流动性，缓解信息不对称，导致股权资本成本下降。而且法律环境与社会信任互为补充，法律环境越好的地区，社会信任降低股权资本成本的效果越明显。社会信任还可以通过提升财务信息的质量，从而降低股权资本成本（姜英兵、班旭，2021）。在债务融资方面，社会信任还能缓解企业的短贷长投问题，降低企业经营风险和财务成本，为企业的长期投资匹配到长期债务（张新民、叶志伟，2021）。社会信任也能显著降低分析师盈余预测误差及分歧度（刘静等，2022）。社会信任还可以作为非正式制度在缓解代理冲突、减小管理层短期业绩压力方面发挥作用，抑制企业金融化行为。进一步研究发现，社会信任抑制企业金融化的作用在金融监管力度较小、地区法治水平较低、外部监督强度较弱和内部治理水平较低的企业中更为明显（翟淑萍等，2021）。

地区层面的社会信任水平对个体的金融行为同样存在影响。社会信任影响金融工具的选择，社会信任水平较高时，人们更容易选择证券形式的金融工具（夏若江，2002；臧日宏、王宇，2017）。信任感越高的个体越有可能投资风险金融资产，而信任感越低的个体越不可能购买股票，即使是购买股票，也会减少购买；未接受过金融教育的城镇家庭，其社会信任水平的提升对于风险金融资产投资决策的影响更加显著（Guiso et al.，2008）。社会信任水平同样影响个体的借贷行为，社会信任对个人借出行为的影响主要集中在农村而非城市地区，且在正规金融不发达的农村，信任水平高的债权人会提供更多的贷款（董诗涵，2020）。由于缺乏将不确定性转化为可计算风险的金融市场制度，在一个整体信任度较低的社会中，俄罗斯银行只能利用现有的信任来源——那些紧密联系的家庭和友谊网络——并试图建立新的信任来开展信用卡业务。在授信时，银行严重依赖锚定——将潜在的持卡人扎根在稳定的社会网络中，来促使持卡人履行职责（Guseva and Rona-Tas，2001）。

五　组织内部制度对金融活动的影响

除了外部制度环境之外，组织内部制度也会对金融活动产生重要影响。对组织特别是金融组织内部制度的研究主要包括两个方面：（1）规范与惯例；（2）制度安排与权力关系。

信息披露时的语气语调是上市公司惯例和风格的一种重要体现。越来越多的研究证实了财务披露叙述的语气语调会对资本市场产生影响。例如，国外学者的研究发现，盈余电话会议中提取的管理层的语气词会对资本市场产生显著的影响，即管理层的语气词不仅与企业当前及未来的业绩、财务决策等有关，而且和分析师与投资者对盈余电话会议的反应有显著的关系（Allee and Deangelis，2015）。另外，当公司盈利质量低且披露成本较高时，公司当前盈利新闻发布的净乐观语气和未来的收益之间会表现出更强的关联。上市公司发布的 10 - K 报告中的语调与申报日前后的市场回报率显著相关（Jegadeesh and Wu，2013）。除此之外，管理层语调提供的有效信息也会提升市场预测的准确度，在将盈利新闻稿的内容和写作风格纳入考量之后，可以更准确地预测市场反应（Henry，2006）。

管理层会对会计信息的叙述进行印象管理，具体表现为：管理层叙事时倾向于将好消息归功于自己，而将坏消息归因于外部环境（Clatworthy and Jones，2003）。而尽管资本市场对上市公司盈利新闻稿中提取的管理层的正面语调和负面语调都有反应，但是投资者对负面语调更敏感（Henry and Leone，2016）。当盈利新闻稿用正面的词汇描述财务业绩时，投资者会倾向于从相对于参考点的增长角度来考虑投资结果（Henry，2006）。我国是高语境传播社会，人们在表达情感和传递信息时含蓄间接，听话者往往需要听话听音，才能听出言外之意。基于这种语言特征，国内学者也对管理层的语调和公司业绩之间的关系进行了研究。结果发现，管理层的语调中暗含关于公司业绩的信息，管理层的净正面语调与公司下一年业绩显著正相关（谢德仁、林乐，2015）。而投资者也的确能对管理层的语调听话听音，从而对管理层的不同语调做出与之相适应的反应，而且投资者的反应尤其强烈地表现在管理层传递出的负面语调上（林乐、谢德仁，2016）。

组织内部的制度安排和权力关系可以影响组织内部的决策和资源分配，从而对组织的行为和绩效产生影响，这种影响甚至会延伸到整个金融系统和社会结构。弗雷格斯坦梳理了美国公司内部控制从生产控制到销售控制，再到金融控制的历时性转变，他认为，特定的组织形式在很大程度上是社会建构的结果，而不是市场效率或交易成本的要求所必需的，金融控制观念的发展主要就是为了应对二战后反垄断政策环境的转变（Fligstein，1990）。何柔宛（2018）通过对华尔街投行高管的深入访谈和参与式研究，揭示了华尔街投行内部的文化和运作机制。其中，强调了华尔街投行的文化倾向，包括对金钱、利润、权力的强烈追求，以及对“精英”和“成功”的高度重视。这种文化的形成和传承，与投行内部特有的职业化、社会化和培训机制密切相关。华尔街投行的制度特征是股东利益旗帜下对利润最大化的强烈追求，整个公司内部的人际互动与关系网络都被这种文化所形塑，包括性别关系、种族关系等。正是在股东价值最大化的包裹下，个人对短期利润的最大化追求形塑了华尔街短视、暴利的文化和制度特征，结果往往会导致高风险的金融交易和市场失灵（何柔宛，2018）。

学者们还从制度主义的角度分析金融危机的爆发。佩尔内尔等（Pernell et al.，2017）研究了首席风险官制度与金融衍生品兴起之间的关系。他们认为，监管规定导致银行任命首席风险官来控制风险，但反过来，首席风险官制度却推动新的衍生品成为企业风险管理制度的一部分，其目的不是消除风险，而是最大化首席风险官回报。此外，新的风险主管可能已经产生组织层面的“道德许可”，导致部门经理减少了对自身风险行为的监管，从而放大了风险敞口。弗雷格斯坦和罗尔卡斯对2008年的金融危机展开了一系列研究，他们认为2007～2009年金融危机中的金融欺诈行为并不是个别现象，而是普遍发生的、系统性的组织行为，他们重点分析了公司的组织特征与其所处市场的结构特征之间的相互作用，尤其关注的是社会结构如何塑造行动者的动机和犯罪行动的机会结构（Fligstein and Roehrkasse，2016）。弗雷格斯坦等（Fligstein et al.，2017）还对美联储预测2008年金融危机的失败提供了一个新的理论解释，研究指出，美联储预测失败的一个主要原因在于这些专家们过度依赖宏观经济学理论提供的框架。主题模型分析表明该框架在各种议题领域和很长时间内都是美联储的首要框架。深度案例分析显示在对金融危机的判断上，美联储呈现出了正向非对称性的特征，低估和正常化处理了房地产和金融市场里的负面事实。之所以出现这种正向偏误，是因为宏观经济学框架模糊和最小化了金融系统与真实经济之间的联系。

六　总结与讨论

制度主义是社会科学中的一种重要研究范式，其核心观点是社会行为是由制度和规则塑造的。与有效市场假说研究范式相比，制度主义强调了制度的作用和影响，认为制度不仅是社会行为的重要影响因素，而且是社会演化和变革的关键因素。在金融研究领域，制度主义研究范式具有诸多意义。第一，金融活动是由一系列制度和规则塑造的，这些制度和规则对金融市场和金融机构的运行与表现产生了深远的影响。因此，制度主义研究范式可以帮助我们更好地理解金融活动中的制度因素，并深入分析不同制度下的金融机构和金融市场的运作规律。第二，制度主义研究范式可以帮助我们理解金融机构和金融市场中的组织行为和治理问题。组织行为是内部制度和外部制度相互作用的结果，因此，对金融机构和金融市场中的组织行为和治理问题的研究需要考虑内外制度的作用和相互关系。在这方面，制度主义的研究为我们提供了一种新的视角和方法。第三，制度主义研究范式可以帮助我们理解金融危机的发生和演化机制。金融危机往往不是单一因素造成的，而是多种因素、多种制度复杂作用的结果，制度主义的研究可以从文化、制度和规则的层面分析金融危机的发生和演化机制。第四，制度主义研究范式可以为政策制定和实践提供参考和指导。制度主义的研究可以为政策制定者提供更加深入的分析和理解，帮助决策者制定更加符合实际情况和更加有效的政策和制度。

随着数字货币、区块链金融、供应链金融等金融行业新的技术和业务模式的不断涌现，制度主义研究范式面临新的挑战和机遇。未来，制度主义的研究可能会朝着以下几个方面发展。第一，制度主义的全球化研究。全球化背景下，国际制度对国家和全球经济的影响越来越大，制度主义需要进一步深入研究全球范围内金融制度的形成和演化机制，以及全球金融制度如何影响不同国家和地区的经济发展。第二，制度主义与数字化金融关系的研究。数字化技术在金融、物流等领域的普及和应用，正在改变传统金融活动的组织形态和运作方式，制度主义需要探究数字金融的特点和制度变革的机制，以及数字金融对社会经济结构和分配格局的影响。第三，金融文化研究。文化作为制度的重要组成部分，对金融活动和金融行为具有重要影响。未来，制度主义可以进一步研究金融行业文化制度的形成和演化机制，以及文化制度与经济活动的相互作用，深化对文化因素在金融市场制度形成和演化中的作用的认识。

参考文献

A. A. 阿尔钦，1994，《产权——一个经典注释》，载 R. 科斯、A. 阿尔钦、D. 诺斯等《财产权利与制度变迁——产权学派与新制度学派译文集》，刘守英等译，上海三联书店、上海人民出版社。

艾云、向静林，2021，《分布式网络、复杂性与金融风险治理——一个多层级政府行为的分析框架》，《社会学评论》第 1 期，第 51 ~ 75 页。

奥利弗·E. 威廉森，2001，《治理机制》，王健、方世建等译，中国社会科学出版社。

彼得·A. 霍尔、戴维·索斯凯斯，2018，《资本主义的多样性：比较优势的制度基础》，王新荣译，中国人民大学出版社。

陈怀超、范建红，2014，《制度距离、中国跨国公司进入战略与国际化绩效：基于组织合法性视角》，《南开经济研究》第 2 期，第 99 ~ 117 页。

陈享光、郭祎，2016，《中国金融化发展对实体经济的影响》，《学习与探索》第 12 期，第 94 ~ 103 页。

道格拉斯·C. 诺思，1994，《经济史中的结构与变迁》，陈郁、罗华平等译，上海三联书店、上海人民出版社。

道格拉斯·C. 诺思，2008，《制度、制度变迁与经济绩效》，杭行译，格致出版社、上海三联书店、上海人民出版社。

丁博、赵纯凯、奚君羊，2021，《宗教信仰对家庭金融排斥的影响研究——来自CHFS 2013的经验证据》，《社会学评论》第1期，第125～143页。

董诗涵，2020，《社会信任与个人贷款供给行为》，《金融论坛》第6期，第71～80页。

杜晓君、朱园园，2013，《制度距离、信息不对称和国际并购绩效——基于中国上市公司并购案的实证研究》，《东北大学学报》（自然科学版）第10期，第1504～1507页。

杜兴强、蹇薇、曾泉、常莹莹，2016，《宗教影响、控股股东与过度投资：基于中国佛教的经验证据》，《会计研究》第8期，第50～57页。

方军雄，2007，《所有制、制度环境与信贷资金配置》，《经济研究》第12期，第82～92页。

古志辉，2015a，《儒家传统与公司绩效》，《制度经济学研究》第1期，第69～113页。

古志辉，2015b，《全球化情境中的儒家伦理与代理成本》，《管理世界》第3期，第113～123页。

何柔宛，2018，《清算：华尔街的日常生活》，翟宇航等译，华东师范大学出版社。

胡旭阳，2006，《民营企业家的政治身份与民营企业的融资便利——以浙江省民营百强企业为例》，《管理世界》第5期，第107～113页。

黄灿，2013，《政治关联能改善民营企业的经营绩效吗？——基于全国民营企业抽样数据的再研究》，《财经问题研究》第12期，第102～109页。

江伟、李斌，2006，《制度环境、国有产权与银行差别贷款》，《金融研究》第11期，第116～126页。

姜英兵、班旭，2021，《社会信任与股权资本成本》，《经济经纬》第6期，第150～160页。

李广子、刘力，2009，《债务融资成本与民营信贷歧视》，《金融研究》第12期，第137～150页。

李诗、吴超鹏，2016，《中国企业跨国并购成败影响因素实证研究——基于政治和文化视角》，《南开管理评论》第3期，第18～30页。

李新春、叶文平、唐嘉宏、区玉辉，2015，《创始爱心资金获取：情感信任还是能力信任》，《管理科学》第2期，第40～48页。

梁莱歆、冯延超，2010，《政治关联与企业过度投资——来自中国民营上市公司的经验证据》，《经济管理》第12期，第56～62页。

林季红、张璐，2013，《中国企业海外并购的股权策略选择》，《财贸经济》第9期，第 76 ~ 84 页。
林乐、谢德仁，2016，《投资者会听话听音吗？——基于管理层语调视角的实证研究》，《财经研究》第 7 期，第 28 ~ 30 页。
刘宝华、罗宏、周微、杨行，2016，《社会信任与股价崩盘风险》，《财贸经济》第 9 期，第 53 ~ 66 页。
刘静、吴启富、康漫、郑瑶，2022，《社会信任可以提升分析师盈余预测质量吗——来自中国市场的证据》，《数理统计与管理》第 3 期，第 554 ~ 570 页。
刘璐、杨蕙馨，2018，《制度距离对中国上市公司跨国并购绩效的影响——国际经验与知识吸收能力的中介作用》，《科技进步与对策》第 5 期，第 113 ~ 119 页。
刘兴亚、李湘宁、缪仕国、姜子叶，2009，《资产专用性、文化差异与外资进入模式选择——基于交易成本框架的分析》，《金融研究》第 3 期，第 72 ~ 84 页。
罗党论、甄丽明，2008，《民营控制、政治关系与企业融资约束——基于中国民营上市公司的经验证据》，《金融研究》第 12 期，第 164 ~ 178 页。
罗纳德 · H. 科斯，2014，《企业、市场与法律》，盛洪、陈郁译，格致出版社、上海三联书店、上海人民出版社。
欧阳日辉、徐光东，2004，《新制度经济学：发展历程、方法论和研究纲领》，《南开经济研究》第 6 期，第 3 ~ 9 页。
潘镇、殷华方、鲁明泓，2008，《制度距离对于外资企业绩效的影响——一项基于生存分析的实证研究》，《管理世界》第 7 期，第 103 ~ 115 页。
沈红波、廖冠民、曹军，2011，《金融发展、产权性质与上市公司担保融资》，《中国工业经济》第 6 期，第 120 ~ 129 页。
宋增基、冯莉茗、谭兴民，2014，《国有股权、民营企业家参政与企业融资便利性——来自中国民营控股上市公司的经验证据》，《金融研究》第 12 期，第 133 ~ 147 页。
孙淑伟、何贤杰、王晨，2018，《文化距离与中国企业海外并购价值创造》，《财贸经济》第 6 期，第 130 ~ 146 页。
唐松、胡威、孙铮，2011，《政治关系、制度环境与股票价格的信息含量——来自我国民营上市公司股价同步性的经验证据》，《金融研究》第 7 期，第 182 ~ 195 页。
W. 理查德 · 斯科特，2010，《制度与组织：思想观念与物质利益》（第 3 版），姚伟、王黎芳译，中国人民大学出版社。
王宇、王士权、臧日宏、陈伟，2017，《宗教信仰会影响家庭金融投资行为吗?》，《金融理论与实践》第 7 期，第 57 ~ 63 页。
吴文锋、吴冲锋、刘晓薇，2008，《中国民营上市公司高管的政府背景与公司价值》，《经济研究》第 7 期，第 130 ~ 141 页。
夏若江，2002，《社会信任与现代企业的信用延伸》，《学习与探索》第 4 期，第 83 ~ 86 页。

向静林，2016，《市场纠纷与政府介入——一个风险转化的解释框架》，《社会学研究》第4期，第27~51页。

向静林，2021，《互联网金融风险与政府治理机制转型》，《社会科学研究》第1期，第74~82页。

谢德仁、林乐，2015，《管理层语调能预示公司未来业绩吗？——基于我国上市公司年度业绩说明会的文本分析》，《会计研究》第2期，第20~27页。

辛宇、李新春、徐莉萍，2016，《地区宗教传统与民营企业创始资金来源》，《经济研究》第4期，第161~173页。

Y. 巴泽尔，1997，《产权的经济分析》，费方域、段毅才译，上海三联书店、上海人民出版社。

严若森、姜潇，2019，《关于制度环境、政治关联、融资约束与企业研发投入的多重关系模型与实证研究》，《管理学报》第1期，第72~84页。

阎大颖，2011，《制度距离、国际经验与中国企业海外并购的成败问题研究》，《南开经济研究》第5期，第75~97页。

杨典，2018，《金融全球化与"股东导向型"公司治理制度的跨国传播 对中国公司治理改革的社会学分析》，《社会》第2期，第46~83页。

尹志超、张诚，2019，《信仰与中国家庭金融市场参与——基于CHFS数据的实证研究》，《财经理论与实践》第3期，第15~23页。

应千伟、蒋天骄，2012，《市场竞争力、国有股权与商业信用融资》，《山西财经大学学报》第9期，第58~64页。

余汉、杨中仑、宋增基，2017，《国有股权能够为民营企业带来好处吗？——基于中国上市公司的实证研究》，《财经研究》第4期，第109~119页。

余明桂、潘红波，2008，《政治关系、制度环境与民营企业银行贷款》，《管理世界》第8期，第9~21页。

余鹏翼、王满四，2014，《国内上市公司跨国并购绩效影响因素的实证研究》，《会计研究》第3期，第64~70页。

臧日宏、王宇，2017，《社会信任与城镇家庭风险金融资产投资——基于CFPS数据的实证研究》，《南京审计大学学报》第4期，第55~65页。

翟淑萍、甦叶、缪晴，2021，《社会信任与实体企业金融化——"蓄势谋远"还是"借势取利"》，《山西财经大学学报》第6期，第56~69页。

张成思，2019，《金融化的逻辑与反思》，《经济研究》第11期，第4~20页。

张五常，2008，《新制度经济学的现状及其发展趋势》，《当代财经》第7期，第5~9页。

张新民、叶志伟，2021，《得"信"者多助？——社会信任能缓解企业短贷长投吗?》，《外国经济与管理》第1期，第44~57页。

Abolafia, M. 2001. *Making Markets: Opportunism and Restraint on Wall Street.* Cambridge, Mass: Harvard University Press.

Ahmadjian, C. L. and Robbins, G. E. 2005. "A Clash of Capitalisms: Foreign Shareholders and Corporate Restructuring in 1990s Japan." *American Sociological Review*, 70 (3): 451 – 471.

Allee, K. D. and Deangelis, M. D. 2015. "The Structure of Voluntary Disclosure Narratives: Evidence from Tone Dispersion." *Journal of Accounting Research*, 53 (2): 241 – 274.

Brandt, L. and Li, H. 2003. "Bank Discrimination in Transition Economies: Ideology, Information, or Incentives?" *Journal of Comparative Economics*, 31: 387 – 413.

Brouthers, K. D. 2013. "Institutional, Cultural and Transaction Cost Influences on Entry Mode Choice and Performance." *Journal of International Business Studies*, 44 (1): 1 – 13.

Chakrabarti, R., Gupta-Mukherjee, S., and Jayaraman, N. 2009. "Mars-Venus Marriages: Culture and Cross-Border M&A." *Journal of International Business Studies*, 40 (2): 216 – 236.

Charumilind, C., Kali, R., and Wiwattanakantang, Y. 2006. "Connected Lending: Thailand Before the Financial Crisis." *The Journal of Business*, 79 (1): 181 – 218.

Chui, A. C. W., Lloyd, A. E., and Kwok, C. C. Y. 2002. "The Determination of Capital Structure: Is National Culture a Missing Piece to the Puzzle?" *Journal of International Business Studies*, 33 (1): 99 – 127.

Claessens, S., Feijen, E., and Laeven, L. 2008. "Political Connections and Preferential Access to Finance: The Role of Campaign Contributions." *Journal of Financial Economics*, 88 (3): 554 – 580.

Clatworthy, M. and Jones, M. J. 2003. "Financial Reporting of Good News and Bad News: Evidence from Accounting Narratives." *Accounting & Business Research*, 33 (3): 171 – 185.

Davis, G. D., Diekmann, K., and Tinsley, C. 1994. "The Decline and Fall of the Conglomerate Firm in the 1980s." *American Sociological Review*, 59 (4): 547 – 570.

Davis, G. F. 2009. *Managed by the Markets: How Finance Reshaped America.* New York, Oxford: Oxford University Press.

DiMaggio, P. J. and Powell, W. W. 1983. "The Iron Cage Revisited: Institutional Isomorphism and Collective Rationality in Organizational Fields." *American Sociological Review*, 23 (2): 147 – 160.

Du, X. 2014. "Does Religion Mitigate Tunneling? Evidence from Chinese Buddhism." *Journal of Business Ethics*, 125 (2): 299 – 327.

Du, X. 2015. "Does Confucianism Reduce Minority Shareholder Expropriation? Evidence from China." *Journal of Business Ethics*, 132 (4): 661 - 716.

Du, X., Jian, W., Lai, S., Du, Y., and Pei, H. 2015. "Does Religion Mitigate Earnings Management? Evidence from China." *Journal of Business Ethics*, 131 (3): 699 - 749.

Elaine, H. 2006. "Are Investors Influenced by How Earnings Press Releases Are Written?" *Journal of Business Communication*, 45 (4).

Faccio, M. 2006. "Politically Connected Firms." *American Economic Review*, 96 (1): 369 - 386.

Fama, E. F. 1970. "Efficient Capital Markets: A Review of Theory and Empirical Work." *Journal of Finance*, 25 (2): 383 - 417.

Fligstein, N. 1990. *The Transformation of Corporate Control*. Cambridge, MA: Harvard University Press.

Fligstein, N. and Goldstein, A. 2015. "The Emergence of a Finance Culture in American Households, 1989 - 2007." *Socio-Economic Review*, 13 (3).

Fligstein, N. and Roehrkasse, A. F. 2016. "The Causes of Fraud in the Financial Crisis of 2007 to 2009: Evidence from the Mortgage-Backed Securities Industry." *American Sociological Review*, 81 (4): 617 - 643.

Fligstein, N., Brundage, J. S., and Schultz, M. 2017. "Seeing Like the Fed: Culture, Cognition, and Framing in the Failure to Anticipate the Financial Crisis of 2008." *American Sociological Review*, 82 (5): 879 - 909.

Fu, J., Shimamoto, D., and Todo, Y. 2015. "Can Firms with Political Connections Borrow More than Those Without? Evidence from Firm-Level Data for Indonesia." *Journal of Asian Economics*, 52.

Grinblatt, M. and Keloharju, M. 2001. "How Distance, Language, and Culture Influence Stockholdings and Trades." *Journal of Finance*, 56 (3): 1053 - 1073.

Guiso, L., Sapienza, P., and Zingales, L. 2008. "Trusting the Stock Market." *Journal of Finance*, 63 (6): 2557 - 2600.

Guseva, A. and Rona-Tas, A. 2001. "Uncertainty, Risk, and Trust: Russian and American Credit Card Markets Compared." *American Sociological Review*, 66 (5): 623 - 646.

Hall, P. A. and Gingerich, D. W. 2009. "Varieties of Capitalism and Institutional Complementarities in the Political Economy: An Empirical Analysis." *British Journal of Political Science*, 39 (3): 449 - 482.

Henry, E. 2006. "Market Reaction to Verbal Components of Earnings Press Releases: Event Study Using a Predictive Algorithm." *Journal of Emerging Technologies in Accounting*, 3 (1): 1 - 19.

Henry, E. and Leone, A. J. 2016. "Measuring Qualitative Information in Capital Markets Research: Comparison of Alternative Methodologies to Measure Disclosure Tone." *The Accounting Review*, 91 (1): 153 - 178.

He, W. and Hu, M. R. 2015. "Religion and Bank Loan Terms." *Journal of Banking & Finance*, 64: 205 - 215.

Hope, O. K. 2003. "Firm-Level Disclosures and the Relative Roles of Culture and Legal Origin." *Journal of International Financial Management & Accounting*, 14 (3): 218 - 248.

Ijaz, K. A. and Atif, M. 2005. "Do Lenders Favor Politically Connected Firms? Rent Provision in an Emerging Financial Market." *Quarterly Journal of Economics*, 120 (4): 1371 - 1411.

Jegadeesh, N. and Wu, D. A. 2013. "Word Power: A New Approach for Content Analysis." *Journal of Financial Economics*, 110 (3): 712 - 729.

Li, D. and Ferreira, M. P. 2011. "Institutional Environment and Firms' Sources of Financial Capital in Central and Eastern Europe." *Journal of Business Research*, 64 (4): 371 - 376.

Li, H., Meng, L., Qian, W., and Zhou, L. A. 2008. "Political Connections, Financing and Firm Performance: Evidence from Chinese Private Firms." *Journal of Development Economics*, 87 (2): 283 - 299.

Li, X., Wang, S. S., and Wang, X. 2017. "Trust and Stock Price Crash Risk: Evidence from China." *Journal of Banking & Finance*, 76: 74 - 91.

Meyer, J. W. and Rowan, B. 1977. "Institutionalized Organizations: Formal Structure as Myth and Ceremony." *The American Journal of Sociology*, 83 (2): 340 - 363.

North, D. C. 1990. "Institutions, Institutional Change and Economic Performance: The Path of Institutional Change." *Economics*, (11): 92 - 104.

Park, S. H. and Ungson, G. R. 1997. "The Effect of National Culture, Organizational Complementarity, and Economic Motivation on Joint Venture Dissolution." *Academy of Management Journal*, 40 (2): 279 - 307.

Pernell, K., Jung, J., and Dobbin, F. 2017. "The Hazards of Expert Control: Chief Risk Officers and Risky Derivatives." *American Sociological Review*, 82 (3): 511 - 541.

Preda, A. 2007. "The Sociological Approach to Financial Markets." *Journal of Economic Surveys*, 21 (3): 506 - 533.

Qian, J. and Strahan, P. E. 2005. "How Laws and Institutions Shape Financial Contracts: The Case of Bank Loans." *Social Science Electronic Publishing*, 62 (6): 2803 - 2834.

Roberts, A and Kwon, R. 2017. "Finance, Inequality and the Varieties of Capitalism in Post-Industrial Democracies." *Socio-Economic Review*, 15 (3): 511 - 538.

Spiller，P. T. and Mariano，T. 2003. *Varieties of Capitalism：The Institutional Foundations of Comparative Advantage*. New York：Oxford University Press.

Thelen，K. A. 2014. *Varieties of Liberalization and the New Politics of Social Solidarity*. Cambridge，New York：Cambridge University Press.

Witt，M. A. and Jackson，G. 2016. "Varieties of Capitalism and Institutional Comparative Advantage：A Test and Reinterpretation." *Journal of International Business Studies*，47（7）：778 – 806.

Zaheer，S. 1995. "Overcoming the Liability of Foreignness." *Academy of Management Journal*，38（2）：341 – 363.

Zorn，D. M. 2004. "Here a Chief，There a Chief：The Rise of the CFO in the American Firm." *American Sociological Review*，69（3）：345 – 364.

金融知识的技术-社会性呈现*

——技术与金融知识认知研究综述

张樹沁**

摘　要： 自20世纪90年代以来，受科学社会学研究脉络的影响，金融社会学中的诸多研究聚焦于金融知识、金融技术及其社会性呈现过程。本研究综述了20世纪90年代以来社会学领域围绕金融技术和金融知识生成、转化、重构的社会性过程的经典研究，强调了默会知识和后社会关系概念在该领域研究中的位置，提出了看待金融活动的技术基础的三个视角，并分析了数字技术对金融过程的影响。最后本文讨论了该理论在当下金融社会学研究中的潜在研究方向。

关键词： 金融技术　金融知识　社会性

一　从金融活动的载体开始

20世纪90年代，金融界刚从1987年的股灾中完全恢复过来，离世纪末的长期资本管理公司造成的金融乱象还有一段时间，离新世纪的互联网泡沫也相去甚远，此时的金融圈不仅身缠复杂的数理技术专业知识，还手握着影响社会方方面面的权力，看起来就像是位伟大的魔法师。

---

* 基金项目：国家社会科学基金一般项目“社会金融化的特征、动力和影响研究”（编号：21BSH087）。

** 张樹沁，中央财经大学社会与心理学院副教授。

不过，这一魔法师的形象促发了许多社会学者想要揭穿其真面目的冲动，自20世纪90年代起，社会学者就开始了他们系统地寻找金融界“幕后技巧”的时代。一次又一次的金融危机，特别是2008年的金融危机更进一步激发了本已增长的社会学对金融的兴趣，虽然其对社会造成了诸多恶劣影响，但稍显有益的是，金融危机将伟大魔法师的形象一次又一次地解构了（Carruthers and Kim，2011）。在这一背景下，自20世纪90年代以来，社会学领域围绕金融议题开展了诸多研究与批评，其中一些研究脉络从科学社会学中汲取了大量理论，并形成了看待金融问题的独特视角。

虽然科学社会学内部一直争论不休，但是科学社会学对“标准科学”抱持的怀疑态度恰好契合社会学对“标准金融”的审视。科学社会学通常将考察的目标首先放在“技术”上，强调社会行动和物质技术之间的整合性特征。例如，超市为消费者提供一种置物的设备——购物车，使得消费者能够确定他们购买的一系列商品组合的实际体积，而在没有购物车这一设备时，消费者仅能通过手提两两比较的方式进行判断；如果消费者还带着实时联网的手机，那么，在购物过程中，他们还可以和自己社交网络中的其他人联系，或是在购物、评价平台上查看大家对该商品的评价，进而修正自己的观点。在没有购物车时，上述行动不会成为行动者的可选集，因此，当我们考察行动者时，需要将更多我们过去排除在外的元素纳入其中。科学社会学的研究者强调，决策不仅仅是由技术驱动的，还由人类、设备和其他元素组成的异构网络中的各类参与者共同交互驱动（Callon，2008）。

科学社会学的思想脉络在社会学的金融议题领域形成了两条相似但又有所区别的研究路径。一条路径沿着科学社会学中的代表人物 Callon（1998）提出的述行性（performative）问题，讨论金融理论的述行性效果及其反述行性机制（MacKenzie，2006）。这条路径的讨论观点鲜明，直指被视为科学的金融模型本身，掀起了对金融理论的社会学解读热潮。相较而言，另一条路径的观点则更加多元，选取了科学社会学一以贯之的对技术议题的关注，特别是关注技术在金融活动中发挥的作用，探寻金融活动在各类技术与社会行动影响下的“反常”现象。技术和市场并不是中立的实体（Hardin and Rottinghaus，2015），技术总是推动一类行为产生或消亡，技术的实践过程也往往并不如一开始所设想的那样，需要被放在一个特定的社会性过程中才能得以观测。

在本文中，我们将这一脉络称为“金融知识的技术－社会性呈现”研究。在金融学的研究假定中，金融市场中的互动是严肃且数理的，交易员们按照金融学给出的模型假设行动，除此之外的行动都可以被看作无关紧要的“噪声”。同样，受噪声影响的“噪声交易”对于有效金融市场来说也是无关紧要的，它们不仅占比小，而且会相互抵消。这是现代金融学理论中“有效市场”假说的前提条件之一。由于述行理论关注的是金融理论内部运行逻辑上存在的问题，因此上述观点也部分被述行理论所吸收。但是在关注金融社会性活动的社会学家们看来，被金融学看作“噪声”的互动形式才是实际金融活动的主旋律（Preda，2017），因为许多金融模型中期待的互动方式在金融实践中并不存在。换句话说，哪些金融知识是现实“可能”的，取决于金融活动者们可调用的现实金融工具，这是现实与理想金融活动的第一层错位：没有合适的金融工具匹配理想的金融模型。与此同时，金融工具的社会性特征构成了现实与理想金融活动的第二层错位：合适的金融工具在金融活动中并未产生理想的效果。

因此，理解金融市场的实际运作逻辑，需要首先了解哪些群体（能够）在金融市场中运用何种金融知识展开金融活动。Preda 是该研究脉络的代表人物之一，他在一篇经典文献中提出一个问题：不同地域、不同文化背景的群体是如何接受同一种“理性人假设”的互动规则展开金融互动的？他基于对 19 世纪英国和法国的金融活动资料的研究，强调金融知识应该被理解为一种综合性的社会实践活动，围绕特定的金融知识，应该有一种将其转译为社会行动者们可行的合理化话语体系、所遵循的规则、所匹配的技能以及如何看待这件事的认知工具（Preda，2001）。在论述了一系列将金融活动与自身价值、家庭发展甚至国家命运关联在一起的话语之后，Preda 特别关注了金融市场的可视化工具，这些工具切切实实地扮演了将普通人转变为投资者的角色。第一个铺平进入金融市场道路的可视化工具，是在报纸上刊登的公司财务报表，其将金融活动数字化，同时为金融活动的“客观化”提供令人信服的证据。虽然财务报表中有各种难懂的术语，但是一系列金融投资活动的辅助阅读材料会“贴心地”告诉读者具体需要阅读哪些数字。没过多久，对财务报表的通俗分析文章就自然涌现出来了。第二个可视化工具则是图表，它在金融活动中的应用使得金融活动更加直观，不仅公司经营活动变化可以用图表展示，买入卖出活动也被图表化，并“贴心地”标上买入线和卖出线（Preda，2001：223－227）。对于参与投资活动的普通人来说，他的每一次金融决策都有科学和严谨的数据以及图表的支持，而且他能看懂这些工具。此时，宣扬金融活动重要性的话语才真正发挥了作用，引导着大量非金融行业从业者投入金融活动中。

正是这些通俗的财务报表解读和易懂的图表在最初支撑起了跨地域的庞大金融市场，鼓励着未受过金融学教育的普通人坚信自己在进行科学且理性的金融投资，承载着金融市场寻找下一个更加有效的载体。同时，围绕金融的各种技术形式也影响着何种事物间关系被金融活动视为“知识”。

二　金融知识的转化与重构

要弄清与金融相关的技术是如何作用于金融知识的，首先要找到在金融活动的真实运作过程中，何种知识是重要的。对于经济社会学的研究来说，经济活动的嵌入性是一个长久不衰的主题。与麦肯齐关注抽象金融学“理论”对金融活动的影响不同，一些研究者遵循嵌入性研究的常见旨趣，更关注理论运行中的嵌入性问题，即当金融理论转化为实践时，行动者们如何在现实互动过程中形成有关此事的知识，特别是那些被称为默会的技能和知识（tacit skills and knowledge），这些知识进而会怎样影响实际的金融运作。

（一）默会知识在金融活动中的应用

默会知识这一概念由波兰尼（2000）提出，指的是以整体经验为基础的、只可意会不可言传的知识。在金融活动中，默会知识同时具有结构性的“劣势”与“优势”。一方面，金融知识大多有着坚实的数理基础，数理知识似乎排斥默会知识的存在；另一方面，有研究者认为，依靠数理知识形成的标准化的金融理论，可能反而促成了行动者借用更多其他默会知识和技能来展开互动，在标准化的信息传递中寻求差异性。

Preda 基于德法三家金融机构的田野调查发现，正是因为金融知识的标准化和稳定性，衍生了更多默会且不会在金融学理论台面上讨论的知识。首先，由于金融活动似乎有通行的数理法则，所以针对金融客户的金融服务的价值必须建立在对客户特殊需求的理解上，以此凸显金融机构提供的并非标准化的服务。其次，由于围绕金融信息的解读具有同质性，在交易员和金融机构中传递的金融文本的价值并不在信息传递上，而是在传递给哪些人以期维持组织、人际关系上。最后，为了在金融活动中呈现出广泛的差异性，金融从业者需要花更多的时间从事非标准化的活动，比如金融报告的价值常常体现在制作的精美程度上（Preda，2002）。因此，金融活动伴随着新的金融知识的生产，这些经典金融课本不会提及的知识生成过程构成了金融活动“嵌入性”的重要维度。

Zaloom 基于芝加哥金融交易所的实地研究同样发现，交易员们“学到的第一件事就是数字说明不了什么”（Zaloom，2003：261）。从有效金融市场的角度来说，这种说法也能得到支持，毕竟在目睹数字的那一刻，套利空间就已经消失殆尽。如果数字并不能说明什么的话，交易员又要如何决策呢？Zaloom 发现，交易员更加热切地从数字的蛛丝马迹中想象他们的交易对手，并将其具象化为各种社会信息，如“害怕、迟钝、饥渴、焦虑”等情绪（Zaloom，2003：261），希望将交易活动带入那些并不标准但却切实可感的社会互动中。但是，到底何种行为是害怕，何种行为是焦虑，则完全依赖于交易员自身的“手头知识”，每个人的说法各不相同。

因此，依靠数理知识形成的标准化的金融理论和默会知识之间形成了一个有趣的张力：标准化的金融理论滋养了默会知识的发展。一方面，在金融活动中，标准化的金融理论无法带来经营策略上的明显差异，金融从业者只能尝试通过工作过程中的实践经验来展现差异；另一方面，标准化的金融理论拒斥吸纳非标准化的金融实践，使得金融从业者的一系列想象被锁定在不可言说的默会知识之中，这种默会知识在部分小群体中共享，但难登理论之堂。

（二）后社会关系在金融领域中的作用

在默会知识中扮演重要角色的是一套技术体系，这套技术体系既包含自 19 世纪以来鼓动着普通人投入金融市场的数字图表技术，也包括伴随现代金融学理论兴起于 20 世纪 60 年代的各种便携金融工具和交易技术，以及自 20 世纪 80 年代计算机技术引入后广泛应用于金融活动中的金融科技。

技术的广泛应用使得金融市场中“后社会关系”（postsocial relationships）结构盛行，弱化了金融学假定的纯粹金融关系。所谓“后社会关系”，指的是新型的人与物体之间的纽带，非人类的物品在当代生活中的存在意义和影响越来越大（Cetina and Bruegger，2002a）。源自科学社会学研究思路的“后社会关系”概念为理解金融市场提供了全新的视角。自赫伯特·西蒙提出“有限理性”概念后，人们通常认为，如果金融市场进一步排除了限制理性的因素——具体而言即人的因素——那么金融交易应该更加理性，特别是在金融交易进入屏幕远端交易之后，交易对手间应该呈现更加纯粹的经济人形态。可是，如果用“后社会关系”的视角来审视金融活动的话，就会发现金融活动并不是变得更加纯粹，而是变得更加复杂了，影响理性决策的并不仅有“人”，还有“物”。有关现代金融市场的研究发现，即使交易对手不再面对面互动，交易员也难以摆脱对交易对手的“想象”，而且这种想象可能更加丰富。

当交易员看着屏幕中跳动的数字时，脑海中闪过的并不是金融学公式，而是对交易对手的各种想象。Preda 的一项围绕非专业机构交易员的研究发现，这些非专业交易员在纳斯达克的电子交易平台上展开交易，并能通过一系列与屏幕的互动呈现出自己在金融市场中的行动。Preda 基于民族志的研究揭示，屏幕既是一种观察和尝试的工具，也是一种跨越界限的工具：通过这个电脑界面，陌生人可以被“拉”到交易员的情境中，而交易员则通过与界面的互动向陌生人展示自己（Preda，2009：691）。在这一维度上，屏幕技术丰富了交易员可以进行的社会性活动，虽然这一活动通常是在脑海中完成的，但事实上具有社会性指向。

如果这些对交易对手的想象都足够恰如其分的话，也不失为一种对有效金融市场的补充。Cetina 和 Bruegger 的研究揭示了交易员群体内部的“非理性”行为，他们运用舒茨的“主体间性”概念，基于对三家全球运营的投资银行的民族志研究发现，交易员观察屏幕识别信号的过程中，一个重要的工作是识别和读懂市场中其他行动者的行动痕迹和意图（Cetina and Bruegger，2002b）。在金融市场活动中，行动者一方的“目的”常常成为另一方行动的“原因”，进而在金融市场中形成涟漪。交易员微观互动过程显然难以遵循理性的逻辑形式，比如在交易活动中的一些术语明显与“性和暴力”有关，对于一些做空做多的交易行为，交易员也会将其看作一次“攻击”，将其视为挑衅和应对挑衅的活动（Cetina and Bruegger，2002b：939－940）。正是由于这些隔着屏幕都存在的“非理性”行动，一些金融活动往往成了争相展示男子气概的金融球赛。

因此，即使交易员不再面对面互动，即使这个交易活动只是由一系列变化的数据整合形成的，双眼紧盯着“纯粹”的屏幕的交易员也会围绕屏幕上跳动的数字想象出“不纯粹”的社会形象，仍旧会将有关交易的“知识”与实际进行的交易活动相结合展开分析。基于后社会关系的视角，技术在金融活动中扮演的角色不再是“做减法”，使之更加适用于金融学的理论假定，而可能是“做加法”，丰富金融行动者对社会性的想象。

（三）金融知识的合法性问题

金融知识的生成也有一套群体层面的社会逻辑。何种金融信息可被看作知识，也涉及不同群体如何互动，最终汇聚形成金融信息的合法性问题。正因为金融知识的建构与更广泛的经济和社会结构紧密相连，金融活动才越发需要一种稳定的合法性支撑，以形成维系金融市场的共识。

其中最重要的共识基础是现代金融学理论，MacKenzie 阐述了金融学理论如何为一种市场运作提供合法性，并为金融市场的崩溃埋下隐患（MacKenzie，2006）。在此基础上，Preda 的研究关注了证券分析师这部分群体在认知塑造上的重要作用。他直言不讳地指出：“（证券分析师）技术分析的成功，与其说取决于分析师计算价值的能力，不如说取决于分析师塑造认知议程的能力。同时，这些分析师的知识不仅是对其关注领域的描述，而且是对该领域进行干预的工具。”（Preda，2007：41）Beunza 和 Garud 的研究进一步证明了上述观点，他们围绕证券分析师的经典研究揭示了，在金融活动中，一家公司被看作什么类型的公司这件事非常重要，当亚马逊公司被证券分析师看作“图书零售商”时，对亚马逊的评估和分析就会遵循“图书零售商”的逻辑展开，这和将其看作“互联网公司”的认知分析框架很不一样，虽然结果不同，但是两者在金融活动中都是逻辑自洽的（Beunza and Garud，2007）。

除了关键群体外，金融交易活动中的技术选择结果是否具有合法性也很重要，Muniesa 基于巴黎证券交易所收盘价的研究强调，通过不同的技术设置，收盘价实际上可以有多种呈现方式，但是最终何种呈现方式能够得到认可，取决于其依凭的形成过程能否展现出市场应有的样子。在 Muniesa 的研究中，一种技术安排如果能够将收盘价的图景呈现为市场自主形成而不是由其他外部机构影响的结果，那么这套技术就更加容易被认可和选择，即使这种“自主形成”的收盘价可能并不稳定（Muniesa，2005）。

合法性问题涉及社会活动中的价值观判断，这种价值观的形成通常不在金融学的研究范畴，但却实实在在地影响着金融市场的实际运作。在一些新兴的金融活动中，文化符号也被印刻至后续的金融创造中，如区块链货币等（Faustino，2019）。对金融合法性价值观判断的关注，也有助于研究者理解何种知识在金融活动中是重要的这一关键性问题。

三　金融活动中的技术基础

21 世纪以来，金融领域的一系列活动都是以技术——特别是信息技术——为基本载体的（Preda，2006）。新兴的金融技术将原先的固定角色金融市场（fixed-role markets）改造为流变角色金融市场（switch-role markets），为市场注入了更大的不确定性（Castelle et al.，2016），极大地影响了金融行动者的互动逻辑，改变了金融交易的基础逻辑，也影响了行动者如何看待金融活动这件事。在后续的讨论中，我们将围绕上述技术在金融中发挥作用的三个重要机制展开。

（一）技术构成金融互动的方式

在金融技术的变迁过程中，第一个切实可感的变化是在金融场域中的互动层面上，互动技术直接影响了金融行动者的行动可选集，形成了金融行动者互动的基本情境，同时也影响了实践导向的金融知识的生成过程，重新排列了金融知识之间的重要性，并成为涌现默会性金融知识的技术基础。

在金融交易的屏幕时代到来之前，金融活动基本都发生在实体空间中。由于金融交易所常常呈阶梯状分布，所以交易场所也常常被称为交易“坑”（pit）。正如在英语中“pit”一词也有斗兽场之意，在实体交易空间中进行的金融交易更像是一场与肉体直接关联的交易竞技，交易员需要用足够响亮且合适的嗓音来吸引交易对手的注意力，并通过肉体间的碰撞来切实地获得更好的实体空间中的交易位置，从交易对手的表情和语调上来判断合适的出价（MacKenzie，2006）。彼时的金融交易员必须有足够强壮的身体，金融辅助工具必须易于携带，金融活动寓于交易的气势之中。

在屏幕时代的金融交易中，数字并不像最初所扮演的合法性角色那样“公正”，而是成为对无法直面但却活灵活现的行动者的“描边”。在这样一种互动技术中，数字带来的似乎并不是一种“理性的思考”，而是交易员对交易对手的一系列趣味想象。当交易进入屏幕时代后，交易员无法目睹交易对手的一系列身体活动，于是通过对着数字编故事的方法来理解市场的波动和交易对手的策略，与他们想象出来的交易员缠斗（Zaloom，2003：262－266）。Preda 围绕非专业交易员的研究则更加明显地揭示了，即使屏幕只显示数字，普通人也可以基于他人和自身的一系列数字活动想象出丰富的情境（Preda，2009）。

技术对金融互动形式的影响极为明显，拥挤嘈杂、肉体碰撞、直面交易对手的金融活动转变为数字涌现、意图揣度、交易对手间相互想象的金融活动，但这样的变化几乎不被主流金融学理论捕捉并加以讨论。

（二）技术成为实现金融交易的基础

第二个得到许多研究者关注的是交易技术对金融活动的影响，对交易技术的讨论集中在金融活动中的资金流动是如何实现的问题上。交易技术直接影响了金融组织的可能形式和金融活动中各群体间稳定的社会关系。

Beunza 和 Stark 认为，如果我们要理解现代金融活动中的交易组织，则必须考察金融活动中的三个关键变量：网络连接（network connectivity）、数学公式（mathematical formula）和计算能力（computing）。它们是定量革命的三大逻辑支柱（Beunza and Stark，2004）。同时，我们也可以将其看作影响金融领域社会情境的重要变量。Cetina、Zaloom 等人已经围绕网络连接的方式展开了讨论，数学公式这一变量在麦肯齐的一系列研究中已经得到了较为充分的讨论（张樹沁，2022），计算能力正在成为当前金融科技革命的主流议题。Beunza 和 Stark 在华尔街一家大型国际投资银行中的田野调查发现，套利活动是金融学定量革命的一个重要结果，呈现出了三个关键变量叠加的效果：通过数学公式、金融市场网络的连通性，以全新的金融工具完成对各类资产的组合。Beunza 和 Stark 写道："如果没有将市场属性可视化的工具，交易员们就看不到机会；如果没有执行交易的工具，他们就无法干预市场。没有工具，就没有交易（No tools，no trade）。"（Beunza and Stark，2004：389）没有交易，自然也就没有了金融市场一系列后续的活动。从这个角度看，金融交易工具是交易员认识市场的基础性技术。

随着金融交易工具的算法化，交易员也可以通过金融市场中的机器人将自己的交易信念注入金融活动中，系统性地改变了金融交易的逻辑。这些机器人交易员如同 F1 方程式赛车手一样快速地进行交易，唯一能限制这些机器人的只能是更多更复杂的新兴技术组合。超高速的交易最终形成了金融活动中的高频交易的技术基础，这类金融活动就是建立在技术记录了所有金融交易发生时的数据时间戳基础之上（Engle，2000）。对金融交易数据的建模分析（Preda，2006）则普及了量化交易模型在金融市场中的应用。

（三）技术影响对金融活动的认知

第三类虽然更抽象但也同样重要的研究，强调了技术对金融活动中的认知的影响，特别关注了技术如何形塑交易员对金融活动的认知，在这类研究中，交易员对金融活动的主观定义非常重要。

哪些技术工具能够在金融活动中被调用，极大地影响了金融行动者后续的认知路径。有研究认为，在金融活动中，交易员意义构建的过程越来越不只是发生在单个行动者大脑中的认知过程，而且是发生在和机器（例如屏幕）的互动中，并通过使用"预认知"（precognated）的数学模型来完成对金融市场的认知的过程（Arnoldi，2006）。特别是由于计算能力的发展，交易员越来越可以依赖于复杂的数学模型得出简单的结果，数学模型的结果就成为交易员认知的锚定标准。这看似与金融学和经济学假设，即直接观察证券价格可以减少不确定性（Biais，1993）相一致，但 Preda 的一项研究强调，这一假设必须得到社会学维度的补充：市场上的价格观察形式是由价格记录技术决定的。在当下的金融活动中，正是这种技术结构解决了交易员认知和信息的不确定性问题（Preda，2006）。不过，计算能力的发展也可能会带来另一维度上的信息稀缺，与传统的序贯式网络连接很不相同，屏幕时代的金融活动呈现出了流动（flow）的态势。金融行动者不再是基于自身的网络位置，将从前一个节点处获得的信息处理后传递给下一个节点，而是面对不断变化且波涛汹涌的金融流，既拥有海量的信息，也未拥有任何信息。因此，当金融活动需要分析的数据量过大，难以直接得出鲜明的数学结论时，交易员可能更多地基于感觉的框架而不是计算的框架来进行金融决策（Cetina and Preda，2007）。

Preda 的另一项研究也关注到了认知问题在金融活动线上互动中的意义，他提出了一个有张力的问题："如果交易屏幕为交易员提供了所有必要的信息资源（包括对数据信息的解读），那么交易员为什么还要不断地聊天和在线上发送即时消息呢?"理论上来说，这种互动应该是浪费时间的，毕竟技术已经解决了数据处理的问题。Preda 认为，交易员在互动过程中，需要根据其可观察的特征对正在处理的金融活动进行类型化（typify）。在 Preda 看来，这种类型化是一种集体共意的活动，其中需要将市场交易中特定的、可观察的元素识别为某一类型的标志或标签。被识别出来的标签指引着市场参与者根据多个标准将交易作为特定类型的实例进行判断。Preda 提出了类型化过程中常见的四种标签：个体（personal）标签，标识个体的可信程度，通常在线下金融活动中较为常见；行动者（agential）标签，标识该金融活动是由个体、机构还是机器人执行的；行为（actional）标签，标识目前市场上正在发生的行为类型，如买空卖空、触底反弹等；以及最后一个程序（procedural）标签，标识一系列活动应该遵循何种逻辑展开。交易员在线上和线下频繁互动，为一系列金融活动贴上认知的标签，并根据这些标签开展后续的行动。因此，Preda 宣称，金融活动中的互动不单是传递信息这么简单，互动中还包含社会意义，形塑着交易员对当下金融活动的认知，构成了金融活动的社会动态（Preda，2013）。

随着信息技术的发展，金融技术对认知的影响也在持续地发生变化，譬如目前金融活动的"视觉"维度越发重要，图表变得更加丰富且多维，金融市场不再是以数字被认知，而是以颜色丰富的图表为主要的认知渠道（Pryke，2010）。因此，围绕金融市场认知的研究也应该随之转向围绕视觉技术与使用者之间关系的研究。

四　金融过程的数字化趋势

在上述研究中，我们会发现，数字技术在金融活动中扮演的角色越发重要，当前金融领域似乎存在这样一个趋势：金融活动处理的数据量越来越大，实体的人在其中能够发挥的作用也越来越小。那么数字技术的普及是否就会带来金融市场的日臻完美呢？已有的金融社会学研究似乎对此并不乐观。

（一）金融算法黑箱的出现

第一个可能限制金融市场有效性的问题是金融算法的黑箱特征。在20世纪80年代中期，市场从公开叫卖转向电子市场交易，被研究者称为第一次金融技术革命。随着网络传输能力和算力的提升，第二次金融技术革命也很快到来，高频交易和量化交易就是这一进程中的典型，算法在交易过程中发挥着比以往任何时候都大得多的作用。

在当下的金融市场活动中，算法不仅被用于“寻找”价格和匹配买卖订单，从而实现交易，也可以“决定”何时以及如何发送订单，整个过程无须人工直接干预。因此，算法的不断发展超出了其在市场既定的位置：原先作为交易所交易工具的算法，大规模地转变为市场参与者，基于算法重新修正了机构做市的策略，那些有能力开发算法和算力且有财力负担一切的机构获得了巨大的市场优势（Lenglet，2011）。

这一巨大的市场优势是建立在金融算法的黑箱特征之上的。所谓黑箱，即算法内部的逻辑受限于知识产权和理解的难度，难以对外展示。Lenglet的研究特别关注了金融算法黑箱中的“箱”特性，也即算法区隔了行动者间互动的可能性。一旦一套金融算法被确定，直到下次审查或发生金融事故之前，金融算法内部的逻辑都是确定的，金融算法将金融活动的实践性特征转化为一个算法权力政治的问题（Lenglet，2011：62－63）。除了公众无法理解之外，金融从业者对于金融算法到底如何运行也不甚理解，特别是在机器学习算法逐渐应用于金融活动之后。已有的研究发现，随着算法黑箱的程度越发提升，使用算法的群体对算法逻辑和前提假定越发不熟悉，这种现象在高级专业人员中也十分普遍，同时也剥夺了基层金融从业者的金融实践能力（Anthony，2021）。

那么，是否可以依靠专业的外部监管部门来限制金融算法黑箱带来的不确定性呢？打开金融算法黑箱的尝试并不容易成功，一种尝试来源于监管部门用算法监管算法的思路，即使用数字技术展开对金融算法的审计，但是收效甚微。一方面，由于金融技术迭代的速度较快，监管机构能够勉强跟上金融机构的步伐已经十分不易；另一方面，监管技术通常只能限制金融算法的边界，无法嵌入金融算法内部，在某种程度上反而成为对不越界但内部风险集聚的金融算法的认可（Williams，2013）。对于监管部门来说，尝试打开黑箱但仍旧无法理解这一结果，有时比不打开黑箱更容易产生金融风险。

虽然我们将金融算法看作黑箱，但是在现实的金融活动中，如前所述，算法成为一个被其他交易者认知的金融行动主体。一旦交易员意识到或将交易对手标签化为一套算法时，交易员更倾向于以算法的逻辑对待市场活动，市场的脆弱性就会越发凸显（Borch，2016）。因此，在考察当下的金融秩序时，MacKenzie（2019）将其称为“交互秩序”（interaction order），算法已经在事实层面上成为一个人、一个机构或一个群体的“代表”，但算法构成的集合并不能代表其指代的个体或群体的集合，因为算法间的交互构成的秩序远远比人类构成的秩序复杂。在当下金融活动中，理解多主体间的交互成为一个比理解个体更加重要的研究议题。

（二）金融集群效应的加剧

第二个可能限制金融市场有效性的问题是集群效应加剧。已有研究讨论行动者产生金融集群效应的逻辑主要有两类，一类是基于金融模型固有逻辑，认为金融模型无法处理奈特讨论的“不确定性”问题，当这些不确定性问题逐渐累积后，金融系统就会出现周期性崩溃（Bookstaber，2007；Taleb，2007）。另一类解释路径关注到了行动者间的互动，强调是基于行动者间信息级联的机制掩盖了真实信息的传播，进而造成了金融危机的出现（Banerjee，1992；Shiller，2000）。不过，在上述研究中，行动者们实际上都是没有用到“知识”的。在第一类研究中，行动者是金融模型的投射，即使是在麦肯齐的经典系列研究中（MacKenzie，2011），行动者本身的社会性也被暂时忽略了。在第二类研究中，行动者受普遍存在的人类行动特征所影响，并未关注到金融知识本身的作用。

Beunza 和 Stark 的一篇文章试图在上述研究基础上，循着已有的金融知识的技术-社会性呈现研究脉络展开讨论，他们在考察了一家股票衍生品交易所在长期资本破灭后3年的交易实践之后，认为金融危机的一个重要成因是金融行动者特有的“自反性建模”（reflexive modelling）。在研究中，Beunza 和 Stark 宣称，对于套利者来说，模型不仅仅是一个用来评估各种变量的认知工具，套利者还会发展自己的模型，并通过自己的估计和竞争对手的行动来修正模型，套利者形成了围绕社会特征建模的常见互动方式。但是，这种建模方式的潜在危害巨大，自反性建模创造了一种认知互倚的互动形式，很可能放大行动者间判断的错误。当足够多的套利者忽视了导致交易失败的一个关键因素时，自反性建模就会将这样的一种忽视转变为共识，最终创造错位的信心，导致广泛而巨大的金融损失（Beunza and Stark，2012）。在 Beunza 和 Stark 看来，这种错位不是来源于盲目跟从，而是来源于套利者相互给予的信心。其中，社交型交易平台为这种认知互倚提供了互动的技术基础。那些热衷于在社交型交易平台上开展活动的交易员本应基于更丰富的信息展开独立决策，但是认知互倚使其处在一个视野广阔且信息丰富的环境中时，反而增加了局限性和个人偏见。信息中的众数促使着交易员忽略那些“无关紧要”的信息，从而产生过度和持续性的集群效应（Gemayel and Preda，2018）。

在上述研究中，进行决策的主体还是实实在在的交易员，虽然市场活动本身就是一个集成计算的“设备”，但金融领域的技术特征使得这种计算活动愈演愈烈。复杂的产品组合同时带来了标准化和独特化，使得市场在两个极端中摇摆：标准化看似稳固了系统，可一旦独特性事件（黑天鹅事件）出现，标准化将成为系统急速崩溃的快车道（Callon and Muniesa，2005）。特别是当金融活动依赖于算法黑箱时，算法间的互倚更是进一步破坏了金融市场的稳定，金融交易员的一次“操作失误”可能会因为算法的自动化特性带来难以挽回的损失（Lenglet，2011）。

与20世纪初量化工具支持交易员进行决策相比，近年来量化工具逐渐成为金融交易的主要行动者，交易员则转变为辅助金融量化工具的存在（Borch，2016）。高频交易和量化交易已经被证明能够获得明显的市场优势，金融的技术军备竞赛渐渐地将实体的交易员排除出交易活动本身（Seddon and Currie，2017）。自动化交易算法就构成了一个不停运转的金融社会，最终呈现出金融活动的钟摆式稳定与不稳定快速切换的特征（Currie and Seddon，2022）。

五 讨论与后续的研究

金融知识的技术 - 社会性呈现研究围绕技术和金融信息认知展开，对有效金融市场的真实运作进行了深入且扎实的分析，一些研究循此脉络，开始探究历史上价格形成的社会过程，与经济学有效市场假说展开对话（Cochoy et al.，2021），展现出了该分析视角的生命力。在研究方法上，该理论的研究者大多根据在金融行业持续性的田野工作，揭示金融活动的真实逻辑和其不稳定性的社会基础，其中关注的诸多变量特别值得国内金融社会学研究跟进讨论。

近年来，随着国内学者对国外金融社会学理论研究成果的总结与完善（李国武，2020，2022；张樹沁，2022），一些金融社会学研究已经从早期关注社会学变量特别是社会关系对金融活动的补充（Uzzi，1999；杨慧宇，2010）转向关注金融活动本身，考察了证券分析师预测对上市公司股票溢价的影响（庄家炽等，2022），以及银行信贷员如何通过线下空间重新捕捉有效信号（户雅琦、张樹沁，2023），并将其进一步拓展至中国金融风险治理问题上（艾云、向静林，2021），体现出了国内金融社会学实证研究转型的路径，同时也表明金融知识的技术 - 社会性呈现这一视角有助于重新理解国内的金融现象。

另一个该领域关注的热点是金融科技问题。现今，金融科技一词的热度体现出了金融活动和技术之间的紧密关系仍将持续作为之后金融研究的重点（Milian et al.，2019），一些新兴的金融技术形式可能会将我们带入全新的金融活动逻辑中，譬如机器学习技术。已有研究关注到了动态的机器学习算法对金融活动的冲击和影响（Hansen，2021），与此同时，有关人工智能的“愚蠢”（Lo，2019）、算法产生的偏差、人工智能无法识别因果关系（Pearl，2018）以及在复杂不确定情况下算法决策与人类判断相比的劣势（Rona-Tas，2020）的研究越来越多，冲击着技术理性的主张，预示着新技术在金融活动中的应用很可能涌现出大量全新的议题（Svetlova，2021）。目前，国内社会学界对金融技术的讨论有限，一些研究关注到了金融科技在公益慈善领域应用的社会后果（张樹沁、曹伟奇，2021），也注意到了金融技术应用中偏离金融假定的故事叙述逻辑（吴肃然等，2021），但对于金融机构如何使用和看待金融技术，目前尚未有成熟的社会学研究出现。

金融的标准化倾向蕴含着非标准化的冲动，这一张力将一直贯穿于现代金融活动中。金融学家越倾向于使用数字技术替代“非理性”的金融交易员，金融活动中的“后社会关系”就会越复杂，从这个角度来说，金融知识的技术 - 社会性呈现这一研究脉络的生命力还将持续很久。

参考文献

艾云、向静林，2021，《分布式网络、复杂性与金融风险治理——一个多层级政府行为的分析框架》，《社会学评论》第1期，第51~75页。

户雅琦、张樹沁，2023，《金融信号的社会嵌入特征与空间重组机制——以银行贷前调查活动为例》，《中国社会科学院大学学报》第1期，第140~155页。

李国武，2020，《公司金融化、风险 - 收益配置与技术创新——美国经验的启示和反思》，载李国武主编《金融与社会》第1辑，社会科学文献出版社，第3~42页。

李国武，2022，《社会网络视角下的西方金融市场研究》，载李国武主编《金融与社会》第3辑，社会科学文献出版社，第3~31页。

迈克尔·波兰尼，2000，《个人知识——迈向后批判哲学》，许泽民译，贵州人民出版社。

吴肃然、谭晟宇、蔡华谦，2021，《加密货币热潮中的故事与观念》，《社会学评论》第1期，第76~102页。

杨慧宇，2010，《在制度与关系之间 商业银行小企业信贷中的信任建构》，《社会》第3期，第65~82页。

张樹沁，2022，《理论创造的金融事实——述行理论及其分析框架》，载李国武主编《金融与社会》第3辑，社会科学文献出版社，第32~51页。

张樹沁、曹伟奇，2021，《金融技术的公益赋能应用及其后果》，载李国武主编《金融与社会》第2辑，社会科学文献出版社，第40~60页。

庄家炽、李国武、乔天宇，2022，《证券分析师预测与上市公司股票溢价——社会认可视角的解释》，《社会学研究》第6期，第101~121页。

Anthony, C. 2021. “When Knowledge Work and Analytical Technologies Collide: The Practices and Consequences of Black Boxing Algorithmic Technologies.” *Administrative Science Quarterly*, 66 (4): 1173 - 1212.

Arnoldi, J. 2006. “Frames and Screens: The Reduction of Uncertainty in Electronic Derivatives Trading.” *Economy and Society*, 35 (3): 381 - 399.

Banerjee, A. V. 1992. “A Simple Model of Herd Behaviour.” *Quarterly Journal of Econo-*

mics, 107 (3), 797 - 817.

Beunza, D. and Garud, R. 2007. "Calculators, Lemmings or Frame-Makers? The Intermediary Role of Securities Analysts." *Sociological Review*, 55: 13 - 39.

Beunza, D. and Stark, D. 2004. "Tools of the Trade: The Socio-Technology of Arbitrage in a Wall Street Trading Room." *Industrial and Corporate Change*, 13 (2): 369 - 400.

Beunza, D. and Stark, D. 2012. "From Dissonance to Resonance: Cognitive Interdependence in Quantitative Finance." *Economy and Society*, 41 (3): 383 - 417.

Biais, B. 1993. "Price Formation and Equilibrium Liquidity in Fragmented and Centralized Markets." *The Journal of Finance*, 48 (1): 157 - 185.

Bookstaber, R. 2007. *A Demon of Our Own Design: Markets, Hedge Funds, and the Perils of Financial Innovation*. Hoboken, NJ: Wiley.

Borch, C. 2016. "High-Frequency Trading, Algorithmic Finance and the Flash Crash: Reflections on Eventalization." *Economy and Society*, 45 (3 - 4): 350 - 378.

Callon, M. 1998. *The Laws of the Markets*. Oxford: Blackwell.

Callon, M. 2008. "Economic Markets and the Rise of Interactive Agencements." In Pinch, T. and Swedberg, R. (eds.), *Living in a Material World*. Cambridge, MA: MIT Press.

Callon, M. and Muniesa, F. 2005. "Economic Markets as Calculative Collective Devices." *Organization Studies*, 26 (8): 1229 - 1250.

Carruthers, B. G. and Kim, J. C. 2011. "The Sociology of Finance." In Cook, K. S. and Massey, D. S. (eds.), *Annual Review of Sociology*. Palo Alto: Annual Reviews.

Castelle, M., Yuval, M., Daniel, B., and Lubin, D. C. 2016. "Where Do Electronic Markets Come from? Regulation and the Transformation of Financial Exchanges." *Economy and Society*, 45 (2): 166 - 200.

Cetina, K. K. and Bruegger, U. 2002a. "Global Microstructures: The Virtual Societies of Financial Markets." *American Journal of Sociology*, 107 (4): 905 - 950.

Cetina, K. K. and Bruegger, U. 2002b. "Traders' Engagement with Markets: A Postsocial Relationship." *Theory Culture & Society*, 19 (5 - 6): 161 - 138.

Cetina, K. K. and Preda, A. 2007. "The Temporalization of Financial Markets: From Network to Flow." *Theory Culture & Society*, 24 (7 - 8): 116 - 138.

Cochoy, F., Hagberg, J., and Kjellberg, H. 2019. "Price Display Technologies and Price Ceiling Policies: Governing Prices in the WWII and Postwar US Economy (1940 - 1953)." *Socio-Economic Review*, 19 (1): 133 - 156.

Currie, W. L. and Seddon, J. J. M. 2022. "Exploring Technological Instantiation of Regulatory Practices in Entangled Financial Markets." *Journal of Information Technology*, 37 (1): 31 - 50.

Engle, R. F. 2000. "The Econometrics of Ultra High Frequency Data." *Econometrica*, 68 (1): 1-22.

Faustino, S. 2019. "How Metaphors Matter: An Ethnography of Blockchain-Based Re-Descriptions of the World." *Journal of Cultural Economy*, 12 (6): 478-490.

Gemayel, R. and Preda, A. 2018. "Does a Scopic Regime Produce Conformism? Herding Behavior among Trade Leaders on Social Trading Platforms." *The European Journal of Finance*, 24 (14): 1144-1175.

Hansen, K. B. 2021. "Model Talk: Calculative Cultures in Quantitative Finance." *Science Technology & Human Values*, 46 (3): 600-627.

Hardin, C. and Rottinghaus, A. R. 2015. "Introducing a Cultural Approach to Technology in Financial Markets." *Journal of Cultural Economy*, 8 (5), 547-563.

Lenglet, M. 2011. "Conflicting Codes and Codings How Algorithmic Trading Is Reshaping Financial Regulation." *Theory Culture & Society*, 28 (6): 44-66.

Lo, A. W. 2019. "Why Artificial Intelligence May Not Be as Useful or as Challenging as Artificial Stupidity." *Harvard Data Science Review*, 1, accessed at https://hdsr.mitpress.mit.edu/pub/pjebp7io/release/5 on March26, 2023.

MacKenzie, D. 2006. *An Engine, Not a Camera: How Financial Models Shape Markets.* Mit Press.

MacKenzie, D. 2011. "The Credit Crisis as a Problem in the Sociology of Knowledge." *American Journal of Sociology*, 116 (6), 1778-1841.

MacKenzie, D. 2019. "How Algorithms Interact: Goffman's 'Interaction Order' in Automated Trading." *Theory, Culture & Society*, 36 (2), 39-59.

Milian, E. Z., Spinola, M. M., and de Carvalho, M. M. 2019. "Fintechs: A Literature Review and Research Agenda." *Electronic Commerce Research and Applications*, 34: 100833.

Muniesa, F. 2005. "Containing the Market: The Transition from Open Outcry to Electronic Trading at the Paris Bourse." *Sociologie Du Travail*, 47 (4): 485-501.

Pearl, J. 2018. *The Book of Why: The New Science of Cause and Effect.* London, UK, Penguin Random House.

Preda, A. 2001. "The Rise of the Popular Investor: Financial Knowledge and Investing in England and France, 1840-1880." *The Sociological Quarterly*, 42 (2): 205-232.

Preda, A. 2002. "Financial Knowledge, Documents, and the Structures of Financial Activities." *Journal of Contemporary Ethnography*, 31 (2): 207-239.

Preda, A. 2006. "Socio-Technical Agency in Financial Markets: The Case of the Stock Ticker." *Social Studies of Science*, 36 (5): 753-782.

Preda, A. 2007. "Where Do Analysts Come from? The Case of Financial Chartism." *The Sociological Review*, 55 (2_suppl): 40 – 64.

Preda, A. 2009. "Brief Encounters: Calculation and the Interaction Order of Anonymous Electronic Markets." *Accounting Organizations and Society*, 34 (5): 675 – 693.

Preda, A. 2013. "Tags, Transaction Types and Communication in Online Anonymous Markets." *Socio-Economic Review*, 11 (1): 31 – 56.

Preda, A. 2017. *Noise: Living and Trading in Electronic Finance*. University of Chicago Press.

Pryke, M. 2010. "Money's Eyes: The Visual Preparation of Financial Markets." *Economy and Society*, 39 (4): 427 – 459.

Rona-Tas, A. 2020. "Predicting the Future: Art and Algorithms." *Socio-Economic Review*, 18: 893 – 911.

Seddon, J. J. M. and Currie, W. L. 2017. "A Model for Unpacking Big Data Analytics in High-Frequency Trading." *Journal of Business Research*, 70: 300 – 307.

Shiller, R. J. 2000. *Irrational Exuberance*. Princeton, NJ: Princeton University Press.

Svetlova, E. 2021. "AI Meets Narratives: The State and Future of Research on Expectation Formation in Economics and Sociology." *Socio-Economic Review*, 20 (2): 841 – 861.

Taleb, N. 2007. *The Black Swan: The Impact of the Highly Improbable*. New York: Random House.

Uzzi, B. 1999. "Embeddedness in the Making of Financial Capital: How Social Relations and Networks Benefit Firms Seeking Financing." *American Sociological Review*, 64 (4): 481 – 505.

Williams, J. W. 2013. "Regulatory Technologies, Risky Subjects, and Financial Boundaries: Governing 'fraud' in the Financial Markets." *Accounting Organizations and Society*, 38 (6 – 7): 544 – 558.

Zaloom, C. 2003. "Ambiguous Numbers: Trading Technologies and Interpretation in Financial Markets." *American Ethnologist*, 30 (2): 258 – 272.

金融实证研究

金融排斥、金融素养与创业活动研究*

——基于2019年中国家庭金融调查的实证分析

赵思博　艾　云　凌鸿翔**

摘　要：在中国提出“大众创业、万众创新”的政策背景下，如何推动中国家庭创业活动开展，提高创业活动的绩效成为当下研究的重点。本文基于2019年中国家庭金融调查（CHFS）数据，研究金融排斥和金融素养以及两者的交互作用对于家庭创业决策和创业绩效的影响。研究发现，第一，遭受到金融排斥的家庭选择创业实现财富积累的可能性更低，创业绩效更差；金融素养会提高家庭创业的可能性和创业存续期的绩效水平，并且在以家庭所在社区的平均金融素养作为金融素养的工具变量处理潜在的内生性问题之后，结论仍然成立。第二，机制分析发现，遭受到金融排斥的家庭通过提高金融素养来缓解金融排斥对创业活动的负面影响。研究进一步强调了在创业活动发展的不同阶段合理推进全体社会成员金融素养提升的必要性，其不仅可以赋能创业者提高绩效水平，还能为社会创新创业全面发展奠定更为坚实的金融基础。

关键词：金融排斥　金融素养　创业决策　创业绩效

---

* 基金项目：国家社会科学基金项目“生命历程视域下中国居民家庭金融健康研究”（编号：22BSH064）。

** 赵思博，中央财经大学社会与心理学院副教授；艾云，中央财经大学社会与心理学院副教授；凌鸿翔，中央财经大学社会与心理学院硕士研究生。

改革开放40多年来，中国经济经历了高速发展，已成为世界经济中的一员。但近年来国际经济格局调整等一系列不稳定因素的兴起，给我国的国民经济和社会运行带来深刻影响。2022年中央经济工作会议明确指出，2023年要“突出做好稳增长、稳就业、稳物价工作，有效防范化解重大风险，推动经济运行整体好转”。创新创业是当前各级政府提高就业水平、促进经济平稳运行的重要手段之一。因此，对“大众创业、万众创新”问题的关注和对其影响因素的研究具有重要的现实意义和理论价值。

从创业环境看，虽然普惠金融的推进加速了金融产品和服务的不断创新，为大众创业、万众创新营造了良好的金融环境，提高了潜在创业者获得金融体系支持的可能性；然而尚不完善的金融制度使得市场交易主体仍无法自由进出金融市场，资金借贷也并非完全由资金需求者的预期偿还能力决定。王修华等通过对1547户农户的调查发现，有55.1%的农户受到储蓄排斥，88.1%的农户受到信贷排斥，大量的农户难以享受到正规金融服务（王修华等，2013）。朱超和宁恩祺利用北京市16区县的宏观地理数据发现，金融发达地区仍有居民受到金融排斥（朱超、宁恩祺，2017）。而金融排斥对创业也有显著的抑制作用（陶云清等，2021）。已有的研究表明，即便部分市场主体预计有较好的还款潜能，但因其现有资产存量较少，缺乏必要的社会联系，或不足以支付最低“金融租金”，也无法通过适当的途径获取金融服务，从而摆脱目前的融资困境（缪建文，2018；李建军、李俊成，2020）。这种金融排斥不仅大大降低了家庭创业的可能性，对创业后的企业经营绩效也产生了消极影响，主要表现为金融资源配置效率的降低和创新创业活力的下降等。

事实上，创业成功与否不仅受到创业环境的影响，还与创业者本身的素质、能力等因素密切相关。金融素养是一项可以反映个人能力的重要指标，与学历和之前工作经验相比较，金融素养更能体现人们对金融知识的掌握和运用，人们通过对资源进行有效配置，实现个人财富的增长（吕学梁、吴卫星，2017）。金融素养的提高，有助于降低个人或者家庭受金融排斥的可能性，进而影响创业行为。回顾已有文献对创业的研究，大多聚焦在创业决策上，即如何促进创业活动的发生，对创业绩效，即创业后的企业经营绩效缺乏一定的探讨。但事实上，开始创业并不意味着创业成功，随着创业活动的展开，创业者面临的各种约束条件变多，经营活动的风险变大。因此，关注创业决策的同时对创业后绩效进行分析更有助于理解我国家庭创业的现状，为激发企业家创业积极性和创业动机，提升创业活动的实际成果和质量提供参考。

本研究试图从金融排斥和金融素养这一视角出发，探究金融素养和金融排斥在家庭创业决策的过程中如何发挥调节作用。本文的创新体现在以下两个方面：一是本文在使用工具变量克服内生性问题的基础上，尝试从微观层面探究金融排斥对家庭创业及其绩效的影响，为当前国内研究金融排斥问题提供微观层面的实证支持；二是不同于以往研究单纯关注创业与否，本文同时对创业绩效加以考量，不仅关注“有没有”，而且讨论“好不好”的问题，从而进一步探索金融素养在缓解金融排斥、推进普惠金融等方面的现实意义。

一 文献与假设

（一）创业及其影响因素

坎蒂隆最早提出了创业的概念，认为创业是通过承担风险获取收益的行为（坎蒂隆，1986）。熊彼特把创业看作一种创新行为，通过“引入一种新产品；采用一种新方法；开辟一个新市场；获得一种新原料；采用一种新组织形式”的方式把现存生产要素进行重新组合引入生产体系中，进而产生新的生产函数的过程（熊彼特，1990）。现有研究一般从两个角度对创业行为进行分析，第一个角度从创业环境入手，主要分析经济、政治和文化方面的因素对创业的影响，如流动性约束对创业行为的影响（尹志超等，2015）、政府制度对创业意愿的抑制（陈刚，2015）、市场环境对创业行为的促进（李翠妮等，2020）以及文化环境的地域差异对创业活动的影响（赵向阳等，2012）。第二个角度从个体层面入手，讨论诸如个人或家庭的财富水平、社会网络、风险态度、金融素养等因素对创业行为的影响（吴晓瑜等，2014；贾立等，2021；柳建坤等，2020；王勇，2017；尹志超等，2014）。总体来看，创业是市场交易主体通过重组生产要素资源、开辟新的市场或创新经营形式，达到自身利益最大化的过程。创业的成功，一方面与创业环境所提供的要素多寡和要素获取的难易程度紧密联系在一起，但与发达国家不同，发展中国家创业者会面临金融排斥问题（李涛等，2010），使得居民在创业过程中很难通过正规金融渠道进行资源配置；另一方面同创业者卓越的组织能力、对风险和机会的判断能力和对生产要素资源进行重新组合的能力相关。金融素养在一定程度上能够反映创业者的组织和判断能力。对欧洲公司进行的一项实验研究显示，对创业者进行金融知识方面的训练，可以有效提升其管理水平，从而提高企业的绩效（Drexler et al.，2010）。因此，良好的创业环境和创业者的个人能力对创业行为和创业绩效有着不可替代的作用，对于金融排斥和金融素养的关注有利于深化对创业问题的研究。

（二）金融排斥及其对创业的影响研究

获得有效的金融服务能够促进创业行为的发生。金融排斥理论自20世纪90年代被提出后一直受到众多学者关注，金融排斥公认的基本特征是部分群体无法通过适当的渠道获取必需的金融产品和服务。金融排斥的概念源于金融地理学，Leyshon 和 Thrift 对居民与金融服务网点的实际距离进行了研究，结果表明，贫困人群在获得金融服务和金融产品方面存在一定的困难，进而提出了金融排斥的概念（Leyshon and Thrift，1995）。Kempson 和 Whyley 对金融排斥的概念进行扩充，指出产生金融排斥的原因除了地理因素之外，还包括评估排斥、条件排斥、价格排斥、市场排斥、自我排斥等因素（Kempson and Whyley，1999）。Gloukoviezoff 指出，金融需求者受到的金融排斥是社会排斥的一种，金融排斥不仅仅是地理因素的问题，还是基金、保险、证券等金融产品和金融服务的可得性问题（Gloukoviezoff，2007）。已有关于居民金融排斥的研究是从宏观和微观两个层面来展开的。在宏观层面，现有研究主要关注区域发展和城乡二元结构的影响，研究发现金融规模与金融可及性在城乡和不同区域间具有显著差异（许圣道、田霖，2008；胡振、臧日宏，2014）。在微观层面，现有研究主要关注金融排斥对个体和家庭的影响，比如金融排斥对家庭金融参与（孙武军、林惠敏，2018）、居民就业（李涛等，2010）等的影响，以及金融排斥产生原因，比如社会网络（丁博等，2021）、人格特质（李涛、张文韬，2015）、家庭财富水平（吕学梁、吴卫星，2017）、金融素养（吴雨等，2016）等因素对金融排斥的影响。总的来说，金融排斥主要通过限制部分群体获取必需金融产品和服务，进而对该群体的行为选择和决策产生影响。

创业是重组和整合生产要素的过程。当遭遇金融排斥时，部分潜在创业者被排斥在获取生产要素的基本途径之外，使其无法从正规金融体系中获取支持，进而更容易遭受到流动性约束（蔡栋梁等，2018），由此影响了人们的创业行为和创业绩效。基于此，本文提出如下假设1。

假设1：金融排斥对创业决策和创业绩效存在负向效应。

（三）金融素养及其对创业的影响研究

2014年世界银行的调查显示，金融产品和服务知识的缺乏严重阻碍了家庭金融账户的获取。虽然我国普惠金融的迅速发展使得金融可及性得到了显著提高，但金融排斥依旧存在，一部分家庭仍被排除在正规金融体系之外。尹志超等的研究尝试从金融素养的角度对其进行分析，指出金融素养能够显著降低金融排斥带来的负向影响（尹志超等，2015）。何婧等的研究发现，某些群体遭遇金融排斥是不具备相应的金融知识、无法获得金融信息等原因导致的（何婧等，2017）。由此可见，金融素养较高的个人和家庭受到金融排斥影响的可能性更小。

除了对金融排斥现象的关注，近年来国内外学者也日益强调金融素养对金融投资的重要作用。科尔认为金融知识对人们生活的影响越来越大，居民的金融知识水平是其能否被纳入金融体系的重要因素（Corr，2006）；曾志耕等的研究发现，具有较高的金融知识水平的家庭，更有可能参与到金融市场中，金融资产投资的种类也更加丰富（曾志耕等，2015）。创业作为风险投资的一种形式，是家庭资产配置的结果。金融素养水平影响了家庭的金融市场参与和风险资产配置比例（吕学梁、吴卫星，2017），还会通过影响信贷融资状况对创业行为产生影响。现有研究表明，提高金融素养能够有效改善家庭贷款渠道偏好，增加家庭正规信贷需求，提高家庭正规信贷的可获得性（柳建坤等，2020）。

除此之外，金融素养对于创业行为的影响还具有城乡差异，相较于城市家庭，金融素养对于农村家庭的边际效用更强。在金融素养一致的情况下，农村家庭更有可能选择创业（赵朋飞等，2015）。总体而言，国内对于金融排斥、金融素养与创业行为的关系已有较为深入的研究，但梳理后不难发现：第一，以往研究更多着眼于金融素养对家庭创业决策的影响，而较少关注金融素养对创业存续的影响；第二，以往研究更多着眼于金融素养对家庭融资约束和金融市场参与的影响，却忽视了金融素养对被排斥在金融市场外的家庭创业行为的影响。基于此，本文提出以下假设。

假设 2：金融素养对创业决策和创业绩效具有正向效应。

假设 3：金融素养会削弱金融排斥对家庭创业的负向作用。

二 研究设计

（一）数据来源

本文使用的数据来源于 2019 年的中国家庭金融调查（CHFS）。该调查采用分层、三阶段、与规模度量成比例（PPS）和重点抽样相结合的抽样设计，覆盖全国 29 个省区市的 170 个城市，涉及 345 个区县的 1360 个村（居）委会，样本规模达 34643 户，数据具有全国、省级代表性。该调查样本具有非常好的代表性，是国内首个高质量的中国家庭金融状况数据库。本文在数据整理过程中，分别剔除了样本缺失值、户主样本年龄小于 18 周岁和大于 80 周岁的数据，共获得样本 17735 个。

（二）变量测量

1. 被解释变量

本文的被解释变量是创业决策和创业绩效。创业决策由户主职业身份进行转换，从事工商业生产经营视为创业。本文将创业活动的范围确定为工商业生产经营活动，包括个体户、网店、经营企业等。根据问卷中“家庭是否从事工商业生产经营”构建虚拟变量，选择是则赋值为 1，反之为 0。创业绩效主要是指家庭创业活动中所产生的经济效益，选取创业正在进行的最主要项目的净利润作为测量指标。

2. 解释变量

金融排斥。金融排斥指的是部分群体不能正常获取或使用保证其在社会上正常生活的金融服务和产品，主要包括银行交易业务、储蓄、信贷。与之对应的是三种不同的金融排斥：银行交易业务排斥、储蓄排斥、信贷排斥。本文借鉴张号栋和尹志超（2016）的操作化方法，利用“是否拥有金融账户”构建虚拟变量。其中，以家庭没有活期存款账户和定期存款账户、申请银行贷款但被拒绝以及需要银行贷款却没有申请来表示遭受到金融排斥，虚拟变量赋值为1，反之赋值为0。需要说明的是，以上金融排斥定义包括三种不同的情景：（1）居民主动申请想获得某些金融服务却最终无法成功的被动金融排斥；（2）居民主观认为寻求获得某些金融服务时会被拒绝而放弃尝试的自我金融排斥；（3）居民对这些金融产品和服务没有需要的情况。虽然最后一种并非金融排斥，导致我们可能高估了样本居民的金融排斥状况，但是由于调查问卷中缺乏相应的居民家庭对这些金融产品和服务的需求信息，我们只能采用以上金融排斥变量构造方法，正如之前文献所做的那样（李涛等，2010）。

金融素养。CHFS 2019 年的问卷设计中通过利率计算、通货膨胀理解和投资风险认识三个问题来测量受访者的金融素养。本文根据三个问题分别构建两个虚拟变量，第一个虚拟变量判断受访者是否直接回答，将回答不知道或算不出来视为间接回答（间接回答 =0，直接回答 =1），其代表不同的金融知识水平，第二个虚拟变量用来测量回答是否正确（错误 =0，正确 =1），我们对六个虚拟变量进行因子分析，并提取出一个公因子，将其定义为金融素养。KMO 值为 0.671，表明样本可以进行因子分析，Bartlett 球形检验通过，说明利用六个虚拟变量进行因子分析是合理的，克朗巴哈系数（Alpha 系数）为 0.733，说明利用上述变量测量金融素养具有较好的信度（见表1）。

表1　因子分析结果

	KMO 检验结果	因子载荷
利率问题回答正确	0.651	0.8586
利率问题回答不知道或算不出	0.719	0.6324
通货膨胀问题回答正确	0.671	0.7020
通货膨胀问题回答不知道或算不出	0.373	0.0608
投资问题回答正确	0.757	0.3358
投资问题回答不知道或算不出	0.533	0.0086
总样本 KMO	0.671	
Bartlett 球形检验	$\chi^2 = 19593.64$, $p < 0.001$	
克朗巴哈系数（Alpha 系数）	0.733	

3. 控制变量

借鉴现有研究成果，本文选取性别、年龄、婚姻状况、政治身份和受教育程度5个变量反映居民个体特征；选取家庭年收入和住房状况来反映家庭经济特征；控制城市等级虚拟变量和地区虚拟变量以尽量避免地区差别带来的影响。表2给出了本文所用变量的描述性统计。

表2 变量界定与描述性统计

变量	变量定义	频数	比例	均值	标准差	最小值	最大值
创业决策	创业 =1	2593	14.62%				
	未创业 =0	15142	85.38%				
创业绩效（元）	最主要项目的净利润			557506.8	1483333.0	0.0	8000000.0
创业绩效（对数）	最主要项目的净利润的对数			11.66	1.80	2.30	15.89
金融排斥	无相关金融账户 =1	15352	86.56%				
	有相关金融账户 =0	2383	13.44%				
金融素养	金融素养			0.0001	0.91	-1.60	0.91
年龄（岁）	户主年龄			49.00	15.32	18.00	80.00
性别	男 =1	8736	49.26%				
	女 =0	8999	50.74%				
婚姻状况	已婚 =1	1903	10.73%				
	未婚 =0	15832	89.27%				
受教育程度	小学及以下 =1	3250	18.33%				
	初中及高中 =2	7260	40.94%				
	专科教育 =3	3753	21、16%				
	本科及以上 =4	3472	19.58%				
政治身份	党员 =1	3427	19.32%				
	非党员 =0	14308	80.68%				
住房状况	自有住房 =1	14937	84.22%				
	非自有住房 =0	2798	15.78%				
家庭年收入（元）	家庭年收入			142113.40	333314.95	0.00	12122418.00
家庭年收入（对数）	家庭年收入对数			11.21	1.36	0.56	16.31
家庭所在城市	一线/新一线城市 =1	6680	37.67%				
	二线城市 =2	2762	15.57%				
	三线城市及以下 =3	8293	46.76%				

续表

变量	变量定义	频数	比例	均值	标准差	最小值	最大值
家庭所在地区	东部 = 1	8283	46.70%				
	中部 = 2	3251	18.33%				
	西部 = 3	5019	28.30%				
	东北 = 4	1182	6.66%				

（三）模型构建

本研究首先分析金融排斥和金融素养对家庭创业决策的影响，由于被解释变量是二分类变量，故采用 Probit 模型：

$$Prob(F_i = 1 \mid E_i, K_i) = \varphi(\alpha_0 + \alpha_1 E_i + \alpha_2 K_i + \varepsilon_i) \quad (1)$$

然后对创业绩效进行分析，由于创业绩效具有阶段特点，采用 Tobit 模型：

$$In(Entrepreneurial\_Income) = \alpha_0 + \alpha_1 E_i + \alpha_2 K_i + \varepsilon_i \quad (2)$$

其中，*Entrepreneurial_ Income* 为创业绩效，即创业所获得的经济收益。由于样本中约 20% 的创业家庭没有盈利，仅仅维持收支平衡，即家庭创业绩效中存在大量 0 值，因此使用 Tobit 截尾回归模型，将 0 设为左删失值。E_i 为解释变量，包括金融排斥和金融素养，K_i 为控制变量，ε_i 为误差项。

（四）工具变量

金融素养作为一种内在能力，可能会在一定程度上导致模型存在内生性问题。一方面，金融素养越高，其获取金融资源的能力通常越强，越能缓解金融排斥带来的抑制效应，进而影响家庭创业决策和创业绩效；另一方面，家庭选择创业和创业过程中实现要素整合提高企业绩效本身可能也会提升金融素养，进而缓解其所面临的金融排斥。因此，本文需要对回归方程的内生性进行讨论。我们借鉴以往文献的做法，选取家庭所在社区的平均金融素养作为金融素养的工具变量。社区金融发展水平和金融知识学习氛围会对家庭的金融素养产生影响。较高的社区金融发展水平和良好的金融知识学习氛围会对该区域的家庭产生潜在的影响。

然而，社区的平均金融素养并不会对个体家庭的经济行为造成直接影响，所以，这个工具变量的选取是合理的。

三 实证分析

（一）基准回归结果

表3为金融排斥、金融素养对家庭创业影响的回归结果，其中模型1和模型2是家庭创业决策的Probit回归结果，模型4和模型5是家庭创业绩效的Tobit回归结果。模型1和模型4的结果显示金融排斥对家庭创业决策和家庭创业绩效均有显著的负向影响，模型1金融排斥的估计系数为-0.098，在1%的水平下显著，表明受到金融排斥的家庭选择创业的可能性比没有受到金融排斥的家庭低，估计系数为-0.098。模型4金融排斥的估计系数为-0.367，在5%的水平下显著。假设1得到验证。

模型2和模型5表明金融素养对家庭创业决策和家庭创业绩效均有显著的促进作用，金融素养对创业决策和创业绩效的边际效应分别为0.011和0.285，并在1%的水平下显著。由此可见，金融素养能够促进家庭的创业行为并提升创业存续期的企业绩效，假设2得到验证。

模型2和模型5的结果显示了金融素养对金融排斥的抑制作用，在加入金融素养后（模型2），金融排斥边际效应的绝对值从0.098下降至0.092，且结果在1%的水平下显著为负，说明金融素养越高的家庭，其创业决策受到金融排斥的负向影响越小。在加入金融素养后（模型5），金融排斥边际效应的绝对值从0.367下降至0.249，且金融排斥对创业绩效的影响变为不显著，说明金融素养可以显著降低金融排斥对创业绩效的负向影响。假设3得到验证。

表3中的模型3和模型6分别为创业决策和创业绩效加入工具变量的内生性检验回归结果。模型3和模型6的Wald内生性检验的p值小于0.05，拒绝了外生性假定，表明金融素养存在内生性问题；一阶段的F值均大于10，表明本文所选工具变量不存在弱工具变量问题。加入工具变量后，金融素养对创业决策有显著正向影响，金融排斥对创业绩效的影响变为不显著，结果仍然支持金融素养能够抑制金融排斥的负面效应、促进家庭创业和提升创业绩效的结论。

在控制变量方面，高收入家庭选择创业来实现财富积累的可能性更大，也更可能在创业存续期内提升企业的绩效。从城市水平看，虽然一线/新一线城市的创业可能性相较于三线及以下城市的家庭更低，但创业后绩效水平更高。从地区来看，相较于西部，东部、中部和东北地区的家庭更倾向于创业并能获取更好的收益。从户主特征来看，年轻已婚男性的户主更倾向于选择创业。相对而言，这一群体更有可能掌握更多的金融知识，对风险的抵抗力也更强。

表 3　金融排斥、金融素养与家庭创业

变量	创业决策			创业绩效		
	模型 1	模型 2	模型 3	模型 4	模型 5	模型 6
金融排斥	-0.098*** (0.010)	-0.092*** (0.010)	-0.379*** (0.053)	-0.367** (0.177)	-0.249 (0.176)	-0.153 (0.183)
金融素养		0.011*** (0.003)	0.158*** (0.036)		0.285*** (0.045)	0.417*** (0.155)
年龄	-0.005*** (0.000)	-0.005*** (0.000)	-0.023*** (0.001)	-0.012*** (0.004)	-0.013*** (0.004)	-0.013*** (0.004)
性别	0.014*** (0.005)	0.014*** (0.005)	0.071*** (0.024)	-0.002 (0.076)	-0.004 (0.075)	-0.005 (0.075)
婚姻状况	0.086*** (0.010)	0.086*** (0.010)	0.402*** (0.045)	0.496*** (0.147)	0.502*** (0.145)	-0.506*** (0.142)
受教育程度						
小学及以下 =1	—	—	—	—	—	—
初中及高中 =2	0.009 (0.009)	0.006 (0.009)	-0.004 (0.042)	0.056 (0.132)	0.033 (0.130)	0.010 (0.131)
专科教育 =3	-0.037*** (0.010)	-0.042*** (0.011)	-0.244*** (0.051)	0.173 (0.154)	0.109 (0.152)	0.031 (0.155)
本科及以上 =4	-0.067*** (0.011)	-0.073*** (0.011)	-0.443*** (0.058)	0.250 (0.170)	0.144 (0.169)	0.043 (0.175)
政治身份	-0.052*** (0.008)	-0.052*** (0.008)	-0.247*** (0.036)	-0.080 (0.120)	-0.078 (0.119)	-0.077 (0.120)
住房状况	-0.005 (0.007)	-0.005 (0.007)	-0.019 (0.033)	-0.130 (0.097)	-0.119 (0.096)	-0.110 (0.097)
家庭年收入	0.011*** (0.002)	0.011*** (0.002)	0.042*** (0.011)	0.331*** (0.024)	0.318*** (0.024)	0.310*** (0.025)

续表

变量	创业决策			创业绩效		
	模型 1	模型 2	模型 3	模型 4	模型 5	模型 6
家庭所在城市						
三线城市及以下	—	—	—	—	—	—
一线/新一线城市	-0.014** (0.006)	-0.016** (0.006)	-0.093** (0.038)	0.596*** (0.089)	0.601*** (0.088)	0.603*** (0.088)
二线城市	0.007 (0.008)	0.007 (0.008)	0.210 (0.032)	0.676*** (0.113)	0.709*** (0.112)	0.723*** (0.113)
家庭所在地区						
西部	—	—	—	—	—	—
东部	0.039*** (0.006)	0.039*** (0.006)	0.193*** (0.035)	0.369*** (0.094)	0.383*** (0.093)	0.389*** (0.093)
中部	0.049*** (0.007)	0.049*** (0.007)	0.242*** (0.032)	0.466*** (0.102)	0.494*** (0.101)	0.506** (0.172)
东北	0.034*** (0.012)	0.034*** (0.012)	0.169*** (0.055)	0.502*** (0.176)	0.496*** (0.174)	0.493*** (0.172)
N	17183	17183	15757	1937	1937	1937
Pseudo R^2/ R^2	0.059	0.061		0.047	0.052	
Wald χ^2 (11)			796.71**			425.98***
F 值			573.03			32.91

注：括号内报告的数值为标准误；** $p<0.05$，*** $p<0.01$。

（二）机制分析：金融素养的调节作用

本文通过构建金融排斥和金融素养的交互项来进一步检验金融素养对遭受金融排斥家庭的创业决策和创业绩效所发挥的调节作用，表 4 是加入了金融排斥与金融素养交互项的回归结果。模型 1 显示，金融排斥会对创业决策产生显著的负向影响，而金融素养则会对创业决策产生显著的正向影响，金融排斥和金融素养的交互项为正，系数为 0.043 且在 1% 的水平下显著。在模型 3 中，金融排斥对创业绩效的负向影响并不显著，金融素养对创业绩效有显著的正向影响，系数同表 3 比未产生较大变化，但金融排斥与金融素养的交互项在 1% 的水平下显著为正。这表明，相比于未遭受到金融排斥的样本，遭受到金融排斥的群体在选择创业时，金融素养对其促进作用更加显著。换句话说，创业者通过内化金融知识提升金融素养的方式来选择创业实现财富积累，更有可能促进创业绩效的提升。模型 1 和模型 3 的结果进一步验证了假设 3。模型 2 和模型 4 利用工具变量的方法进行估计，结果同模型 1 和模型 3 基本一致，说明结论有较强的稳健性。

表 4　金融排斥样本中金融素养对家庭创业的影响

变量	创业决策（$N=17735$）		创业绩效（$N=2033$）	
	模型 1	模型 2	模型 3	模型 4
金融排斥	-0.078*** (0.012)	-0.300*** (0.095)	-0.200 (0.182)	-0.058 (0.202)
金融素养	0.008** (0.003)	0.025 (0.021)	0.244*** (0.046)	0.208*** (0.052)
金融排斥×金融素养	0.043***	0.309**	0.489***	1.027***
控制变量	控制	控制	控制	控制
Pseudo R^2 / R^2	0.061		0.054	
Wald χ^2（12）		2346.84***		461.78***
F 值		747.93		85.24

注：括号内报告的数值为标准误；** $p<0.05$，*** $p<0.01$。

（三）稳健性检验

本文首先通过替换核心解释变量的方法对模型的稳健性进行检验。我们采用得分加总的方式对金融素养进行计算，并重新运行上述模型。以前文所选择的指标为基础，将每一项指标都赋值为 0 或 1，将样本在测量问题上的得分加总作为个体的金融素养的综合得分。结果如表 5 所示，金融排斥对创业决策的影响系数在 1% 的显著性水平下为负（模型 1），金融素养的系数在 1% 的水平下显著为正（模型 2），控制变量的估计系数的正负和显著性水平与前文的估计大体上保持一致，说明前文金融排斥和金融素养对家庭创业的影响的结论具有较强的稳健性。

从微观的角度定义金融排斥，我们难以识别家庭没有金融账户是受到家庭收入的影响（对基本金融服务没有需求）还是由金融环境所导致。因此，我们对不同收入水平的样本家庭进行分组回归检验（见表 5）。其中模型 3、模型 5 和模型 7 是家庭创业决策的回归结果，模型 4、模型 6 和模型 8 是家庭创业绩效的回归结果。结果显示，金融排斥对低收入水平家庭的创业决策和创业绩效都具有显著的负向影响；金融排斥对中等收入水平家庭的创业决策具有显著的负向影响，而对创业绩效的影响并不显著，但方向为负；金融排斥对高收入水平家庭的创业决策和创业绩效的影响都不显著。对于这个结果可能的解释是，相比于高收入水平的家庭，低收入水平和中等收入水平的家庭在创业过程中更容易面临流动性约束，因而金融排斥更可能对其产生负面影响。而金融素养对于低收入水平和中等收入水平家庭的创业决策和创业绩效均具有显著正向影响，说明金融素养能够为中低收入家庭创业提供正向支持，并且缓解中低收入家庭受到的金融排斥的负向影响。对高收入水平家庭而言，金融素养对创业决策的影响显著为负。然而对于高收入家庭反映出来的金融素养对其创业决策的挤出效应还有待进一步探讨。因为高收入家庭要从整个家庭幸福成功的最高利益出发，考虑创业的机会成本。另外，贾立等的研究指出，在家庭是否进行创业的决策中，金融素养对家庭财富具有替代作用（贾立等，2021）。因此模型中金融素养对创业决策的负向效应，也可能是家庭财富作为中介变量带来的遮掩效应导致的。总之，在排除了收入水平对变量设定的影响之后，我们至少证实了在中低收入家庭中金融排斥对家庭创业存在抑制作用以及金融素养对家庭创业存在促进作用。

表 5 稳健性检验

变量	替换关键变量		低收入水平		中等收入水平		高收入水平	
	模型 1	模型 2	模型 3	模型 4	模型 5	模型 6	模型 7	模型 8
金融排斥	-0.103*** (0.010)	-0.287 (0.176)	-0.100*** (0.012)	-0.497** (0.208)	-0.051*** (0.018)	-0.379 (0.300)	0.025 (0.031)	0.129 (0.357)
金融素养	0.008*** (0.003)	0.281*** (0.037)	0.025*** (0.005)	0.119** (0.060)	0.010** (0.005)	0.610*** (0.080)	-0.017*** (0.006)	0.084 (0.074)
控制变量	控制	控制	控制	控制	控制	控制	控制	控制
N	17183	1937	5383	531	5897	589	5903	817
R^2	0.049	0.072	0.129	0.520	0.055	0.049	0.091	0.072

注：括号内报告的数值为标准误；** $p<0.05$，*** $p<0.01$。

四 结论与讨论

本研究利用中国家庭金融调查（CHFS）2019 年的数据，从金融排斥和金融素养两个维度对中国家庭创业进行实证研究。首先从金融排斥和金融素养两个方面，分析金融排斥和金融素养同创业决策与创业绩效之间的关系，并在受到金融排斥的样本中探讨金融素养对家庭创业决策和创业绩效的影响。

结果发现：（1）金融排斥会显著降低家庭创业的可能性，遭受到金融排斥的家庭选择通过创业积累财富的可能性更低，同时金融排斥也显著影响了创业存续期的绩效；（2）金融素养较高的家庭可以有效缓解金融排斥带来的负向影响，提高家庭创业的可能性和家庭创业绩效，金融素养越高的个体，运用现有金融资源的能力越强，因此在遭遇金融排斥时，金融素养对创业行为有显著的支持作用。

金融资源的配置对做出创业决策以及提高创业绩效有重要影响。近年来，我国金融服务的覆盖率、可得性和满意度不断提高，但征信体系不完善、市场机制不完备等原因导致金融排斥在部分地区和人群中依然存在。金融排斥减少了他们获得金融服务的途径，迫使部分人群选择非正规的金融渠道，甚至选择风险较高的渠道融资。因此，金融排斥是抑制创业活动的主要因素。而我们的研究发现，并非所有遭遇了金融排斥的家庭都不参与创业活动。金融素养的提高能有效缓解创业者面临的流动性约束，促进创业活动的开展。而且相比未遭受到金融排斥的创业者，遭受到金融排斥的创业者更能够利用自身的金融素养，优化金融资源的配置，从而抑制金融领域不平等的再生产。

本文对居民创业的研究议题从创业决策拓展到创业绩效。对创业决策的影响因素进行分析，有助于了解居民的创业意愿以及宏观层面的创业环境，而对创业存续和发展状况的讨论则是直接评估创业活动的实际效果。研究结果显示，金融素养对创业者的盈利能力和创业绩效有明显的提升作用，金融素养在创业存续期发挥重要的支持作用。

本文从金融排斥和金融素养角度丰富了居民创业活动的研究，对进一步推动普惠金融服务体系建设具有一定的启发意义。一方面，推动普惠金融服务体系建设，要降低金融排斥程度，尽可能为小微企业创业和创业存续发展创造良好的外部环境；另一方面，在推进普惠金融服务体系建设的同时应注重提高居民的金融素养，加强对创业者的金融知识培训和业务指导，推动创业者经营企业的存续发展，进而提升创业对我国就业和经济发展的促进作用。

参考文献

蔡栋梁、邱黎源、孟晓雨、马双，2018，《流动性约束、社会资本与家庭创业选择——基于 CHFS 数据的实证研究》，《管理世界》第 9 期，第 79～94 页。

陈刚，2015，《管制与创业——来自中国的微观证据》，《管理世界》第 5 期，第 89～99 页。

丁博、赵纯凯、奚君羊，2021，《宗教信仰对家庭金融排斥的影响研究——来自 CHFS 2013 的经验证据》，《社会学评论》第 1 期，第 125～143 页。

何婧、田雅群、刘甜、李庆海，2017，《互联网金融离农户有多远——欠发达地区农户互联网金融排斥及影响因素分析》，《财贸经济》第 11 期，第 70～84 页。

胡振、臧日宏，2014，《中国农村金融排斥地域差异及因素研究》，《中国农业大学学报》（社会科学版）第 2 期，第 115～123 页。

贾立、谭雯、阿布木乃，2021，《金融素养、家庭财富与家庭创业决策》，《西南金融》第 1 期，第 83～96 页。

李翠妮、温瑶、葛晶、赵景峰，2020，《市场潜能促进了高学历人才创业吗？——基于 2016 年 CFPS 调查数据的实证分析》，《中国经济问题》第 5 期，第 71～83 页。

李建军、李俊成，2020，《普惠金融与创业："授人以鱼"还是"授人以渔"?》，《金融研究》第 1 期，第 69～87 页。

李涛、王志芳、王海港、谭松涛，2010，《中国城市居民的金融受排斥状况研究》，《经济研究》第 7 期，第 15～30 页。

李涛、张文韬，2015，《人格特征与股票投资》，《经济研究》第 6 期，第 103～116 页。

理查德·坎蒂隆，1986，《商业性质概论》，余永定、徐寿冠译，商务印书馆。

柳建坤、何晓斌、张云亮，2020，《农户创业何以成功？——基于人力资本与社会资本双重视角的实证研究》，《社会学评论》第 3 期，第 105～117 页。

吕学梁、吴卫星，2017，《金融排斥对于家庭投资组合的影响——基于中国数据的分析》，《上海金融》第 6 期，第 34～41 页。

缪建文，2018，《浅析普惠金融的减贫效应》，《全国流通经济》第 2 期，第 52～53 页。

孙武军、林惠敏，2018，《金融排斥、社会互动和家庭资产配置》，《中央财经大学学报》第 3 期，第 21～38 页。

陶云清、曹雨阳、张金林、邹凯，2021，《数字金融对创业的影响——来自地区和中国家庭追踪调查（CFPS）的证据》，《浙江大学学报》（人文社会科学版）第 1 期，第 129～144 页。

王修华、傅勇、贺小金、谭开通，2013，《中国农户受金融排斥状况研究——基于我国 8 省 29 县 1547 户农户的调研数据》，《金融研究》第 7 期，第 139 ~ 152 页。

王勇，2017，《创业环境、风险态度与新生代农民工的创业倾向》，《经济体制改革》第 1 期，第 67 ~ 75 页。

吴晓瑜、王敏、李力行，2014，《中国的高房价是否阻碍了创业?》，《经济研究》第 9 期，第 121 ~ 134 页。

吴雨、彭嫦燕、尹志超，2016，《金融知识、财富积累和家庭资产结构》，《当代经济科学》第 4 期，第 19 ~ 29 页。

许圣道、田霖，2008，《我国农村地区金融排斥研究》，《金融研究》第 7 期，第 195 ~ 206 页。

尹志超、宋全云、吴雨，2014，《金融知识、投资经验与家庭资产选择》，《经济研究》第 4 期，第 62 ~ 75 页。

尹志超、宋全云、吴雨、彭嫦燕，2015，《金融知识、创业决策和创业动机》，《管理世界》第 1 期，第 87 ~ 98 页。

约瑟夫·熊彼特，1990，《经济发展理论——对于利润、资本、信贷、利息和经济周期的考察》，何畏、易家详、张军扩等译，商务印书馆。

曾志耕、何青、吴雨、尹志超，2015，《金融知识与家庭投资组合多样性》，《经济学家》第 6 期，第 86 ~ 94 页。

张号栋、尹志超，2016，《金融知识和中国家庭的金融排斥——基于 CHFS 数据的实证研究》，《金融研究》第 7 期，第 80 ~ 95 页。

赵朋飞、王宏健、赵曦，2015，《人力资本对城乡家庭创业的差异影响研究——基于 CHFS 调查数据的实证分析》，《人口与经济》第 3 期，第 89 ~ 97 页。

赵向阳、李海、Andreas Rauch，2012，《创业活动的国家（地区）差异：文化与国家（地区）经济发展水平的交互作用》，《管理世界》第 8 期，第 78 ~ 90 页。

朱超、宁恩祺，2017，《金融发达地区是否存在金融排斥？——来自北京市老年人口的证据》，《国际金融研究》第 4 期，第 3 ~ 13 页。

Corr, C. 2006. *Financial Exclusion in Ireland: An Exploratory Study and Policy Review*. Dublin: Combat Poverty Agency.

Drexler, A., Fischer, G., and Schoar, A. 2010. "Keeping It Simple: Financial Literacy and Rules of Thumb." Development Economics, 7994. CERP, London, UK. Available at: http://eprints.lse.ac.uk/33502/.

Gloukoviezoff, G. 2007. "From Financial Exclusion to over Indebtedness: The Paradox of Difficulties for People on Low Incomes?" In Anderloni, L., Braga, M. D., and Carluccio, E. M. (eds), *New Frontiers in Banking Services*. Springer, Berlin, Heidelberg.

Kempson, H. E. and Whyley, C. E. 1999. *Kept Out or Opted Out?: Understanding and Com-*

bating Financial Exclusion. Policy Press.

Leyshon, A. and Thrift, N. J. 1995. "Geographies of Financial Exclusion: Financial Abandonment in Britain and the United States." *Transactions of the Institute of British Geographers*, 20: 312-343.

地区金融发展和主观公平感

——不同金融发展水平对公平感差异化影响的实证研究

董寅茜　何晓斌　柳建坤*

摘　要：金融发展是市场转型以来的重要经济趋势。以往研究多关注金融化对客观收入差距的影响，然而考察其对个体主观公平感的影响更为重要，这会直接导向个体的社会行动，并且公平感的提升与实现人民对美好生活的向往的政策目标一致。因此，本研究对中国综合社会调查2015年数据展开分析并获得了以下发现：（1）在金融发展初期，地区金融参与率的提升会减弱个体的机会公平感和结果公平感，但当金融参与率超过一定程度时，金融发展会增强个体的机会公平感和结果公平感；（2）对于受教育程度较高的个体，金融发展对其机会公平感先减弱后增强的作用更大；（3）对于主观阶层地位更高的个体，金融发展对其结果公平感先减弱后增强的作用更小。本研究指出了不同的金融发展阶段给个体主观公平感带来的差异化影响，我们应当客观全面地认识金融发展的社会后果，发挥金融的积极作用，引导金融服务的普惠化过程，让各个社会群体都能从金融发展的过程中获益、提升公平感和获得感。

关键词：地区金融发展　机会公平　结果公平　主观感知

* 董寅茜，清华大学社会科学学院博士研究生；何晓斌（通讯作者），清华大学社会科学学院长聘副教授、博导，邮箱：xiaobinhe@ tsinghua. edu. cn；柳建坤，哈尔滨工程大学人文与社会科学学院副教授。

一 引言

自市场转型以来，资源和财富的分配方式经历了从计划经济时代的“平均主义”分配到社会主义市场经济下个体凭借人力资本获得报酬的转变。近年来，我国金融市场逐渐崛起，金融投资的参与者呈不断增加的趋势（见图1），通过资本获取回报成为财富积累的重要方式。《中国证券登记结算统计年鉴》历年数据显示，从2014年到2019年，自然人投资者的数量呈不断增加的趋势。根据2015年中国综合社会调查的数据，22.84%的调查对象认为“近20年获得的利益最多的群体”是“有资产的人”，该比例排在仅次于“国家干部”的第二位，超过了“国有、集体企业经营管理者”与“有技术专长和高学历者”。

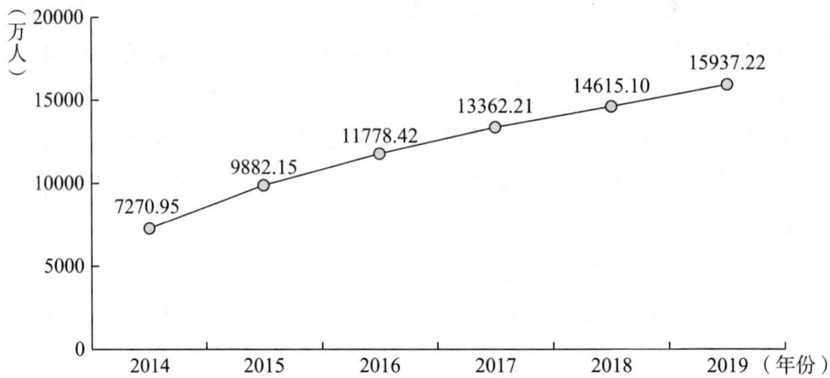

图1 2014～2019年散户投资者增长趋势

资料来源：http://www.chinaclear.cn/zdjs/tjnb/center_datalist.shtml。

金融市场的发展带来了一系列社会经济后果，其中，收入和资源分配的不平等获得了较多学者的关注。皮凯蒂在《21世纪资本论》中提出了一个著名命题：资本回报率日益超过劳动回报率，社会不平等的基础从收入转向财富（皮凯蒂，2014）。依赖金融渠道获取收入会增大收入差距，导致经理人等群体的收入呈马太效应式增加，工人的收入则相对减少（Lin and Tomaskovic-Devey，2013）。据学者统计，从1978年到2015年，中国的财富收入比从350%上升到700%，收入前10%的群体的财富占国家财富总量的比例从27%增加到41%（Piketty et al.，2019）。由中国人民银行发起的“2019年中国城镇居民家庭资产负债情况调查”显示[①]，当前城镇居民家庭金融资产占有的不均衡度较高，总资产最多的20%的家庭持有所有家庭金融资产总量的87.9%。

除此之外，也有学者指出了金融发展的正面效应，例如Greenwood和Jovanovic（1990）发现，随着金融服务广度的扩展，收入不平等会减少。相似地，近几年在我国推广的普惠金融和小微金融对于增加低收入者的增收融资渠道、减少不平等以及低收入者获取更多的经济机会具有重要意义（贝多广，2015）。由此可见，金融的发展与社会财富的分配并非简单的线性关系，我们需要用动态的、辩证的视角看待不同的金融发展阶段和发展程度给社会带来的影响，从而为发挥金融发展的积极作用、抑制其对于社会的负面效应提供借鉴。

随着我国经济的发展和社会的进步，民众的温饱问题基本得到解决，提升个体在经济发展过程中的参与感、获得感逐渐成为党和国家的政策目标。党的二十大报告提出“着力促进全体人民共同富裕，坚决防止两极分化”，此外，从政策文件中“人民日益增长的美好生活需要”的表述也可见，相比国家的经济增长和物质层面的富足，民众的主观感受、精神需求的满足具有更为重要的意义，这也是我国当前发展阶段的必然要求。因此，相对于客观的收入和资源分配总体的不均等，关注个体对于分配是否公平的主观感知和评价，即公平感，具有更重要的意义（孟天广，2012；李颖晖，2015）。主观的公平感知与客观的平等状况存在一定差距，公平感直接决定了个体在社会中选择的行为模式以及主观态度，并将进一步带来相应的社会政治后果（李路路等，2012）。所谓“不患寡而患不均”，在民众普遍认为分配不公的社会中可能出现威胁社会秩序的冲突和不稳定因素（范艳萍、王毅杰，2017）。

金融市场的发展是21世纪以来的重要趋势之一，带来了一种不同于市场按劳分配逻辑的全新财富分配方式，金融参与也逐渐渗透到民众生活中，日渐成为中国家庭中财富积累的方式。已有研究更多关注金融发展对社会资源分配结果的影响，相对忽视了在金融蓬勃发展的社会环境中个体的主观感知。根据上述讨论，本研究将全面考察金融发展的不同

---

① 《2019年中国城镇居民家庭资产负债情况调查》，http://finance.sina.com.cn/money/lczx/2020-04-24/doc-iirczymi8099086.shtml，最后访问日期：2023年8月5日。

阶段对社会不平等的影响如何映射到民众对于社会资源分配方式是否公平的主观认知和感受中。学者就将公平感分为机会公平感和结果公平感这两个方面基本达成了共识，前者指对于个体获取财富和成功的社会经济地位的机会分布是否均等的认知，代表着一种未来预期；后者则指对于财富总体分配均衡程度的判断，代表对当前状况的态度（孟天广，2012）。虽然当前研究对结果公平的关注更多，这与客观的收入差距存在一定的相关性，但是机会公平的感知更为重要，一定程度上能够影响当前个体的行为，并预测未来社会资源分配的状况（Miles，2014；许琪等，2020），机会公平也是政府制定政策的重要标准（Strauss，1992）。由此，关注金融发展对于主观公平感的影响能够让我们更好地理解这一经济趋势对于社会心态的影响，将宏观的社会经济现象与微观的个体感知相勾连也是社会变迁中以人为本的体现，能够为政府厘清经济现象的社会后果，更全面地调控和监管金融市场、抑制金融化的负面效应、发挥其对于每个个体的积极作用提供政策参考。

本研究的思路如下：首先，对金融发展程度与机会公平感、结果公平感之间的关系进行分析，并考虑不同发展程度带来的复杂影响；其次，考察个体在居住地、受教育程度、金融参与、家庭收入和阶层认同等方面的差异是否会对金融发展程度和公平感之间的关系产生影响；最后，采取全国大规模抽样调查数据对上述假设进行检验，同时以普遍的社会公平感、社会信任感和主观幸福感等主观感知作为因变量进行稳健性检验。

本研究主要有如下三个方面的意义：第一，区别于以往研究关注金融发展对于宏观层面的社会不平等、收入差距等方面的影响，本研究指出关注微观层面个体的主观感受具有更重要的意义，因此本文将探究金融发展程度对个体主观公平感的影响，并从机会公平和结果公平两个角度展开分析；第二，以往研究对于金融发展的分析缺乏历史和全面的视角，本研究将探究金融市场和金融参与在不同的发展阶段对于个体公平感的影响有何变化，并用数据进行实证检验；第三，本研究试图提炼出金融发展这一经济趋势给社会心态和主观感知带来的影响，这不仅拓宽了对于金融现象的理解，也契合当前我国社会发展阶段在物质富足的基础上对于个体主观感知的关注，具有人文主义的面向，能够为政府完善金融相关的政策提供参考。

二 理论基础和研究假设

（一）公平感及其影响机制

公平感这一概念获得了心理学、政治学、社会学等多个学科的关注，亚当斯（Adams，1965）提出社会公平感包含纵向和横向两个维度，在纵向维度上代表人们对当前所得和过往的劳动之间关系合理性的认可程度，即收获和付出是否平衡；在横向维度上是与他人相比得到的是否合理，更注重分配结果的公平情况。因此，机会公平（equality of opportunity）和结果公平（equality of result），即个体对于获得成功的预期以及对当前的结果的认知是公平的两个重要维度（Strauss，1992；马磊、刘欣，2010；孟天广，2012）。在金融市场的背景下，机会公平指的是家庭或个体能够平等地参与金融活动并从金融市场中获得收益，而结果公平则指的是金融市场的财富分配方式是公平的。

在公平感的形成机制上，“社会结构论”和“社会比较论”是两条核心的解释路径。“社会结构论”指的是在社会结构中地位更高的个体会有更强的公平感。这与个体的自利动机有关（Ng and Allen，2005）：在社会结构中处于优势地位意味着拥有更多的成功和致富机会、掌握更多的资源，因此他们倾向于维护既有利益和分配方式，从而更认可当前分配状况的公平性和合理性，而在社会结构中处于弱势的群体出于对当前处境的不满，倾向于认为当前所处的社会不公平（Kluegel and Smith，1981）。也有学者提出“社会救助论”的观点，认为获得社会救助和支持的弱势群体社会公平感更强烈（田北海、安宝龙，2019），这一观点与“社会结构论”的解释逻辑具有相似性。“社会比较论”则认为公平感并非来源于当前占有的绝对资源，而是相对资源，是在与周围群体互动的过程中或是与自己过往经历进行比较而形成的，当感知到自己的地位和资源状况优于周围群体时或比先前的生活状况更好时，个体会产生更强的社会公平感，反之则会产生“相对剥夺感”（Wegener，1991）。除此之外，也有学者提出“归因论”，认为社会公平感受到一系列外在因素（例如家庭背景、社会文化等）和内在因素（例如自身人力资本水平、能力等）的影响（徐延辉、许磊，2018）。

在以下部分，本文将结合“社会结构论”“社会比较论”这两种机制与金融活动自身的特点分析金融发展水平如何影响个体对机会公平和结果公平的主观感知。

（二）金融发展程度和主观公平感

1. 金融参与率与机会公平感

金融投资是一项特殊的活动。首先，参与金融投资活动需要有一定的资本基础，最初进入市场的往往都是那些社会经济地位较高的群体或资产数量较多的家庭（陈永伟等，2015）。在资本主义国家的发展历史中，凭借资本坐收渔利的资本家是最先从金融活动中受益的群体，相比于个体付出确定的劳动量换取劳动报酬的收入分配状况，金融化的发展催生出依靠投资运作而无须劳动的新兴食利者阶层（拉帕维查斯、李安，2009）。从社会比较的角度来看，在金融发展初期、参与者较少的情况下，个体容易对有资产实力参与金融活动的群体产生不公平感，这也会间接减弱人们对通过劳动实现阶层地位上升的信心。

其次，金融投资活动具有风险性和一定的门槛（尹志超等，2019）。对参与者而言，投入一定的人力资本和物质资本后回报是不可预期的。相比劳动力市场按劳分配的方式，学历、人力资本的付出与回报之间的关系相对固定（许琪等，2020），在金融市场中是凭借资本获取利益，而利益会随着整体的经济形势、投资方式的风险性产生不可预料的波动，这使得个体从金融参与中获得优势资源和经济地位的机会呈现不稳定的分布。此外，抵御风险的资产实力和个体知识能力也决定了通过金融投资参与致富的机会的差异，缺乏金融知识会导致金融排斥，而更高的人力资本和相关技能有利于理性认识金融风险，做出更全面的金融决策，获得成功和收益的可能性更高（Bernheim and Garrett，2003；Dohmen et al.，2010）。

主观的机会公平感是个体对于公平地通过金融参与获得资源、改变自身命运的主观感知。在金融设施不完善、金融活动参与率较低的地区，大多数群体受到金融投资活动的排斥，参与金融活动的机会受资产基础和金融知识的限制，因而金融参与率的提升只会加剧个体对于食利者群体的不满情绪，削弱机会公平感。随着金融发展水平和金融活动参与率的提升，一方面，稳定、规范的金融服务的可得性增加，这能促使更多的家庭参与到正规金融市场中，通过金融活动获取资源的机会增多（尹志超等，2015）；另一方面，个体能获得更多模仿、尝试和学习金融参与的机会，金融参与的门槛也降低，这意味着金融活动能够获得一定程度的普及。在金融活动参与率较高的地区，参与金融活动不再是少数具有较高社会经济地位的群体独享的权利，每个个体都能学习金融知识，并通过较为正规完善的金融机构参与金融活动，从而有机会提升自我的阶层地位，通过金融参与获益提升社会经济地位的信念增强。因此，较高的金融参与率有利于提升个体的机会公平感。根据以上分析，本文提出假设1。

假设1：随着地区金融参与率的提升，个体的机会公平感呈现先减弱后增强的趋势。

2. 金融参与率与结果公平感

从结果公平的视角来看，金融化的经济趋势对于收入分配和资源获取的最终结果具有客观效应（Deutsch，1975）。改革开放以来，我国的收入分配差距不断扩大，2018年中国的基尼系数为0.468，已经超过国际警戒线，许多学者指出收入不平等的来源从劳动力市场逐渐转向金融市场，金融投资成为收入差距扩大的催化剂（Volscho and Kelly，2012）。与此同时，一系列针对低收入群体和乡村地区居民的金融优惠政策对于调节收入差距发挥了重要作用。

就金融发展与分配结果的平等程度之间的关系而言，Lin 和 Tomaskovic-Devey（2013）从宏观层面分析了美国金融机构数量的增长以及依赖金融渠道获取收入加剧了收入不平等的现象，生产劳动剩余流向金融部门，劳动报酬在总收入中的比重日益减少，导致普通工人相对于企业主和上流精英群体的收入差距日益扩大，收入的分化程度不断提高。俞使超（2020）同样指出金融发展对财富集中化的显著效应，资本具有不断增值和积累的“马太效应”，由此出现了相对贫困，即大多数群体的财富相对于金字塔顶端少数富人的财富急剧减少。这一现象产生的原因主要是金融市场发展的不完善、相关法规的缺失导致某些不当的投资收入存在，以及低收入者面临投资门槛等（Galor and Zeira，1993；杨楠、马绰欣，2014）。收入差距的扩大会通过社会比较机制对个体的结果公平感产生负面效应，与掌握金融资产的一小部分群体相比的财富差距会加剧个体对于当前社会收入和财富分配的不公平的感知。

已有研究进一步探究了金融发展的不同阶段和收入差距之间的关系，Greenwood 和 Jovanovic（1990）较早提出了两者之间的倒 U 形关系，即当金融发展越过某个临界点后，低收入群体也能从金融服务中获益。在基于中国经验的实证研究中，乔海曙和陈力（2009）、杨楠和马绰欣（2014）等都证明了金融发展对于城乡收入差距具有先扩大后减小的影响。这一结果与我国政府不断完善金融监管政策、推广普惠金融政策等具有一定相关性。尽管就普惠金融对于减少贫困的实际效果，已有研究并未达成一致，但是这一政策以及政府增强金融机构和金融服务可及性的相关措施对于个体的主观公平感具有重要意义（徐丹璐、厉海林，2022）。因此，随着地区总体金融参与率的提升，从金融活动中获益的群体的规模也在扩大，从社会比较的角度来看，这有助于增强个体心理的平衡感，从而强化个体对分配结果公平的认知。根据以上分析，本文提出假设 2。

假设 2：随着地区金融参与率的提升，个体的结果公平感呈现先减弱后增强的趋势。

（三）个体特征对于金融参与率和公平感之间关系的调节作用

1. 城乡、受教育程度、家庭金融参与和机会公平感

金融发展程度和机会公平感之间的关系会受到个体特征以及金融经历差异的影响，本研究将考虑城乡、受教育程度和家庭金融参与情况这三项因素。

城乡首先意味着金融服务可得性的差异。从计划经济时代沿袭至改革以后的户籍制度塑造了我国的城乡二元格局，城乡差异对于金融发展的影响尤为突出。城市和乡村之间的金融机构完备程度和金融服务供给形成了分化，在农村地区金融资源较少，个体参与金融市场的机会较为稀缺，也即江春和许立成（2007）提出的“城乡金融市场二元结构”。城乡还意味着思想和社会文化差异，城市的开放程度更高，而乡村文化具有较强的传统性和保守性，农村居民相比城市居民对于“食利族文化”认同度更低，更认可勤劳致富的观念，这一文化差异从心理层面抑制了个体把握金融发展的机会参与风险投资的倾向。因此，在金融发展初期，农村居民相比城市居民，在客观上获得金融参与的机会更少，而在主观上对于通过资本获利的收入分配方式的不公平感知更强烈。随着针对欠发达地区的普惠金融政策的实施，农村居民参与金融活动和获得金融服

务的机会增多（王修华、邱兆祥，2011）。政府对于农村地区的针对性帮扶有助于其在客观上拓展新的增收渠道，减少贫困发生的可能性，从而相比城市居民更能够增强机会公平感。根据以上分析，本文提出以下假设3a。

假设3a：相比于城市居民，对于农村居民而言，地区金融参与率对于机会公平感先减弱后增强的影响会更强。

受教育程度的差异意味着个体在金融知识和技能上以及对于这一新的资源分配和收入获取方式的接受程度的差异。金融参与具有一定门槛，拥有较高水平人力资本和文化资本的家庭倾向于参与风险金融投资（肖作平、张欣哲，2012；尹志超等，2014），他们对于金融风险的认知也更为理性。因此，在金融发展初期，受教育程度更高的群体对于不同群体的金融参与差异带来的机会不公平感知会更弱，他们有更强的学习能力，更容易把握住金融投资的机会，模仿和学习这一经济趋势。而当金融参与率超过一定水平时，受教育程度对于把握金融参与机会的影响会减弱，不同受教育程度的个体都处于一个金融服务可及性较高的社会中。因此，对于受教育程度高的群体而言，金融参与率的提升对其机会公平感的积极作用会相对更弱。本文据此提出如下假设3b。

假设3b：随着个体受教育程度的提高，地区金融参与率对于机会公平感先减弱后增强的影响会减小。

个体所在家庭是否有金融参与经历可能会直接影响地区金融发展程度与公平感之间的关系，有金融参与经历意味着该个体拥有较高水平的人力资本和文化资本，对于风险金融投资的认知程度更高、思想更开放，也具备了一定的金融素养（尹志超等，2014）。由此，在金融发展初期，这一群体将更快地通过金融参与从金融市场中获得收益，作为金融市场的受益者，他们的机会公平感会更强。而随着金融活动的普及，其他社会群体也逐渐参与到金融活动中并从中获益，参照这些群体，他们机会公平感的提升会更有限。本文据此提出如下假设3c。

假设3c：相比于没有家庭金融参与经历的个体，对于有家庭金融参与经历的个体而言，地区金融参与率对于机会公平感先减弱后增强的作用会减小。

2. 家庭收入、阶层认同和结果公平感

对于金融参与率与结果公平感之间的关系，本文从客观和主观社会经济地位的角度选取了家庭收入和阶层认同这两项特征进行分析。首先，从“社会结构论”的视角出发，资源占有更多和社会经济地位更高的群体倾向于产生更强的主观公平感。因此，在金融发展初期，尽管金融化的趋势会扩大收入差距，带来社会不平等，使个体产生资源分配结果不公平的感知，但是这一效应对具有较高社会经济地位的个体而言会相对更弱。随着金融参与率的进一步提升，有更多的群体从金融活动和金融服务中获益，并且针对贫困地区的金融优惠政策也在一定程度上增强了这些地区群体的公平感。因此，原本占据优势地位的群体在“普惠”和“共同富裕”的趋势之下优势相对减弱，从而结果公平感的提升相较于地位更低和初始资源更少的群体而言更慢。本文据此提出如下两个假设。

假设 4a：随着个体所在家庭收入的提高，地区金融参与率对于结果公平感先减弱后增强的影响会减小。

假设 4b：随着个体主观阶层地位的提高，地区金融参与率对于结果公平感先减弱后增强的影响会减小。

三 研究设计

（一）数据和样本

为验证上述研究假设，本文选取中国综合社会调查（Chinese General Social Survey，CGSS）2015 年的公开数据①进行实证分析。该调查是我国最早的全国性、综合性、连续性的学术调查项目，调查采取多阶段、多概率的抽样方法，共收回 10968 份问卷。根据研究需要，剔除那些在关键变量问题上信息不完整的样本，最后有 8229 个信息完整的居民构成本文分析的样本，其中包括 4398 个城市样本和 3831 个农村样本。

（二）变量设置

1. 因变量

本文的因变量有两个，一是机会公平感，二是结果公平感，用 CGSS 2015 的问卷中的一组题项来测量（见表 1）。参考以往研究的赋值方式（许琪等，2020），用题 3 和题 4 来衡量机会公平感，对选项反向赋值并

① 在历次中国综合社会调查中，2015 年是最近一年包含对机会公平、结果公平以及相对剥夺感测量题项的调查年份，故采用该年数据。

加总两道题的得分，得分越高代表机会公平感越强；用题 1 和题 2 来衡量结果公平感，其中题 2 反向赋值，题 1 正向赋值，加总得到结果公平感的总分，得分越高结果公平感越强。我们对这两个因变量进行了正态分布检验，总体通过检验（$p<0.01$），故在后续分析中采取多元线性回归模型。

表 1　机会公平和结果公平的题项

序号	题项	选项				
		非常同意	同意	无所谓	不同意	非常不同意
1	应该从有钱人那里征收更多的税来帮助穷人	5	4	3	2	1
2	现在有的人挣的钱多，有的人挣的钱少，但这是公平的	1	2	3	4	5
3	只要孩子够努力、够聪明，都能有同样的升学机会	1	2	3	4	5
4	在我们这个社会，工人和农民的后代与其他人的后代一样，有同样多的机会成为有钱、有地位的人	1	2	3	4	5

2. 自变量

本文的自变量为地区金融参与率。首先，根据“您家目前是否从事下列投资活动”这一道题，将参与股票、基金、债券、期货、权证、炒房和外汇投资中至少一项投资活动的赋值为 1，未参与任何投资活动的赋值为 0，生成每个家庭是否有金融参与这一个体层次变量。其次，按照 CGSS 2015 数据的区县编码，计算出每个区县中所有家庭的金融投资参与比例，即平均参与率，作为对个体所在地区的总体金融参与率的度量。同时，设置家庭金融投资参与率的二次项。

3. 调节变量和控制变量

本文的调节变量同时也是控制变量的一部分，因此一并说明。我们控制了个体的性别、年龄、民族（是否为少数民族）、居住地（分为城市和乡村）、户口（分为农业和非农户口）等基本特征；根据影响公平感的“社会结构论”机制，控制了受教育年数、政治面貌（是否为共产党员）、职业地位（分为无业、农民、体制内和体制外四类）、家庭收入[①]、房产

① 家庭收入在后续回归分析中取对数计算。

情况（分为无房产、1处和多处房产）、家庭金融参与情况（有参与和无参与）等客观地位变量，以及主观阶层认同这一主观地位变量；根据“相对剥夺感”的机制，控制了“相对同龄人”的社会经济地位（分为较高、差不多和较低三类）和“相对三年前”的社会经济地位（分为变好、差不多和变差三类）这两个相对地位变量；最后，控制了所在地区（分为东部、中部和西部）这一宏观环境变量。

四 数据分析结果

（一）描述性统计

本文首先对研究涉及的所有变量进行了描述性统计。表2显示，对于调查对象的公平感，机会公平感的均值为7.35，高于中间水平6，结果公平感的均值为5.74，略低于中间水平，并且个体总体的机会公平感要强于结果公平感。在地区金融参与率上，样本总体的参与率为6.14%，在区县层级上，参与率最高的超过60%，最小的参与率为0。

表2 变量的描述性统计

变量类型	变量名称	类型	统计指标/类别	数值
因变量	机会公平感	定距	均值	7.35
			标准差	1.72
			最小值	2
			最大值	10
	结果公平感	定距	均值	5.74
			标准差	1.39
			最小值	2
			最大值	10
自变量	地区金融参与率	定距	均值	0.06
			标准差	0.09
			最小值	0
			最大值	0.62
控制变量	性别	定类	男性	47.22%
			女性	52.78%

续表

变量类型	变量名称	类型	统计指标/类别	数值
控制变量	年龄（岁）	定距	均值	50.17
			标准差	16.54
			最小值	18
			最大值	94
	民族	定类	少数民族	7.91%
			汉族	92.09%
	居住地	定类	城市	53.45%
			乡村	46.55%
	户口	定类	农业	63.32%
			非农	36.68%
	受教育年数（年）	定距	均值	8.41
			标准差	4.60
			最小值	0
			最大值	19
	政治面貌	定类	共产党员	9.43%
			非党员	90.57%
	职业地位	定类	体制内	6.81%
			体制外	28.21%
			农民	24.16%
			无业	40.83%
	家庭收入（元）	定距	均值	66133.25
			标准差	267220.4
			最小值	0
			最大值	9999992
	房产	定类	无房产	6.19%
			1处房产	80.51%
			多处房产	13.31%
	家庭金融参与	定类	有	6.14%
			无	93.86%
	阶层认同	定距	均值	4.28
			标准差	1.64

续表

变量类型	变量名称	类型	统计指标/类别	数值
控制变量	阶层认同	定距	最小值	1
			最大值	10
	相对同龄人的社会经济地位	定类	较高	33.67%
			差不多	61.89%
			较低	4.44%
	相对三年前的社会经济地位	定类	变好	10.38%
			差不多	54.13%
			变差	35.50%
	地区	定类	东部	35.11%
			中部	39.04%
			西部	25.85%

（二）地区金融参与率和主观公平感

本研究首先用多元线性回归模型探究了地区金融参与率与机会公平感和结果公平感之间的关系（见表 3）。对于机会公平感，模型 1 是以地区金融参与率一次项为自变量的回归结果，表明随着地区金融参与率的提升，个体的机会公平感呈现减弱趋势。模型 2 中纳入了二次项，结果表明一次项系数显著为负，二次项系数显著为正，即自变量与因变量呈 U 形关系，这意味着随着地区金融参与率的提升，个体机会公平感先减弱后增强，假设 1 得到证实。此外，我们采取 Lind 和 Mehlum（2010）提出的针对 U 形回归曲线的检验方法进行分析，结果在 0.05 的水平下显著，极值点为 0.352，即当地区金融参与率超过 35.2% 时，总体的金融参与率能够发挥促进机会公平感提升的作用（见图 2）。从 CGSS 2015 数据来看，130 个县域中仅有 5 个超过了金融发展增强机会公平感的转折点，这意味着推进普惠金融发展的力度应当进一步加大。

用相似的方式检验地区金融参与率与结果公平感的关系。模型 3 表明一次项与因变量没有显著的关系，但纳入二次项之后，模型 4 显示地区金融参与率的二次项系数显著且为正，一次项系数显著且为负，U 形曲线的检验结果在0.05的水平下显著，极值点为0.171①，假设2得到验证。图3直观地展现了变量的关系，当地区金融参与率小于17.1%时，地区金融参与率对结果公平感有负面效应，而当地区金融参与率大于17.1%时，地区金融发展程度的提升能够发挥增强结果公平感的作用。结果公平感的转折点小于机会公平感，130个被统计的县域中有21个达到了金融发展增强结果公平感的阶段。

表3 地区金融参与率与公平感的多元线性回归

变量	模型1	模型2	模型3	模型4
	机会公平感	机会公平感	结果公平感	结果公平感
地区金融参与率	-1.300*** (0.295)	-2.768*** (0.616)	0.105 (0.240)	-1.219** (0.501)
地区金融参与率（二次项）		3.934*** (1.450)		3.550*** (1.178)
性别（男性）	-0.028 (0.039)	-0.030 (0.039)	0.049 (0.032)	0.0477 (0.032)
年龄	0.005*** (0.001)	0.005*** (0.001)	-0.008*** (0.001)	-0.008*** (0.001)
民族（少数民族）	0.098 (0.071)	0.091 (0.071)	-0.064 (0.058)	-0.070 (0.058)
居住地（城市）	-0.185*** (0.051)	-0.183*** (0.051)	-0.048 (0.042)	-0.046 (0.042)
户口（农业）	-0.054 (0.053)	-0.065 (0.053)	0.058 (0.043)	0.047 (0.043)
受教育年数	-0.021*** (0.006)	-0.020*** (0.006)	-0.002 (0.005)	-0.002 (0.005)
政治面貌（党员）	-0.027 (0.070)	-0.028 (0.070)	0.052 (0.057)	0.050 (0.057)
职业地位（体制外）	0.190** (0.082)	0.192** (0.083)	-0.054 (0.067)	-0.053 (0.067)
职业地位（农民）	0.181** (0.092)	0.173 (0.092)	-0.087 (0.075)	-0.095 (0.075)
职业地位（无业）	0.210** (0.083)	0.208** (0.083)	0.040 (0.067)	0.038 (0.067)

① 考虑到篇幅，此处不汇报具体的检验表格，如有需要可联系作者。

续表

变量	模型 1	模型 2	模型 3	模型 4
	机会公平感	机会公平感	结果公平感	结果公平感
家庭收入（取对数）	-0.012 (0.012)	-0.012 (0.012)	-0.013 (0.009)	-0.013 (0.009)
房产（1处）	0.104 (0.079)	0.100 (0.079)	-0.068 (0.065)	-0.071 (0.065)
房产（多处）	0.199** (0.093)	0.198** (0.093)	0.088 (0.075)	0.087 (0.075)
家庭金融参与（有）	-0.337*** (0.086)	-0.346*** (0.086)	-0.178** (0.070)	-0.186*** (0.070)
阶层认同	0.045*** (0.013)	0.045*** (0.013)	0.035*** (0.010)	0.034*** (0.010)
相对同龄人的社会经济地位（差不多）	0.161*** (0.043)	0.162*** (0.043)	0.279*** (0.035)	0.279*** (0.035)
相对同龄人的社会经济地位（较低）	0.205** (0.100)	0.197** (0.100)	0.419*** (0.081)	0.411*** (0.081)
相对三年前的社会经济地位（差不多）	0.031 (0.064)	0.029 (0.064)	0.065 (0.052)	0.062 (0.052)
相对三年前的社会经济地位（变差）	0.218*** (0.068)	0.215*** (0.068)	0.115** (0.055)	0.112** (0.055)
地区（中部）	0.067 (0.051)	0.033 (0.053)	0.142*** (0.042)	0.112*** (0.043)
地区（西部）	0.161*** (0.059)	0.113 (0.061)	0.220*** (0.048)	0.177*** (0.050)
常数项	6.879*** (0.211)	6.961*** (0.213)	5.820*** (0.171)	5.893*** (0.173)
样本量	8229	8229	8229	8229
R^2	0.046	0.047	0.031	0.032

注：括号里的值为标准误；*** $p<0.01$，** $p<0.05$。

（三）调节效应检验

本文进一步检验了五个调节变量的作用（见表4）。模型1、模型2和模型3检验了城乡、受教育年数以及家庭金融参与的差异对于上文主效应的影响。结果表明居住地是城市或乡村并无影响，而受教育年数与自变量一次项和二次项的交互变量的系数均显著。从图4两条曲线的对

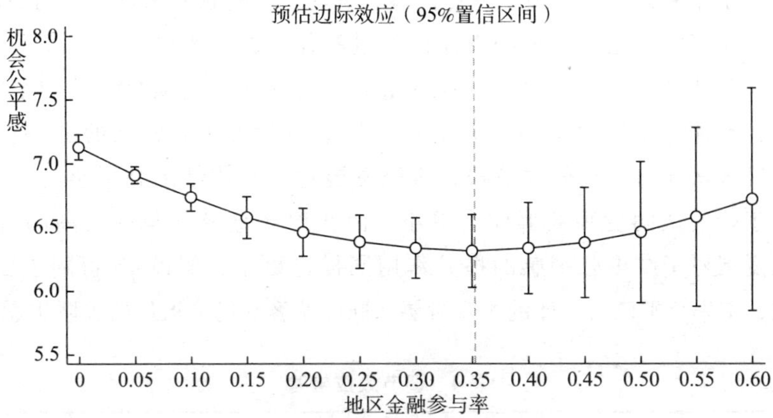

图 2 地区金融参与率与机会公平感

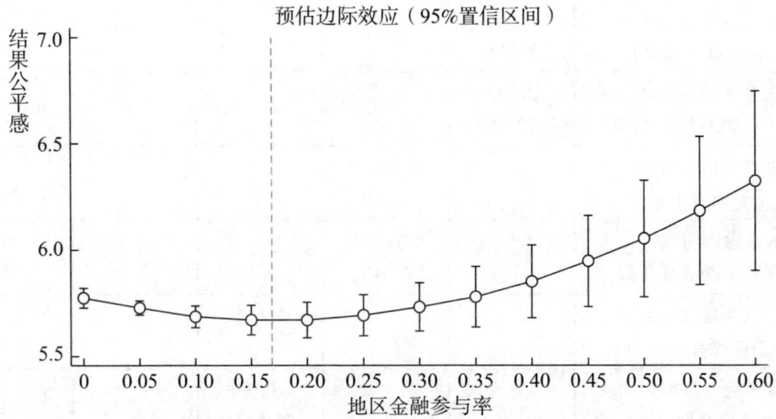

图 3 地区金融参与率与结果公平感

比可以看出，相比于受教育程度较低的群体，受教育程度更高的群体在金融发展初期，地区金融参与率的提高对其机会公平感的负面作用更显著；而当地区金融参与率超过某一临界点后，受教育程度较低的群体的机会公平感依旧受金融发展的负面影响，而受教育程度高的群体的机会公平感则获得了提升。这意味着人力资本更高的群体对于金融发展初期不同群体参与机会不平等的感受更敏锐，在金融活动得到一定普及的条件下，他们也更有能力把握住新的增收机会，假设 3b 未得到证实，受教育程度对于地区金融参与率和机会公平感之间的关系发挥了正向调节作用。家庭是否有金融参与经历对于地区金融参与率和机会公平感之间关系的影响不显著，这可能意味着大多数家庭并未从金融参与中获得实际收益。

对于结果公平感，模型4和模型5呈现了家庭收入和阶层认同的调节作用。家庭收入这一客观经济地位变量的作用并未得到验证，而主观阶层认同与地区金融参与率这一自变量的一次项和二次项交互项的系数均显著，具体的作用效果如图5所示。与主观阶层认同较低的群体相比，在地区金融参与率较低的阶段，金融发展对于个体结果公平感的削弱作用对于阶层认同更高的群体会更小，而在地区金融参与率较高的阶段，金融发展对于结果公平感的提升作用同样也更小，假设4b得到了证实。因此，结果公平感与个体的主观阶层认同而非客观经济地位的关联更紧密。

表4 调节效应检验

变量	模型1	模型2	模型3	模型4	模型5
	机会公平感	机会公平感	机会公平感	结果公平感	结果公平感
地区金融参与率×居住地（城市）	-1.698 （1.908）				
地区金融参与率（二次项）×居住地（城市）	2.242 （12.59）				
地区金融参与率×受教育年数		-0.384*** （0.109）			
地区金融参与率（二次项）×受教育年数		0.790** （0.312）			
地区金融参与率×家庭金融参与（有）			1.812 （1.736）		
地区金融参与率（二次项）×家庭金融参与（有）			-0.759 （3.537）		
地区金融参与率×家庭收入（取对数）				-0.158 （0.239）	
地区金融参与率（二次项）×家庭收入（取对数）				0.111 （0.714）	
地区金融参与率×阶层认同					0.737*** （0.242）
地区金融参与率（二次项）×阶层认同					-1.610** （0.651）
样本量	8229	8229	8229	8229	8229
R^2	0.047	0.049	0.048	0.032	0.033

注：括号里的值为标准误；*** $p<0.01$，** $p<0.05$；表中未汇报控制变量和常数项回归结果，下表同。

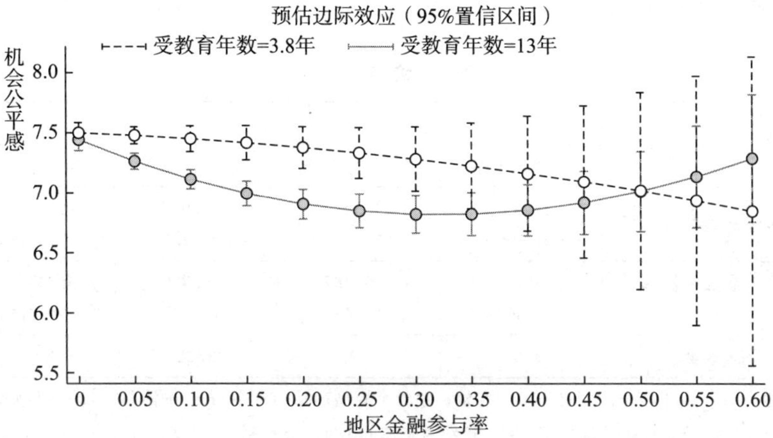

图 4　受教育年数的调节效应

注：受教育年数的两个取值为均值加减一个标准差，图 5 同。

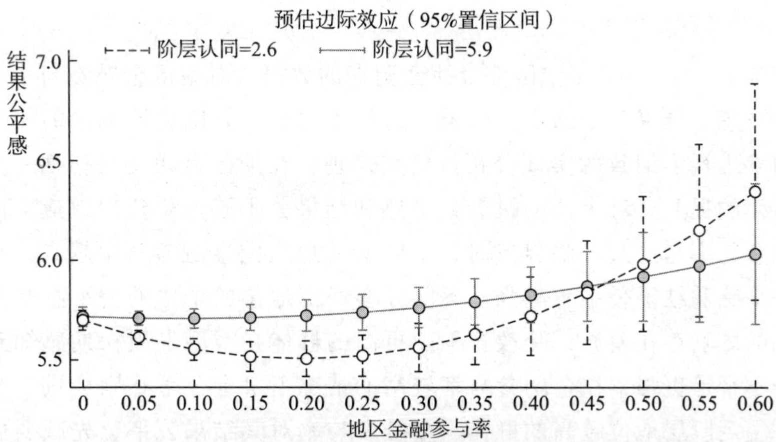

图 5　阶层认同的调节效应

（四）稳健性检验

本文进一步选取社会公平感、贫富差距感知、主观幸福感和社会信任感作为因变量，考察不同的金融参与率对于这些主观感知变量的影响。表 5 显示，地区金融参与率与社会公平感和社会信任感这两个主观感知变量都呈 U 形关系，随着地区金融发展程度的提升，社会公平感和社会信任感先减弱后增强。这印证了金融发展这一经济现象对于社会心态和主观感受的影响，只有当金融参与达到了一定的普及程度，其才能为个体带来精神层面的满足。

表 5 稳健性检验

变量	模型 1	模型 2	模型 3	模型 4
	社会公平感	贫富差距感知	主观幸福感	社会信任感
地区金融参与率	-2.887^{***} (0.695)	3.361 (1.731)	-0.939 (0.725)	-2.835^{***} (0.718)
地区金融参与率（二次项）	5.584^{***} (1.662)	-6.787 (4.245)	-0.750 (1.672)	5.451^{***} (1.715)
样本量	8199	1303	8228	8217

注：(1) 由于四个因变量为定序变量，故四个模型均采用有序 Logistic 回归；(2) 模型 2 的因变量的样本量限于调查问卷填答人数，仅约为总体的 1/6；(3) 括号里的值为标准误，$^{***}p<0.01$。

五 总结和讨论

本文基于 2015 年中国综合社会调查的数据，对地区金融参与率和机会公平感、结果公平感之间的关系进行了检验，并围绕该关系的相关影响因素进行了细致的实证分析。研究发现，在地区金融发展初期，金融参与率的提升会对个体的机会公平感和结果公平感产生负面效应，而当金融参与率超过某一临界点时，个体所处地区的金融参与率越高，其机会公平感和结果公平感越强。不同社会经济地位的个体的公平感受金融发展的影响存在差异，受教育程度更高的群体在金融发展初期感知到的机会不平等更强，在金融参与率较高的情况下机会公平感则会进一步增强；主观阶层地位越高的群体，金融参与率对其结果公平感先减弱后增强的影响越小。本研究通过聚焦于个体的主观感知，指出了金融发展带来的差异化社会后果。金融发展的不同阶段不仅影响宏观的国家经济增长、整体收入分配差距等，还会渗透到个体的主观认知中，并可能进一步影响其后续的行为方式。

从改革前“平均主义”的收入分配原则，到劳动力市场中按劳分配遵循“应得主义”的原则，随着金融市场的兴起，财富分配方式根本性扭转，资本流入金融机构和金融部门，资本持有者经理人阶层的资本通过金融市场的运作成倍增加，而劳动回报则相对减少。这形塑了“食利族文化”，“食利者”群体激发了民众的不满。此外，金融化初期金融市场的发展尚不完善，金融活动的监管及其面向公众的合法性有待增强，民众对该资源分配方式的信任感也较低，这导致人们对于金融发展的主观公平感较弱。随着地区金融参与率的提升，金融活动的合法性提升，参与机会扩展，金融逐渐被视为一种每个个体通过学习金融知识都可以获得的增加收入、提升阶层地位的渠道，而且，周围群体的广泛参与也给个体以积极的未来预期，这对个体的公平感将产生积极效应。

以往研究更多关注客观的不平等和收入差距，本文聚焦于个体对于机会公平和结果公平的主观感知。相比于客观的分配结果，主观公平感与个体的行为模式、主观幸福感等具有更紧密的关联。改革以来，经济快速增长，民众的温饱问题已经得到解决，其需求从物质层面转向精神层面，而提升民众的获得感、归属感，让每一个个体都能平等地享受到社会经济发展的成果是更为必要的政策目标。我们证明了金融参与的普及能够全面提升个体的公平感，无论是对分配结果合理性的认可，还是对参与机会普惠化的主观反应。从研究结果来看，机会公平感的转折点比结果公平感更大，这也对金融发展提出了更高的标准，机会公平并非当前的满足，而是对于未来的期待，增强机会公平感有助于激发个体运用才智创造财富的动力，塑造积极向上的社会风气，是现代社会强调个体的成长与发展的新要求，这对于社会长远和可持续的发展具有重要意义。

尽管当前大多数地区仍然停留在金融发展削弱公平感的阶段，但我们应当客观、辩证地认识金融的发展。正如罗伯特·希勒在《金融与好的社会》中所述，“我们不能断言金融与生俱来就是一个只能容纳社会精英的行业，也不能将其视为推动经济非公平发展的引擎”。金融市场的发展使社会出现收入差距的扩大、腐败和拜金现象，但这并非金融本身的问题，“金融业有潜力帮助我们塑造一个更和谐、更繁荣和更平等的社会”（希勒，2012：23）。各个社会主体应当思考如何发挥金融对于社会和民众的积极作用，同时抑制其负面影响。首先，政府应当发挥宏观调控的作用，严格监督和管理金融市场的运作过程，抑制灰色收入和不当收入，减少金融腐败、金融诈骗等现象的出现。其次，要让金融发展真正渗透到个体的主观感知中，服务于个体的福利，以金融的普惠化推动个体主观幸福感的普惠化。近年来在农村和欠发达地区推行的普惠金融和小微金融政策在一定程度上为低收入群体提供了金融参与的机会，但其服务力度仍需进一步加大。要通过“授人以渔”的方式完善农村地区的金融设施、规范金融制度和参与方式，同时提供更多金融知识和金融技能的学习机会，从而真正为每一个个体创造平等地实现自我价值和阶层上升的空间（谢熠，2018）。

参考文献

贝多广，2015，《好金融与好社会：问题的提出和答案》，《金融研究》第7期，第24～36页。

陈永伟、史宇鹏、权五燮，2015，《住房财富、金融市场参与和家庭资产组合选择——来自中国城市的证据》，《金融研究》第4期，第1～18页。

范艳萍、王毅杰，2017，《农民工的公平感及社会心理后果》，《西北农林科技大学学报》（社会科学版）第5期，第14～20页。

江春、许立成，2007，《制度安排、金融发展与社会公平》，《金融研究》第6期，第44～52页。

考斯达斯·拉帕维查斯、李安，2009，《金融化了的资本主义：危机和金融掠夺》，《政治经济学评论》第0期，第30～58页。

李路路、唐丽娜、秦广强，2012，《"患不均，更患不公"——转型期的"公平感"与"冲突感"》，《中国人民大学学报》第4期，第80～90页。

李颖晖，2015，《教育程度与分配公平感：结构地位与相对剥夺视角下的双重考察》，《社会》第1期，第143～160页。

罗伯特·希勒，2012，《金融与好的社会》，束宇译，中信出版社。

马磊、刘欣，2010，《中国城市居民的分配公平感研究》，《社会学研究》第5期，第31～49页。

孟天广，2012，《转型期中国公众的分配公平感：结果公平与机会公平》，《社会》第6期，第108～134页。

乔海曙、陈力，2009，《金融发展与城乡收入差距"倒U型"关系再检验——基于中国县域截面数据的实证分析》，《中国农村经济》第7期，第68～76页。

田北海、安宝龙，2019，《不患贫而患无助：城乡困难居民社会公平感的影响研究》，《华中农业大学学报》（社会科学版）第1期，第97～106页。

托马斯·皮凯蒂，2014，《21世纪资本论》，巴曙松等译，中信出版社。

王修华、邱兆祥，2011，《农村金融发展对城乡收入差距的影响机理与实证研究》，《经济学动态》第2期，第71～75页。

肖作平、张欣哲，2012，《制度和人力资本对家庭金融市场参与的影响研究——来自中国民营企业家的调查数据》，《经济研究》第S1期，第91～104页。

谢熠，2018，《转型期青年社会心态的现状与特征——基于公平感、安全感视角的实证分析》,《广西青年干部学院学报》第 6 期，第 27 ~ 31 页。

徐丹璐、厉海林，2022,《数字普惠金融对居民幸福感的影响路径分析——来自数字普惠金融发达城市杭州的证据》,《中国商论》第 10 期，第 124 ~ 129 页。

徐延辉、许磊，2018,《当代农民工社会公平感：一个经济社会学分析框架》,《上海大学学报》（社会科学版）第 6 期，第 13 ~ 22 页。

许琪、贺光烨、胡洁，2020,《市场化与中国民众社会公平感的变迁：2005—2015》,《社会》第 3 期，第 88 ~ 116 页。

杨楠、马绰欣，2014,《我国金融发展对城乡收入差距影响的动态倒 U 演化及下降点预测》,《金融研究》第 11 期，第 175 ~ 190 页。

尹志超、宋全云、吴雨，2014,《金融知识、投资经验与家庭资产选择》,《经济研究》第 4 期，第 62 ~ 75 页。

尹志超、吴雨、甘犁，2015,《金融可得性、金融市场参与和家庭资产选择》,《经济研究》第 3 期，第 87 ~ 99 页。

尹志超、岳鹏鹏、陈悉榕，2019,《金融市场参与、风险异质性与家庭幸福》,《金融研究》第 4 期，第 168 ~ 187 页。

俞使超，2020,《当代垄断资本主义经济金融化的经济效应——基于对过度金融化的批判》,《社会科学家》第 11 期，第 74 ~ 79 页。

Adams, J. S. 1965. "Inequity in Social Exchange." *Advances in Experimental Social Psychology*, 2 (4): 267 – 299.

Bernheim, B. D. and Garrett, D. M. 2003. "The Effects of Financial Education in the Workplace: Evidence from a Survey of Households." *Journal of Public Economics*, 87 (7 – 8): 1487 – 1519.

Deutsch, M. E. 1975. "Equality and Need: What Determines Which Value Will Be Used as the Basis of Distributive Justice?" *Journal of Social Issues*, 31 (3): 137 – 149.

Dohmen, T., Falk, A., Huffman, D., et al. 2010. "Are Risk Aversion and Impatience Related to Cognitive Ability?" *American Economic Review*, 100 (3): 1238 – 60.

Galor, O. and Zeira, J. 1993. "Income Distribution and Macroeconomics." *The Review of Economic Studies*, 60 (1): 35 – 52.

Greenwood, J. and Jovanovic, B. 1990. "Financial Development, Growth, and the Distribution of Income." *Journal of Political Economy*, 98 (5, Part 1): 1076 – 1107.

Kluegel, J. R. and Smith, E. R. 1981. "Beliefs about Stratification." *Annual Review of Sociology*, 7 (1): 29 – 56.

Lind, J. T. and Mehlum, H. 2010. "With or Without U? The Appropriate Test for a U – Shaped Relationship." *Oxford Bulletin of Economics and Statistics*, 72 (1): 109 – 118.

Lin, K. H. and Tomaskovic – Devey, D. 2013. "Financialization and US Income Inequality,

1970 – 2008." *American Journal of Sociology*, 118 (5): 1284 – 1329.

Miles, M. R. 2014. "Process over Outcome: How Perceptions of Procedural Fairness Influence Conservative Support for Redistributive Taxes." *The Social Science Journal*, 51 (4): 615 – 626.

Ng, S. H. and Allen, M. W. 2005. "Perception of Economic Distributive Justice: Exploring Leading Theories." *Social Behavior and Personality: An International Journal*, 33 (5): 435 – 454.

Piketty, T., Yang, L., and Zucman, G. 2019. "Capital Accumulation, Private Property, and Rising Inequality in China, 1978 – 2015." *American Economic Review*, 109 (7): 2469 – 2496.

Strauss, D. A. 1992. "The Illusory Distinction between Equality of Opportunity and Equality of Result." *William. & Mary Law Review*, 34: 171.

Volscho, T. W. and Kelly, N. J. 2012. "The Rise of the Super-Rich: Power Resources, Taxes, Financial Markets, and the Dynamics of the Top 1 Percent, 1949 to 2008." *American Sociological Review*, 77 (5): 679 – 699.

Wegener, B. 1991. "Relative Deprivation and Social Mobility: Structural Constraints on Distributive Justice Judgments." *European Sociological Review*, 7 (1): 3 – 18.

金融社会工作与金融福祉

社会工作何以提升老年人金融素养?

——以Q街道老年人金融社会工作小组实务为例

方　舒　朱雯洁*

摘　要：在社会金融化背景下，老年人金融素养偏低导致其往往面临较高的金融风险。本文以北京市Q街道为例，通过问卷调查和半结构访谈收集相关数据，通过数据分析了解到，该街道老年人群体的金融素养较低，街道配套金融教育服务和相关措施有待发展。针对问卷调查和个案访谈反映的问题，作者在Q街道招募小组成员开展了6次提升金融素养的小组活动，进行老年人的金融赋能。基于小组工作的总结和评估，本文探讨了金融社会工作介入老年人金融素养提升的作用和路径。

关键词：社会工作　金融素养　小组工作　老龄化

一　引言

在人口老龄化和社会金融化的宏观背景下，关于老年人金融素养的问题已经引发学术界和社会大众的广泛关注。国家统计局发布的《2022年国民经济和社会发展统计公报》数据显示，我国60岁及以上老年人口规模已经达到2.8亿，占总人口的19.8%。未来十年，我国老年人口占

* 方舒，中央财经大学社会与心理学院教授；朱雯洁，中央财经大学社会与心理学院硕士研究生。

比将持续攀升。老年人群面对社会金融化趋势尤其困难重重。一方面，老年人身体机能下降、记忆力衰退、学习能力下降，这在很大程度上限制了他们对金融产品和金融服务的接触。另一方面，现实中，金融市场中适合老年人的金融服务和金融产品种类非常单一（刘国权、吕泽文，2021）。已有研究表明，当前老年人群体的基础金融知识比较匮乏，对金融概念和金融活动的认知有待提升（李东卫，2012），而且部分老年人在金融行为和金融态度方面也表现出不足（陆岷峰、徐阳洋，2019）。此外，更为严重的是，随着金融化在社会生活领域的不断渗透，金融素养较低的老年人逐渐成为金融诈骗的目标人群，相关负面事件时有出现，对老年人自身及其家庭在经济、身心健康等方面产生了负面影响，这已成为备受社会关注的问题，亟须采取有效措施加以干预。

近年来，社会工作在提升个体及家庭金融能力、增强金融韧性和增进金融福祉等方面发挥着越来越重要的作用，相关的理论和实践研究不断涌现，出现了一个新的领域——金融社会工作（周晓春，2020）。金融社会工作是指增加个体和家庭接受普惠金融的机会，通过对个体家庭金融知识、技能和能力的提升，建设金融福祉，帮助其提升生活质量、实现美好生活（黄进等，2020）。王思斌（2019）认为金融社会工作在提高老年人的金融能力、增进老年人的金融福祉、培养老年人金融态度和金融行为方面具有重要的作用。相比金融服务部门，社会工作在开展老年人金融服务方面具有独特的优势，金融服务部门提供的服务往往具有市场导向，以逐利为主要目的，而社会工作的独特价值观和工作方法使其更加贴近老年人的具体需要，同时根植于国家政策，通过专业的社会工作服务提升老年人的金融素养，增进老年人群体的金融福祉（李迎生，2019）。在此背景下，本文将在金融社会工作分析框架下，探索社会工作对老年人金融素养提升的可能路径和作用空间，为增进老年人金融福祉的政策制定提供参考。

二 文献综述

（一）金融素养的定义和测量

金融素养是本文的核心概念，最早源于美国，其中影响较广的是美国金融素养和教育委员会给出的定义，即金融素养是个体为实现金融福祉具备的管理金融资产的知识和能力。早期金融素养被认为是关于金融方面的知识，例如 Lusardi 和 Mitchell（2007）认为金融素养考察的是个体对利率、通货膨胀等基础知识的了解程度。后来金融素养的内涵逐渐扩展。Huston（2010）认为金融素养是指一个人所拥有的关于金融方面的知识和技能，能够对自己所拥有的金融资源有一定的了解，并且进行有效的支配。此外，从金融素养的具体内容来看，Lusardi 和 Mitchell（2014）将金融素养定义为，个人获取金融信息并据此进行财务规划、按期归还债务、提前规划退休后财产及积累财富的能力；经济合作与发展组织（OECD）将金融素养定义为和金融相关的知识、技能、态度和行为，并且人们能够通过对金融的认识进行相关的金融决策以增进金融福祉（OECD，2016）。

我国对金融素养的相关研究起步较晚，对金融素养的概念尚未形成统一的界定。有学者将金融素养定义为金融知识与金融实践的结合（张欢欢、熊学萍，2017），也有学者认为金融素养包括个体的经验和投资实践中的所得（秦海林等，2018），还有学者认为金融素养与收支管理、金融产品分析和建议获取及金融能力的实际运用有关（田霖，2014）。

对于金融素养的测度工具，目前学界也没有一个统一的标准。从已有文献来看，金融素养的测量往往与学者对金融素养的定义相关。不少学者从单一层面测量金融素养，有学者从利率、通货膨胀和金融风险等相关的金融知识层面进行测量（庄家炽，2022），也有学者将金融素养的测量与实现金融福祉的决策能力相联系（刘莎、刘明，2020）。此外，也有学者从多个层面测量金融素养，例如我国学者从金融知识、金融行为和金融规划态度三个层面测量金融素养（单德朋，2019）；经济合作与发展组织（OECD）创建了国际金融教育网络（INFE），基于世界各国的相似性与差异性考虑，从金融知识、金融行为、金融技能及金融态度四个层面测量金融素养（王宇熹、杨少华，2014）。

（二）老年人金融素养研究

国内外学者早期在探寻金融素养的影响因素时，将年龄作为一个重要变量，探究随着年龄变化金融素养水平的不同。例如，van Rooij 等（2011）在描述金融素养与年龄的相关关系时，认为金融素养与年龄呈倒

"U"形关系，老年人群体的金融素养在整个年龄阶段中处于较低的水平。Finke 等（2016）的调查研究表明，随着年龄增长，老年人群体金融素养得分呈现直线下降的趋势。Li 等（2022）对美国社区老年人金融素养的调查显示，互联网等社会环境的制约是老年人金融素养水平较低的一个重要因素。Lusardi 等（2014）指出，老年人在分散金融风险和金融行为方面都表现出不足。

我国老年人金融素养研究近年来陆续开展。已有研究表明，第一，我国老年人金融素养水平较低，吴卫星等（2018）基于中国居民家庭微观调查的数据分析认为，居民金融素养随着年龄增加而下降，老年人群体金融素养在所有年龄组中最低。第二，老年人易遭受金融排斥具有一定的普遍性，刘国强（2018）基于 2017 年消费者金融素养问卷调查结果指出，老年人对市场变化的适应力更弱，参与金融活动的机会较少，难以在日常生活中积累相关金融经验，金融素养提升比较困难；朱超和宁恩祺（2017）认为老年人难以获取相关金融服务和金融知识。第三，老年人在投资中也更偏向于保守，朱文佩和林义（2022）的研究表明，老年人持有风险性金融资产的占比较低，属于"低水平"和"自卑型"金融素养。第四，老年人自身动机也较弱，艾云等（2021）认为老年人学习金融知识的途径较少、动机较弱，导致老年人金融素养难以提升。

（三）金融素养对老年人的影响

金融素养的提升对老年人的财务、心理和生活都具有积极影响。国外相关研究表明，金融素养的提升能够帮助老年人积累资产，缓解老年生活的焦虑情绪（Kadoya et al.，2018）；良好的金融素养有助于老年人更好地进行退休规划（Lusardi and Mitchell，2007）；金融素养的提升有助于在人口老龄化现状下，推动积极老龄化政策的发展（Giuseppe et al.，2014）。

国内的相关研究表明，金融素养的提升能够推动老年人更好地进行金融规划。左曜州和单德朋（2020）的研究表明，老年人金融素养越高，对养老资产的配置水平越高，养老负债的金额越少，从而能够更好地进行养老决策。尹志超等（2014）认为，金融知识的学习、金融素养的提高，可以降低老年人金融行为的信息成本，促使老年人更好地进行金融规划。高超（2014）对北京市老年居民的调查研究发现，金融素养的提升对于老年人进行养老规划具有正向的影响。同时，金融素养的提升有利于老年人更好地规避金融风险（康琛宇、胡日东，2020），提高防范金融诈骗的意识，能够降低老年人遭遇金融诈骗的风险（李媛媛等，2020）。

（四）社会工作介入金融素养提升的研究

有学者将金融社会工作定义为协助解决服务对象金融问题，帮助服务对象提高对金融知识的利用，从而增进服务对象金融福祉，提升整体社会福利（林典，2019）。金融社会工作实践开展可以通过为个体提供金融风险知识、链接相关资源来提升个体金融素养（Despard and Chowa，2010）。此外，实践、社区建设和政策倡导也是金融素养提升的有效路径（Sherraden et al.，2016）。金融社会工作开展的为老服务可以从金融教育、资产管理、风险防范、家庭关系和金融机会五个方面进行相关的介入（尹银、张琳，2020），也可以从微观、中观、宏观三大层面展开（尹银、崔优优，2022）。

进一步来说，我国已经开展的社会工作介入老年人金融素养提升的服务主要有以下几个。第一，通过建立老年人的社会支持网络来改善老年人金融方面的脆弱性（樊慧洁，2019）。第二，通过建立金融服务提供机构和老年人之间的关系，使老年人在金融服务方面的需求能够更好地被满足（陆一峰，2014）。第三，通过提升老年人对金融诈骗风险的防范意识（马清华，2020）、塑造健康的消费观念来提升老年人的金融素养（杨孜怡，2021）。

回顾国内外已有文献，金融素养的概念在理论探索和实践发展的过程中不断得到扩展。已有研究表明，老年人金融素养在社会中处于偏低状态，由于老年人的学习能力、受教育程度以及社会环境的影响，老年人金融素养的提升比较困难。然而，对社会工作实务提升老年人金融素养的研究还相对较少。

三 Q街道老年人金融素养评估

（一）研究方法

为研究老年人的金融素养现状与需求，我们运用问卷调查法和半结构访谈法采集了相关数据。首先，我们设计了《北京市老年居民金融素养与金融需求调查问卷》，问卷主要分为两个部分，第一部分主要是调查对象的基本情况，包括年龄、受教育程度、主要收入来源等；第二部分考察老年人群体金融素养的基本状况，依据金融素养的定义主要从金融知识、金融态度、金融技能及金融行为四个维度进行考察。其次，我们通过半结构访谈的方式对 Q 社区负责人、警务人员和居民共计 7 名人员进行了访谈，了解老年人金融素养水平、金融服务提供现状和抵抗金融风险的能力。

调查通过在 Q 街道下属的四个社区发放纸质问卷的形式展开，共发放 160 份问卷，回收 137 份，其中有效问卷 104 份，样本基本情况如表 1 所示。

表 1 样本基本情况

单位：个，%

变量	分类	样本量	比例
性别	男	34	32.69
	女	70	67.31
年龄	60～69 岁	67	64.42
	70～79 岁	28	26.92
	80 岁及以上	9	8.65
婚姻状况	未婚	2	1.92
	已婚	91	87.50
	离婚	2	1.92
	丧偶	9	8.66
受教育程度	从未上过学	1	0.96
	小学	4	3.85
	初中	26	25.00
	高中	28	26.92
	大专	25	24.04
	大学本科及以上	20	19.23
主要收入来源	工资收入	18	17.31
	工资外的劳动收入	2	1.92
	财产性收入	3	2.88
	离退休金养老金	79	75.96
	最低生活保障金	2	1.92

续表

变量	分类	样本量	比例
花销决定	本人	47	45.19
	配偶	12	11.54
	子女	4	3.85
	共同商议	41	39.42
年收入	0～5万元	50	48.08
	5万～10万元	47	45.19
	10万～15万元	5	4.81
	15万～20万元	0	0.00
	20万元及以上	2	1.92

（二）老年人金融素养现状

1. 金融知识水平不高

问卷从计算能力、通货膨胀率、利率、投资风险4个不同方面评估服务对象对基础金融知识的了解程度。问卷中设计了5道客观题检测老年人对基础金融知识的了解程度。调查结果表明，71.15%的老年人对利率计算的掌握程度一般；56.73%的老年人不了解通货膨胀的概念和通货膨胀率；老年人群体对风险的认识度较高，58.65%的老年人对于风险和收益的关系有良好的认识；在投资产品风险程度的辨别上，59.62%的老年人能够识别例如股票、储蓄等不同金融产品的投资风险高低；但66.35%的老年人对于投资过程中如何做到分散风险的认知程度偏低。

访谈发现，老年人对于金融知识的了解意愿较低，多数老年人表示“不关注也不太愿意了解这方面的知识”“现在的生活就很好”。即使是关注这方面的老年人，了解金融知识的渠道也十分单一，不少老年人表示“基本上是参加银行活动了解到的”“社区有时候会和银行举办这方面的活动”。

2. 金融技能相对不足

金融技能是指服务对象将所了解的知识运用到生活中的能力。问卷通过对日常生活中的四种行为的态度自测来考察金融技能。调查发现，仅有44.23%的老年人在投资之前会了解、比较不同投资理财产品；32.69%的老年人能够辨别投资理财产品的合法性；仅有23.08%的老年人会进行家庭收入使用的具体规划，具有一定的财务规划意识；仅 25.96% 的老年人有记账行为的表现。

访谈发现，大部分老年人对于自身财产没有规划的意识，不少老年人表示“也就买买菜”“没想过钱具体怎么花”。同样，大部分老年人表示自己并没有记账的习惯，常常是“子女给了多少就花多少”“平时的开销一般也不会去记录”，老年人群体的金融技能相对不足。

3. 金融态度偏向保守

金融态度是指服务对象的风险偏好选择。问卷通过老年人是否将闲置金钱进行投资及投资风险偏好选择考察其金融态度。调查结果显示，46.15% 的老年人不愿意将闲置金钱进行任何投资，53.85% 的老年人愿意将闲置金钱进行一定程度的投资。在风险偏好方面，仅有 11.54% 的老年人愿意承担高于平均的风险，有 53.85% 的老年人不愿意承担任何风险。在金融态度方面，大部分老年人都持有比较保守的态度，不太愿意进行投资，也不太愿意承担风险。

4. 金融行为比较单一

金融行为主要是指服务对象的投资理财行为。问卷通过老年人是否有过相关投资行为以及投资盈亏考察其金融行为。如图 1 所示，有 59.62% 的老年人投资过定期存款，在投资种类中占比最大，余下的投资行为都仅有小部分人参与过。在对已有投资盈余情况的了解方面，仅有

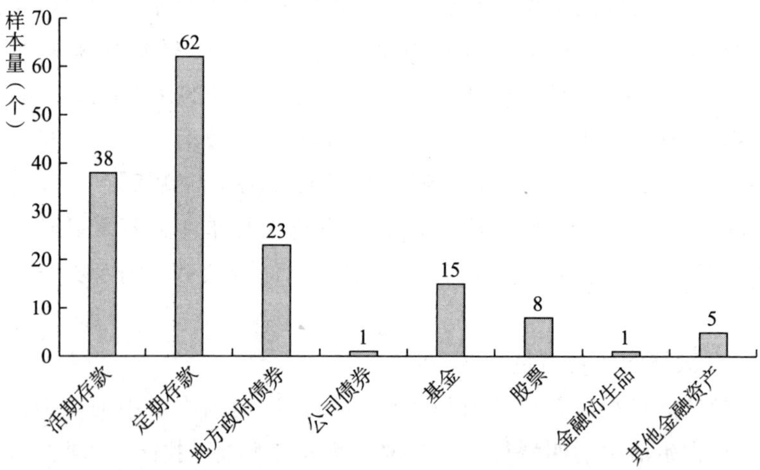

图 1　Q 街道老年人持有投资理财产品情况

21.82%的老年人表示自己过去的投资是赚钱的，而有高达38.18%的老年人表示不清楚自己的投资盈亏情况。总体来看，老年人群体的投资选择比较单一，多数老年人倾向于选择定期存款、债券等风险低、收益低的产品。

通过进一步访谈发现，老年人群体的金融行为呈现单一性、保守性。不少老年人表示"还是比较相信国有的四大银行"，"虽然收益没有那么夸张，但是也不太担心被骗"。

四　社会工作提升老年人金融素养的实务过程

（一）实务过程

1. 活动设计

根据提升老年人金融素养的目标设定和金融素养的定义设计，整个实务过程共开展6次小组活动，招募了8名老年人参加小组活动，分别采用讲座、案例分析、实践等不同的形式来对小组成员赋权增能。由于金融态度及金融行为偏向于个人的主观选择，难以评定优劣，在小组活动的设计中主要围绕金融知识和金融技能的提升进行。在小组活动开始和结束时，进行小组成员的前测、后测和小组满意度评估，以便对整个小组活动进行总结和反思。小组活动方案设计如表2所示。

表2　小组活动方案设计

节次	主题	小组内容
1	很高兴认识你	破冰、初步建立专业关系 进行前测问卷调查 制定小组契约，明确小组目标与规范
2	金融知识知多少	金融知识，专家讲座 专家为组员答疑解惑
3	金融安全从你我做起	社会工作者分享金融诈骗的现实案例 小组成员分析防诈骗技巧
4	手机工具来身边	认识移动支付工具 实际操作使用移动支付工具
5	金融生活有规划	理解金融规划的意义 金融规划的技巧和方法 案例分享：如何进行金融规划

续表

节次	主题	小组内容
6	回顾小组生活	回顾小组活动 解决组员遗留问题，巩固小组学习成果 处理离别情绪，延续自助互助意识 进行后测和小组满意度调查

2. **小组活动的过程**

第一次小组活动开始时两名社会工作者和小组成员依次进行自我介绍，并由社工为小组成员介绍本次小组活动的主题、目标、主要活动和具体流程。因为小组成员同在Q街道居住，彼此之间熟悉程度较高，仅有部分组员之间比较陌生。基于此，社会工作者通过小游戏进行破冰，拉近小组成员之间的距离。最后，社会工作者与小组成员共同制定小组契约，介绍下次小组活动的相关内容，并建立小组微信群方便小组成员进行交流，完成小组成员金融素养状况的前测。在第一次小组活动的过程中，我们发现小组初期的氛围比较尴尬，小组成员的发言都比较少，并且还会出现冷场的情况，小组之间的凝聚力还不足。虽然由社会工作者引导后有所改善，但是第一次小组活动的完成度较低。

第二次小组活动的主题是“金融知识知多少”，主要是邀请金融专家为小组成员讲解金融相关知识，并且为小组成员答疑解惑。在本次小组活动中，小组成员表现出较高的积极性。在听讲座的过程中，不少小组成员拿出笔记本进行详细的记录，并且小组成员之间互相的交流学习更加充分，但还是存在少数小组成员在活动过程中注意力不集中和玩手机的现象。总体而言，第二次小组活动的完成度较高，但是讲座实际操作较少、比较枯燥，并且长时间听讲座容易让小组成员在后期产生疲惫。

第三次小组活动的主题是“金融安全从你我做起”。小组活动开始时，首先是社会工作者通过实际案例分享向小组成员介绍基本的诈骗类型并演示诈骗的实施过程，为小组成员提供防范诈骗的方法。之后，社会工作者引导小组成员分享了解到的金融诈骗案例，由小组成员进行讨论。最后，对于下一次小组活动关于手机工具的使用，征询小组成员的建议，为下次小组活动的开展做好相关准备。在本次小组活动中，小组成员对于金融诈骗这一话题反馈较多。虽然小组成员对一些常见的金融诈骗手段的防范意识比较高，但是由于科技的发展和社会政策的不完善，不少老年人还是难以防范新型诈骗。同时，在本次小组活动中，小组成员之间的互动增多，群体动力明显增强，在分享环节小组也能够保持秩序，基本完成小组目标，本次小组活动的完成度也较高。

第四次小组活动主要是针对移动支付工具的使用。在小组活动开展前，社工发现小组成员之间、小组成员和社工之间明显更加熟悉，小组成员主动询问社工是否需要帮忙，并且小组成员在小组活动开展前的交流明显增多。在活动开展阶段，小组成员学习都十分认真，并且在有疑问时能及时向社工及其他小组成员求助。在实际操作阶段，小组成员能够做到互相帮助，并且在帮助其他小组成员时十分耐心。在问答和展示阶段，小组成员对于学习到的内容能够融会贯通，即使有小错误，小组成员之间也能彼此进行安慰和帮助。本次小组活动的完成度较高，小组成员对于移动支付工具的使用有很大的兴趣，不少小组成员表示会将本次小组活动的内容在亲友间进行分享。社工能够看到小组成员之间已经形成了自助和互助的意识，小组成员对于活动中的疑惑也能及时向社会工作者反馈，小组成员对于小组活动的积极性有了很大的提升。

第五次小组活动是组员的案例分析。首先社会工作者分享相关案例让小组成员了解进行金融规划的必要性和重要性。在组员分享环节，多数小组成员愿意分享自己的经验，其他小组成员也能够保持小组秩序、认真聆听，并且在分享过后表示愿意在日常生活中运用一些金融知识进行金融规划。最后，社会工作者对于最后一次小组活动进行了简单说明，并且鼓励小组成员提前进行对于整个小组生活的回顾，以便为最后一次小组活动的分享环节做准备，同时社会工作者也关注小组成员的情绪和问题，为更好地结束整个小组活动奠定基础。本次的小组活动，所有的小组成员都能够主动积极参与，小组成员也能够主动进行分享和发言，在部分小组成员发言卡顿时，小组成员也能够保持耐心，并且给予一定的鼓励，社会工作者也能够及时引导小组成员完成发言。

第六次小组活动是总结与离别。首先社会工作者对前 5 次活动进行总结，随后在游戏环节，小组成员对规则的理解相较第一次有了很大进步，8 名小组成员配合也十分默契。在分享总结环节，小组成员踊跃分享了自己学习的金融知识和自己的感受与变化，也有一些小组成员提出了自己在之前活动中遗留的问题，社会工作者也为小组成员进行了解答。在社会工作者进行最后总结时，个别小组成员表现得很不舍，并询问是否还会有小组活动，社工给予了及时安慰和鼓励。最后社工发放后测问卷以及小组满意度调查表，以测量小组成员参与小组活动后的金融素养水平。在最后一次小组活动中，小组成员之间的联系明显更加紧密，在小组活动开展中小组成员配合得非常好，在分享环节中小组成员也能够踊跃表达自己在活动中的收获，小组的整体气氛比较融洽，社工妥善地处理了组员的离别情绪。最后，小组成员完成了后测和小组满意度评估，也对小组活动提出了建设性意见。总体来看，本次小组活动较好地达成了目标。

（二）社会工作介入的结果评估

基于问卷、访谈结果，笔者在Q街道招募了8名成员开展小组活动，以分析提升老年人金融素养的社会工作是否具有一定成效，小组成员基本情况如表3所示。

表3 小组成员基本情况

小组成员	年龄（岁）	受教育程度	年收入（万元）	是否遭受过金融诈骗，金额（万元）
A	65	本科	9	是；2
B	60	本科	6	否
C	68	初中	8	是；20
D	68	初中	4	否
E	57	大专	6	是；5
F	60	高中	6.8	否
G	62	大专	4.8	否
H	58	大专	6	是；0.07

作者主要通过小组成员前测和后测进行结果成效评估，评估涉及金融知识、金融技能和金融素养自评三个维度。在金融知识方面，作者参考已有研究选择了通货膨胀率、利率、复利、时间价值、投资风险5个方面的基础金融知识来进行评估（廖理等，2019）。在金融技能方面，作者选择了两个与小组活动内容相关的题：（1）我知道如何制定好个人的养老规划；（2）在选择购买金融产品或服务时，我能够正确辨别合法与非法的投资渠道与产品服务。利用这两个题进行态度量表测试，分数依据小组成员的符合程度赋值为1～5分，分值越高，表明小组成员的金融

技能水平越高，将金融知识运用到日常生活中的能力越强，金融技能部分满分为 10 分。在金融素养自评方面，回答取 1～10 分，反映小组成员对自身金融素养水平的评价。

由表 4 可知，在金融知识得分方面，小组成员在参与小组活动前平均得分仅为 2.38 分，对于基础金融知识的了解程度偏低；在参与小组活动后，平均得分有了明显的提高，证明小组成员在参与小组活动过程中，对基础金融知识的了解更加深入。在金融技能得分方面，小组成员平均得分由 5.38 分提升至 7.50 分，提升 2.12 分，表明小组成员在日常生活中应用金融知识的能力有了较大提高。在金融素养自评方面，小组成员金融素养自评的平均得分由参与前的 5.38 分提升至参与后的 7.88 分，提升 2.50 分，证明小组成员从主观上认为小组活动有效提升了自身金融素养水平，认可了小组活动开展的成效。

表 4　小组成员得分情况

单位：分

项目	前测	后测
金融知识平均得分	2.38	4.38
金融技能平均得分	5.38	7.50
金融素养自评平均得分	5.38	7.88

总体而言，此次小组活动使得小组成员在金融知识和金融技能方面有了很大提升，通过学习和分享，小组成员防范金融诈骗和抵御金融风险的能力也有了一定的提升，可见社会工作在介入老年人金融素养提升方面影响较为显著。

（三）实务总结与反思

1. 实务过程的所得

从实务结果来看，本次小组社会工作有效提升了老年人金融素养水平，6 次小组活动通过讲座、实践和游戏等多种形式，不仅让老年人了解到了基本的金融知识，提升了老年人的金融技能水平，而且增强了小组成员之间的凝聚力和互助意识。此外，小组成员也自发给周边老年人分享活动所得，小组活动也让老年人对金融的抵触情绪有所减少，在较大程度上提升了老年群体的积极性。总体来看，小组社会工作的开展具有较好的成效。

2. 社会工作提升老年人金融素养的优势

社会工作的开展有利于老年人金融素养提升，社会工作为老年人提供了一个非营利平台以提升其金融素养，在针对老年群体的金融需求开展金融教育服务方面具有一定优势。社会工作能够通过丰富多样的活动，提高老年人对金融素养提升的兴趣，同辈群体和自助互助的氛围，有利于老年人更好地学习基础金融知识，提升金融技能，提高日常生活中防范金融诈骗的意识。社会工作还能够通过一些实践环节使老年人更好地了解金融工具并进行相关实践。社会工作可持续提升老年人的金融素养。

3. 实务过程中的不足与研究反思

一是研究对象选取有局限性。本次研究选取的对象均为北京市 Q 街道居民，并且在问卷调查中，女性占比较大，在小组活动中，由于招募时间等因素的限制，没有招募到男性小组成员。研究对象方面的局限性使得整个研究难以推广到对更大范围老年人群体金融素养的提升上。另外，研究对象均为城市居民，对于农村老年人金融素养的认识还没有涉及。

二是社会工作干预的范围和程度有限。本次研究仅采用小组社会工作这一介入方法，在提升老年人金融素养方面使用的方法还比较单一，对于个案社会工作和社区社会工作介入老年人金融素养提升的研究还存在欠缺。而且，在小组活动中，并没有对组员的金融态度和金融行为进行评估，因此对金融素养的评估还不够全面。此外，在小组满意度评估过程中，小组成员的主观看法对评估的影响较大，因此小组总体评估的有效性还有待加强。

五 对策与建议

就目前来看，我国老年人金融素养状况不容乐观，金融知识、金融技能等各个方面的水平都比较低。已有的金融教育服务多为银行等营利性机构提供，此类活动虽然有一定的科普作用，但其自身以盈利为目的的机构属性使得老年人对开展的金融教育服务易产生抵触情绪。同样，作为金融教育服务提供的主体之一，基层社区多采用合作的方式，开展的金融教育服务较为单一、针对性不强，并且金融教育服务开展的次数也比较少。目前，老年人能够获得金融教育服务的渠道比较有限，具有针对性的适老化金融教育服务亟须发展。

本文从以下几个方面提出相关建议。一是加快金融社会工作建设发展。金融社会工作能够为服务对象尤其是为社会弱势群体提供金融与投资方面的指导（巫正洪等，2013），并且社会工作者能够从个体和家庭、社区及社会多个层面进行金融能力的建设（邓锁，2018）。但是我国金融社会工作的发展还面临金融服务业发展不平衡不充分、技术化程度不高、金融文化滞后和专业知识技能不足等挑战（周晓春，2020）。推动普惠金融的发展要加大对金融社会工作的建设力度，培养金融社会工作专业人才，大力推动金融社会工作参与金融素养提升活动。

二是推动金融教育的发展。我国金融体制改革将发展普惠金融作为重要任务，从需求侧来讲发展普惠金融需要提升个体的金融素养（龙佐佳，2022）。我国公共金融教育发展尚不充分（李哲，2011），应该积极推动普及性金融教育发展，尤其是针对社会弱势群体开展区别化的金融教育，普及基础的金融知识和宣传防范金融诈骗的手段，通过金融教育提升我国国民金融素养，推动我国普惠金融的发展。

三是加强顶层设计。目前我国金融教育方面的法律法规还有待完善，政府首先要加大对金融产品和金融教育的监管力度，尤其要对已有渠道和活动进行规范管理，完善相关的法律法规（中国人民银行永州市中心支行课题组、杨金日，2021）。同时，政府还应该加强养老服务金融产品的政策引导（丁楠、黄婧，2021），在一些优质的投资方面，给予老年人群体适当的优惠政策，为老年人金融素养的提升营造一个良好的环境。

参考文献

艾云、赵思博、李祥，2021，《数字鸿沟背景下金融素养的世代差异研究——一个链式多重中介效应分析》，《东南大学学报》（哲学社会科学版）第5期，第68～78页。

单德朋，2019，《金融素养与城市贫困》，《中国工业经济》第4期，第136～154页。

邓锁，2018，《社会发展、金融能力与社会工作参与反贫困》，《中国社会工作》第28期，第25～26页。

丁楠、黄婧，2021，《新公共管理理论视角下数字金融服务适老化面临的挑战及对策建议》，《北方金融》第7期，第45～47页。

樊慧洁，2019，《社会工作介入受诈骗老年人面临问题的研究——以土默特左旗察素齐镇N社区为例》，硕士学位论文，内蒙古师范大学。
高超，2014，《北京居民金融素养与养老规划调研报告》，硕士学位论文，首都经济贸易大学。
黄进、方舒、周晓春，2020，《究竟何为金融社会工作：美国社会工作专业的思考和探索》，《社会工作与管理》第2期，第16~23页。
康琛宇、胡日东，2020，《人口老龄化与家庭金融资产选择——基于金融素养的调节效应》，《金融论坛》第12期，第59~68页。
李东卫，2012，《老年人金融服务问题探析》，《青海金融》第11期，第18~20页。
李迎生，2019，《新时代发展金融社会工作的意义及其路径》，《社会建设》第2期，第23~27页。
李媛媛、张春蕾、随力瑞，2020，《居民金融素养对防范金融诈骗风险研究——兼析风险偏好的中介效应》，《价格理论与实践》第8期，第92~95页。
李哲，2011，《金融教育结构性缺失：对金融危机的一个反思》，《江西财经大学学报》第5期，第15~18页。
廖理、初众、张伟强，2019，《中国居民金融素养差异性的测度实证》，《数量经济技术经济研究》第1期，第96~112页。
林典，2019，《金融社会工作：缘起、内涵与实务》，《社会工作与管理》第2期，第42~48页。
刘国强，2018，《我国消费者金融素养现状研究——基于2017年消费者金融素养问卷调查》，《金融研究》第3期，第1~20页。
刘国权、吕泽文，2021，《我国人口老龄化背景下金融发展教育的研究与思考》，《黑龙江金融》第1期，第44~46页。
刘莎、刘明，2020，《金融环境、金融素养与贫困农户土地政策期望评价——基于陕西、甘肃、宁夏、青海四省（自治区）952户农户调查数据》，《宁夏社会科学》第3期，第82~95页。
龙佐佳，2022，《实施金融教育对发展普惠金融的作用和影响研究》，《西部金融》第2期，第85~92页。
陆岷峰、徐阳洋，2019，《老年投资行为轨迹特点及健康投资对策》，《湖北经济学院学报》第3期，第35~41页。
陆一峰，2014，《从社会工作视角分析老年金融服务——以莒县金谷银行老年金融服务为例》，硕士学位论文，内蒙古师范大学。
马清华，2020，《城镇老年人防范金融诈骗小组工作介入研究——以江苏杨镇徐家社区为例》，硕士学位论文，江西财经大学。
秦海林、李超伟、万佳乐，2018，《金融素养、金融资产配置与投资组合有效性》，《南京审计大学学报》第6期，第99~110页。

田霖，2014，《互联网金融视阈下的金融素养研究》，《金融理论与实践》第 12 期，第 12 ~ 15 页。

王思斌，2019，《金融增能：社会工作的服务领域和能力建设》，《社会建设》第 2 期，第 3 ~ 6 页。

王宇熹、杨少华，2014，《金融素养理论研究新进展》，《上海金融》第 3 期，第 26 ~ 33 页。

巫正洪、吴世友、Gina A. Chowa，2013，《社会工作实践的新方向：金融社会工作》，《中国劳动关系学院学报》第 6 期，第 98 ~ 100 页。

吴卫星、吴锟、王琎，2018，《金融素养与家庭负债——基于中国居民家庭微观调查数据的分析》，《经济研究》第 1 期，第 97 ~ 109 页。

杨孜怡，2021，《老年人健康消费能力提升的金融社会工作介入研究——以村改居老年群体为例》，硕士学位论文，青岛科技大学。

尹银、崔优优，2022，《金融社会工作助力智慧养老——“积极老龄化”的视角》，《社会工作与管理》第 5 期，第 57 ~ 63 页。

尹银、张琳，2020，《金融社会工作为老服务：老年人的金融服务需求与应对》，《社会工作与管理》第 2 期，第 24 ~ 31 页。

尹志超、宋全云、吴雨，2014，《金融知识、投资经验与家庭资产选择》，《经济研究》第 4 期，第 62 ~ 75 页。

张欢欢、熊学萍，2017，《农村居民金融素养测评与影响因素研究——基于湖北、河南两省的调查数据》，《中国农村观察》第 3 期，第 131 ~ 144 页。

中国人民银行永州市中心支行课题组、杨金日，2021，《人口老龄化背景下的养老金融教育调查研究》，《金融经济》第 5 期，第 82 ~ 90 页。

周晓春，2020，《中国金融社会工作发展的背景、作为与挑战》，《社会工作与管理》第 2 期，第 41 ~ 48 页。

朱超、宁恩祺，2017，《金融发达地区是否存在金融排斥？——来自北京市老年人口的证据》，《国际金融研究》第 4 期，第 3 ~ 13 页。

朱文佩、林义，2022，《金融素养、金融普惠性与养老金融资产配置》，《山西财经大学学报》第 3 期，第 43 ~ 57 页。

庄家炽，2022，《社会关系网络、受教育程度与中国居民金融素养——基于 CHFS 的研究》，《社会学评论》第 4 期，第 151 ~ 167 页。

左曜洲、单德朋，2020，《金融素养与养老决策：基于城镇居民退休前后的微观证据》，《金融理论与实践》第 5 期，第 103 ~ 109 页。

Aprea, C., Wuttke, E., Breuer, K., Koh, N. K., Davies, P., Greimel-Fuhrmann, B., and Lopus, J. S. 2016. *International Handbook of Financial Literacy*. Singapore: Springer.

Despard, M. R. and Chowa, G. A. N. 2010. “Social Workers’ Interest in Building Individuals' Financial Capabilities." *Journal of Financial Therapy*, 1 (1): 8.

Finke, M. S., Huston, J. S., and Howe, S. J. 2016. "Old Age and the Decline in Financial Literacy." *Management Science*, 63 (1): 1-40.

Giuseppe, R., Paolo, A. M., Claudio, G., Federico, R., Chiara, F., and Monica, P. 2014. "Financial Well-being in Active Ageing." *Studies in Health Technology and Informatics*, 203: 69-77.

Huston, S. J. 2010. "Measuring Financial Literacy." *Journal of Consumer Affairs*, 44 (2): 296-316.

Kadoya, Y., Khan, M. S. R., Hamada, T., et al. 2018. "Financial Literacy and Anxiety about Life in Old Age: Evidence from the USA." *Review of Economics of the Household*, 16: 859-878.

Li, Y., Mutchler, J. E., Miller, E. A., et al. 2022. "Space, Context, and Human Capital: A Micro-Macro Perspective on the Social Environment and Financial Literacy in Later Life." *Population Research and Policy Review*, 41 (3): 1385-1404.

Lusardi, A. and Mitchell, O. S. 2007. "Financial Literacy and Retirement Preparedness: Evidence and Implications for Financial Education: The Problems Are Serious, and Remedies Are Not Simple." *Business Economics*, 42: 35-44.

Lusardi, A. and Mitchell, O. S. 2014. "The Economic Importance of Financial Literacy: Theory and Evidence." *American Economic Journal: Journal of Economic Literature*, 52 (1): 5-44.

Lusardi, A., Mitchell, O. S., and Curto, V. 2014. "Financial Literacy and Financial Sophistication in the Older Population." *Journal of Pension Economics & Finance*, 13 (4): 347-366.

Marshall, G. L., Bayaz-Ozturk, G., Kahana, E., Gallo, W. T., and Seghal, A. 2022. "Dynamics of Financial Hardship in the United States: Health and Retirement Study 2006-2016." *Journal of Gerontological Social Work*, 65 (3): 241-251.

OECD. 2016. "OECD. International Survey of Adult Financial Literacy Competencies.", https://www.oecd.org/daf/fin/financial-education/OECD-INFE-International-Survey-of-Adult-Financial-LiteracyCompetencies.pdf.

Rajola, F., Frigerio, C., and Parrichi, M. 2014. "Financial Well-Being in Active Ageing." *Active Ageing and Healthy Living*, 203: 69-77.

Sherraden, M. S., Jodi, J., and Julie, B. 2016. "Financial Social Work." *Handbook of Consumer Finance Research*, 115-127.

van Rooij, M., Lusardi, A., and Alessie, R. 2011. "Financial Literacy and Stock Market Participation." *Journal of Financial Economics*, 101 (2): 449-472.

金融社会工作推动公益金融新发展

——以美国儿童发展账户实践为例

张莹莹　黄　进*

摘　要： 公益金融是同时追求货币利润和社会价值双目标的金融活动，目前已成为全球金融业的一个重要领域，但它的发展也面临诸多挑战。归根结底，这些挑战是围绕着公益金融是否以及如何能够充分实现它的双目标，特别是实现其社会效益目标来展开的。为了应对这些挑战，在社会政策金融化和社会服务实践金融化的时代背景下，我们需要把公益金融的小生态系统融入更宏大的社会生态系统中，并为其生存和发展提供适宜的"社会"土壤，而金融社会工作就可以成为这种社会生态系统的一个重要构建者和推动者。资产建设社会政策是金融社会工作的一个重要的实践领域，它的政策实践——儿童发展账户，充分体现了通过以金融产品为基础的社会政策项目来实现公益金融社会性和金融性的双重目标。

关键词： 金融社会工作　公益金融　资产建设　儿童发展账户

* 张莹莹，美国圣路易斯大学社会工作学院博士候选人；黄进，美国圣路易斯大学社会工作学院/圣路易斯华盛顿大学社会发展中心教授。

一 公益金融是金融服务社会的创新模式

（一）公益金融的出现及其内涵

公益金融也被称为“社会金融”（Social Finance）或社会影响力金融（Social Impact Finance），是运用金融和投资手段来实现积极的社会、慈善、文化或环境影响，并创造正面财务回报的一类资本配置活动，它涉及使用金融工具、产品、服务和策略来应对社会挑战，例如贫困、经济不平等、住房正义、犯罪、儿童发展、退休安全、乡村振兴、弱势群体扶助、气候变化和可持续发展等。公益金融可以采取多种形式，包括影响力投资、社区基金会和社区发展金融、小额信贷、金融扶贫、公益众筹、社会效益债券等。它通常用于资助在传统金融市场意义下可能不盈利或盈利较少，但会产生社会和环境效益的项目，例如负担得起的住房、可再生能源、教育、医疗保健和可持续农业等。

近年来，随着政府、企业和投资者寻求将金融投资利益与社会和环境价值一致化，公益金融越来越受到关注。它提供了推动积极社会变革的同时产生财务回报的潜力，以及有望改变我们对金融和投资的思考方式。在西方国家，公益金融的历史可以追溯到19世纪末的合作社和信用互助组织。20世纪初，由于工业革命的兴起和城市化的加速，人们对于社会和环境问题的关注日益增加，公益金融的概念开始出现，从那时起人们就开始认识到金融和投资解决社会和环境问题的潜力。20世纪后半叶，随着全球化和信息技术的发展，公益金融逐渐发展壮大，多种公益金融的投资工具和形式被发展起来。例如，早在2007年，“影响力投资”的概念在洛克菲勒基金会组织的讨论会上就被首次提了出来，它强调主动创造社会和环境效益，同时争取正向财务回报。影响力投资逐渐成为公益金融的主要形式之一，投资者开始将社会和环境影响视为投资回报的一部分，而不是仅仅考虑财务和投资利润回报。此外，社区基金会和社区发展金融、小额信贷和公益众筹等形式的公益金融也得到了越来越广泛的关注。

目前公益金融已成为全球金融业的一个重要业务领域，在许多国家和地区，公益金融也成为政府和金融机构的重点发展领域，但直到现在，公益金融还在持续发展和变化中，没有一个被普遍接受的定义。我们尝试从本质、外延和目标等方面来深化对其内涵的理解。公益金融实质上以金融的有效资源分配方式来解决社会问题，促进资本在公益（社会事业）领域流动，使资本更好地为公益（社会）事业服务（刘泽伟，2021）。从金融服务的角度来界定这种同时追求财务回报和社会效益的投资和资本配置活动，能够准确界定公益金融的本质。随着新的金融工具和方法被开发出来以应对不同的社会和环境挑战，公益金融的外延也在不断扩展，目前包括但不限于慈善基金、公益创投、公益信托、普惠金融、社会影响力投资和社会效益债券等。这里的每一种公益金融产品都是力图使用金融工具，创新性地解决具体的、现实的社会和环境问题。就目标来说，同其本质相一致，公益金融包含两个目标：第一，要有可衡量的社会价值目标，它具有明确的解决社会或环境问题的动机以及对社会问题的锚定，并在实践中将这种社会价值目标纳入组织的宗旨或者写入金融合约，且这种价值目标并不是笼统的宣称，而是具有可测量性和可操作性，可细化为具体的社会效益指标，社会价值目标的衡量是公益金融运行的基础；第二，并不放弃追求财务利润目标，但不像传统的商业金融那样把追求高额的市场回报作为最主要的目标。

因此，公益金融的根本特征就是同时追求社会价值和货币利润双目标，它的实现需要一个包含投资者、金融中介服务提供者、实现社会价值目标的服务提供者和受益者、政策制定者和监管者等诸多行动者在内的生态系统（李国武，2021：3～24）。与传统金融以投资者为中心，主要关注投资者财务回报最大化相区别，公益金融除了关注财务利润回报之外，还关注对社会产生积极影响的金融活动和产品。可以说，公益金融是以人民的福祉为中心，是“好”的、“善”的和“人性化”的金融，它既是金融产品的创新，又是金融功能与公平正义价值取向的纠偏回归。公益金融是金融系统、机构和投资者追求“好金融、好社会”的一种最直接体现。同时，我们也要清楚这种双目标导向的属性定位并不试图取代政府补贴或公益慈善，而是发挥补充甚至协同的作用，以推动不同来源和回报要求的资本共同致力于社会价值目标的实现（李国武，2021：3～24）。在更深层次意义上，它是服务于新分配体系发展的一个制度创新，它丰富了多种分配的实现方式，在很大程度上有利于促进社会公平正义和推动共同富裕的实现。

（二）金融应具有社会公平效应

公益金融在本质上突出体现了金融的社会性和公平性，反映的是全球范围内各个国家对其面临的经济社会发展不平等，以及由金融所造成的社会后果的一种系统性反应。由于金融本身具有逐利的本性，加上信息的非对称性及市场监管的可能缺失，金融市场间歇性的失灵多有发生，这给社会生活和经济发展造成了巨大的冲击。另外，金融的逐利本性使传统的金融行业更倾向于将金融资源向"富人"倾斜，而需要资本和金融资源维持生计与发展的弱势群体却得不到青睐，被排斥在金融体系之外，进一步加剧了社会经济不平等，这使金融被贴上了"有钱人的游戏"的标签。所以，自 2008 年国际金融危机以来，公众对金融行业越来越不满，认为金融是麻烦的制造者，是不道德和不负责任的，对单纯追求利润回报的传统金融产品的质疑也不断加深，传统金融行业遭遇了前所未有的信任危机。因此，为了金融业健康稳定发展，越来越多的人认为金融需要进行功能与价值取向的纠偏回归。

对金融公平性的重新审视让人们明白，金融"除了具有获得利润回报的经济功能之外，还应具有维护社会公平的社会功能。进而认为，金融作为一种稀缺资源，既是资源配置的对象，又是配置其他资源的方式或者手段，它不仅影响到财富的分配，还影响到人的社会机会，进而影响人的生存和发展"（袁康，2018）。金融在资源配置的过程中会产生调节收入分配、实现社会公平和增加社会福祉的效果。这决定了金融可以为好的生活、好的社会服务。正如诺贝尔经济学奖获得者罗伯特·希勒在《金融与好的社会》一书中所言，"金融所要服务的目标都源自民众，这些目标反映了我们每一个职业上的抱负、家庭生活中的希望、生意当中的雄心、文化发展中的诉求以及社会发展的终极理想，金融并非'为了赚钱而赚钱'，金融的存在是为了帮助实现其他的目标"，即实现美好生活，所以它本身就是福祉的一个维度（希勒，2012：10～11）。由此可见，金融可以以金融服务与金融资源分配作为工具，增加个体的"过上他们期待的生活的能力"（森，2002：7），它应具有维护社会的分配正义、增加人类福祉的社会功能。

因此，金融的社会性和它的社会功能要求金融机构和市场都要与它们所影响的社区密切接触，并解释它们创造财富的原理，以维护整个社会的利益，而不仅仅是少数特权阶层的利益（赫佐格，2021：50），即要求金融行业坚持效率与公平的内在统一，积极开发有利于增加公共利益和社会福祉的金融产品，实现金融资源的公平分配。所以说，公益金融的发展在一定程度上反映了社会对金融应具有社会公平效应的要求。

（三）推动共同富裕需要公益金融创新发展

为回应人们对金融公平性的追求，公益金融在中国也获得了长足的发展。2014 年，中国政府出台的《关于促进慈善事业健康发展的指导意见》明确提出，倡导金融机构根据慈善事业的特点和需求创新金融产品和服务方式，积极探索金融资本支持慈善事业发展的政策渠道，支持慈善组织为慈善对象购买保险产品，鼓励商业保险公司捐助慈善事业。这实质上是提出了公益慈善与金融服务相结合的政策导向和实践要求，旨在通过推动金融资本进入公益慈善领域和公益慈善领域借助金融工具实现效能提升这种“双向奔赴”，进一步来实现两者的“共融”和“共赢”。

近年来，公益金融在银行、保险、证券、基金、信托等金融业态中都有了不同程度的发展，为脱贫攻坚、社区发展、疫情防控和服务民生等做出了重要贡献（李国武，2021：2）。随着中国社会主要矛盾的转变和共同富裕的推动，公益金融在中国的发展空间会越来越大，将为促进共同富裕提供强有力的金融支持。

这是因为公益金融的发展有助于形成新的分配机制，公正合理的分配制度可以使财富和机会更加公平地分配，从而有利于共同富裕的实现。从三次分配的机制来考察，公益金融的产品、服务、工具和方法，不仅可以通过适当降低对金融投资利润回报目标的追求，主动纳入社会效益的目标，把资源转移和分配到对解决社会问题的投入上，支持第三次分配的发展；还可以嵌入和整合到第一次和第二次分配制度中，进一步完善分配制度体系，使其更具公平性。

（四）公益金融发展的挑战

虽然公益金融在全球范围内获得了一定程度的发展，但当前仍处于不断探索阶段。中国公益金融发展起步较晚，也面临更多的挑战。第一，公众和金融领域对公益金融的认知度和认可度还比较低，公益金融不为大多数人所了解。第二，中国公益金融项目发展仍处于零星分布的起步阶段，尚未形成规模效应；与此相关，已出现的公益金融在形式上缺乏多样性，具有一定影响力的公益金融项目包括慈善信托、公益创投、普惠保险等，推广效果还没有经过充分检验。第三，中国在推进公益金融发展方面还没有形成健全的政策措施体系，相关政策措施推动公益金融发展的效果也需要进一步验证。也就是说，中国的公益金融发展还没有完全形成一个良性的，包含投资者、金融中介服务提供者、实现社会价值目标的服务提供者和受益者、政策制定者和监管者等诸多行动者在内的完整生态系统。

这些挑战归根结底是围绕着公益金融是否以及如何能够充分实现它的社会与金融功能的双目标，特别是它的社会效益的目标而展开的。从理论上讲，提倡通过金融的有效资源分配方式来解决社会问题是一种有潜力、有吸引力的美好愿望；但是在实践中，如何通过金融工具、产品、服务和策略的创新来有效果（effectiveness）并有效能（efficiency）地解决社会问题，科学地确证具体的公益金融形式与特定社会效果之间的关系和机制，是一个非常复杂的问题和一个长期的过程。鉴于社会与环境问题的高度复杂性，并不是在这些领域一引入公益金融项目，就立即能够实现社会效益，解决社会问题，所以公益金融所标榜的社会效益，到底是一种标签，还是真实的绩效，是需要经过严格考验的。

诚然，在实践中，人们发展出不同的标准化工具来帮助金融投资者确定公益金融的社会效益，从而进行决策，比如 ESG 评分（Environmental, Social and Governance Score）、可持续性报告（Sustainability Reporting）、社会责任投资（Socially Responsible Investment）和 ESG 整合投资策略（ESG Integration Investment Strategy）等。但无论如何，社会与环境问题的解决也不会完全遵循金融产品与服务的逻辑，对社会问题进行诊断、评估和有效干预，并对这些知识进行总结和应用，提出可衡量、可测量的社会效益目标，往往需要超越金融投资者和金融从业者的知识领域与学科专长，也需要超越他们从传统金融体系和金融服务出发思考问题的视角。

解决社会与环境问题的科学知识，恰恰是发展有效公益金融所需要的。以已有的大量科学研究支持的现金转移（cash transfer）和财务激励（financial incentive）对贫困和健康的影响为例，只有具体的、细致入微的社会科学研究结果，才能为追求社会效益而进行创新的公益金融项目提供项目设计的机制、原理和依据。以影响力投资为例，最新的影响力投资也越来越强调聚焦于特定的社会与环境问题，并以社会研究证据为驱动，因为不同的社会与环境问题往往有不同的发展机制和不同的干预效果。也就是说，公益金融的发展迫切需要金融投资者超越单一的金融视角，这是公益金融双目标本质所决定的。只有在一个完整的多学科多专业生态系统中，获得社会服务的提供者、研究者和政策制定者的协同支持，才能够真正创新出有社会效益的公益金融。只有把公益金融的小生态系统融入解决社会与环境问题、促进社会发展的宏大社会生态系统中，才能真正创新出有社会效益的公益金融。

这是因为在根源上，公益金融的健康持续发展离不开“社会”的土壤。公益金融是以解决社会问题、改善人们的生活环境、增加社会公众福祉为动机和出发点，这就需要公益金融投资者对个体和家庭特别是弱势的个体和家庭的利益和需求有着深入关切，对社会问题有着精准的锚定和周密的“把脉”，对社会问题所处的社会政策环境和舆论环境有着深刻的洞察，唯此才能设计出具有较强资源动员力和社会影响力的公益金融产品，才能真正实现公益金融财务目标和社会目标的统一。而这些都不是靠简单应用一些标准化的评估工具和评估分值就可以实现的。公益金融良性而可持续的发展虽说以金融创新为前提，但在特定经济社会环境下，更离不开社会“土壤”及其制度设置。从这个意义上，我们认为，金融社会工作可以成为公益金融生态系统中的一个重要构建者，推动公益金融健康和可持续发展。

二　金融社会工作推动公益金融发展

（一）什么是金融社会工作

金融社会工作是社会工作的一个专业实践领域，它是指通过制定与个体和家庭金融相关的政策，扩充个体和家庭接受普惠金融的机会，改善他们的金融知识和技能，完善他们的金融能力来增进金融福祉，并最终提高个体和家庭的生活质量，实现他们美好生活的需求（黄进等，2020）。金融社会工作的本质是以人民的福祉为中心和出发点的金融社会服务，它以金融服务为方法，增加社会福利和促进社会发展。从这个意义上讲，金融社会工作和公益金融形成了一种两者在各自的专业领域，为了共同的社会目标“双向奔赴”、共同促进和互相补充的关系。如上所述，公益金融从金融体系出发，追求金融的社会性和公平性，力图创新金融工具，实现“好金融”促进“好社会”的连接。金融社会工作则从社会服务领域出发，从社会福祉和社会发展的目标界定所需要的金融服务与工具，实现“好社会”需要“好金融”的发展路径。

在这里，“金融”的含义比较宽泛，它是指社工服务对象（包括个体、家庭、社区直至整个社会）的一切与钱、经济和金融资源有关的事务。比如，它可能包括服务对象的收入维持、财富资产积累、消费管理、信用建设、债务处理和金融风险保护等。虽然这些内容往往和专业的金融服务或产品相连接，但从金融社会工作视角，社会工作服务并不只局限于金融服务或产品的范围。金融社会工作着眼的是服务对象在这些与“钱”有关的事务和产品上的功能正常化，对实现其自身福祉的重要性。金融社会工作所强调的金融与社会福祉、社会发展的紧密联系和作用机制，是建立在以跨学科、多专业为基础的（包括社会学、政治学、经济学、心理学、社会工作和社会政策等），以数据、科学和证据为核心的研究上的。从这个意义上讲，金融社会工作可以为公益金融实现社会效益提供在工具、产品、服务和策略的创新机制上的基础性研究支持。

金融社会工作通过改善服务对象的金融能力来增进他们的金融福祉。改善服务对象的金融能力是金融社会工作的方法，具体包括宏观、中观和微观三个基本策略。一是在宏观层面通过社会政策创造和增加服务对象接受合适有益的金融服务的机会，实现普惠金融；二是在中观层面通过社会服务项目的创设和实施，提高服务对象的金融知识水平和技能；三是在微观层面通过社会工作者的直接服务，帮助服务对象实现有益的金融行为、决策和行动。遵循社会工作的“人在社会环境中”的价值理念，金融社会工作强调这三个策略的整体性和综合性。

可见，金融社会工作必然与金融系统的产品和服务紧密相连，这也是它促进公益金融发展的一个基础。个体和家庭金融能力与金融福祉的充分实现依赖于一个完整和复杂的社会系统，包括社会和金融政策体系、金融机构及其市场服务、单位和雇主的工作福利、非营利组织的社会福利以及家庭和朋友的非正式支持等。金融社会工作只是这一系统中的一个组成部分，需要和其他部门协调整合，共同提升服务对象的金融能力，增进社会福祉。这种系统的视角与公益金融把自身小生态系统融入解决社会与环境问题的宏大社会生态系统的思路是一致的。

（二）社会政策的金融化

金融社会工作发展的背景之一是社会政策金融化的趋势，社会政策金融化的过程体现了金融社会工作的宏观实践，也成为公益金融发展的一个背景。例如，从 20 世纪 70 年代美国政府就开始广泛尝试通过金融产品和服务更直接地传递社会政策的福利，帮助社会政策实现它分配资源的功能。从那时起，新的金融服务促进了许多社会政策对社会资源的传递与分配。在这个过程中，更多的基本公共服务转向通过金融市场的帮助来提供。

以美国补充营养协助计划政策为例。这一旨在帮助低收入家庭改善营养的社会福利政策，是美国联邦政府最大、最重要的扶助贫困的社会福利政策之一。从 20 世纪 90 年代开始，美国补充营养协助计划的福利发放逐步改为电子福利支付卡（类似银行的电子借记卡）的形式。这种电子福利支付卡是由政府与金融机构签订合约而购买的市场服务，并在负责银行间电子转账的国家自动清算协会协助下，由这些金融机构发起实施。简而言之，政府利用专业的金融服务来帮助传递社会福利的资源，创造了新的、专门性的金融产品（电子福利支付卡）。

另一个社会政策金融化的案例，最明显的，是美国的退休储蓄账户政策。它包括一系列通过政府法律和文件创设的不同类型的退休储蓄账户。在满足政策条件的情况下，个人对存入这些退休储蓄账户的资金进行各种投资，并可以获得延收个人所得税和免收资本利得税的好处。2019 年第一季度，美国各种退休储蓄账户中的资金总额达到 29 万亿美元。2019 财政年度，美国联邦政府通过税收渠道的间接支出对退休储蓄账户政策的税收补助达到 2500 亿美元，是补充营养协助计划的 4 倍左右。这些由社会政策创设的退休储蓄账户，是对金融投资市场非常重要的、由市场上的金融机构运行和管理的金融投资产品。当美国的退休储蓄账户实现了保障千万老人退休经济安全的社会效益时，其本身也成为一个最大的公益金融产品。

从这两个政策案例可以观察到社会政策对金融产品与服务的广泛使

用和重要作用。单说一个补充营养协助计划就创造了600亿美元的支付产品市场，更不用说社会政策的税收补助对退休投资市场的巨大推动作用。使用金融产品与服务来传递和分配资源、实现自身政策目标的美国社会政策还有很多，比如大学教育储蓄账户、大学教育贷款、健康储蓄账户、残疾人储蓄账户、终身保险延税、住房按揭服务、住房按揭抵税、各种创业贷款与补助等。总的来说，社会政策在金融化过程中广泛运用不同的金融服务，不仅使用既有的金融产品，包括支付产品、保险产品、投资产品、信贷产品等，还通过政策设计，为金融市场创设和开发了新产品，比如电子福利支付卡、退休储蓄账户、大学教育储蓄账户、健康储蓄账户和残疾人储蓄账户等。由此可见，社会政策不仅通过财政支付的形式，更是通过对这些金融产品的创设和使用，极大地加强了这些产品在个体和家庭日常生活中的作用，这样一个过程也被看作国家“资助”的金融化过程（黄进，2021：119～137）。

（三）社会服务实践的金融化

除了政策实践的金融化，社会工作的中观和微观实务领域也出现了金融化的趋势，体现在社会工作者提供的专业金融导引服务上（Margaret Sherraden 等，2022：149～169）。金融导引服务类似于社会工作者开展的其他类型的咨询指导服务（比如婚姻、家庭、精神健康等方面的咨询指导服务），但是专门针对个体和家庭的金融和财务等事务，帮助服务对象做出最佳金融决策。因此金融导引服务是一个系统的、与家庭金融事务相关的且针对所有人群的社会服务系统，主要帮助个人和家庭做出最佳金融决策、遵守财务承诺和防止出现不必要的金融困难，从而避免经济困境的风险，以及加强金融稳定和未来的金融安全。金融导引服务可能包括不同的服务内容和形式。美国消费者金融保护局将金融导引服务的类别大致划分为金融信息提供（Financial Information Providing）、金融教育与培训（Financial Education and Training）、金融建议与规划（Financial Advising and Planning）、金融咨询（Financial Consulting）和金融辅导（Financial Coaching）等。除了上述这些形式，从社会工作专业服务的视角，我们把金融诊疗（Financial Therapy）也视为金融导引的一项服务内容和形式。

美国的金融导引服务是由多元的正式与非正式的组织机构共同开展

和提供的，包括营利部门、非营利部门和公共部门，例如属于营利部门的金融教育和理财规划服务机构、企业员工金融辅助机构等，属于非营利部门的社区发展基金和信用合作社、住房咨询服务机构、金融赋能组织等，还有属于公共部门的国税局和军队等。

金融社会工作者利用以下六个标准对金融导引服务进行评估。一是可及性，指金融导引服务机构提供的服务对服务对象，特别是弱势群体是否可及；二是针对性，指金融导引服务机构在多大程度上针对弱势群体的特殊金融问题提供金融导引服务；三是全面性，指金融导引服务机构在多大程度上可以为服务对象提供全面的金融导引服务，包括全面的导引方法和全面的金融事务内容；四是可靠性，指金融导引服务机构在多大程度上可以为服务对象提供高质量的金融导引服务，如这些服务是否经过公共部门的监管和第三方的认可和评估、服务提供人员是否经过适当的培训和认证等；五是规模性，指金融导引服务机构有多大潜力服务大规模人群，向大量弱势人群提供价格合理的金融导引服务；六是平等性，指金融导引服务机构在多大程度上可以解决制度性、结构性和系统性的经济不公正问题，是否有潜力扭转弱势群体金融状况的结构性劣势。进一步地，金融社会工作者的这些微观服务基础可以为公益金融发展提供无限的干预可能性。

三　金融社会工作如何推动公益金融发展：以资产建设和儿童发展账户为例

以上两个部分中，我们探讨了公益金融的发展及其面临的一些挑战，以及金融社会工作可以通过社会政策金融化和社会服务实践金融化的过程助力公益金融的发展。在这一部分中，我们以金融社会工作在资产建设社会政策和社会服务领域的实践作为个案，具体讨论金融社会工作如何与公益金融整合，并推动公益金融的发展。

（一）资产建设理论及其政策实践

资产建设的社会政策是金融社会工作的一个重要的实践领域。资产建设理论最早是为应对人类贫困与发展等问题而产生的。传统的反贫困策略以增加贫困个人或家庭的收入为主，具体途径是政府通过提供现金援助、提高最低工资、提供技能培训和教育机会等措施来增加个体或家庭的收入，进而改善其生活状况。这种以收入为导向的反贫困策略主要是通过社会政策或社会福利制度为弱势的个体或家庭提供政策性或福利性救助，另外辅之以社会力量的互济，但是没有强调资产财富积累、金融机会、金融能力和金融投资产品对反贫困的作用。

1991 年 Michael Sherraden 在他的《资产与穷人——一项新的美国福利政策》一书中首次提出了资产建设理论，提倡“广泛地和普遍地促进公民和家庭尤其是穷人获得不动产和金融资产以增进他们的福利”（Sherraden，1991：9）。在随后的几十年里，资产建设理论对全世界的社会政策产生了变革性的影响。该理论把贫困看成是动态的、多维度的，认为贫困的消除并不是通过一蹴而就地增加收入就能够完成的，因为在贫困群体没有获得公平的发展机会、没有持续稳定的收入流、没有增强控制和应对风险的能力之前，他们很难真正地摆脱贫困。而通过金融投资和积累获得的资产是较为稳定的资源聚合，“能够带来独立于收入维持的积极福利效应，包括对贫困风险的缓冲、人力资本与社会资本的增加、积极的未来发展预期等，家庭的资产拥有给儿童的教育获得、健康等也带来积极的影响”（邓锁，2018）。因此可以说，资产建设在本质上是使用社会政策和金融功能的双重手段来应对贫困问题，是公益金融的一种形式创新。

这是因为，一方面，资产建设是用金融能力的视角分析和应对贫困问题。资产建设理论认为收入的缺失和消费能力的不足仅是贫困的表象，而贫困的本质是贫困者金融机会的缺失和金融能力的不足。受金融服务的可及性和价格可负担性的影响，弱势群体使用金融服务的机会并不及“有钱人”，这不仅使他们失去了使用金融服务进行财富管理和增值的机会，还会使有迫切金融服务需求的弱势群体使用非正规的金融产品，从而增加了其陷入财务危机的风险。另外，处于弱势的个人或家庭缺乏金融素养，导致金融功能的缺失，特别是缺少资产的积累和风险的管理。资产积累的缺失使弱势群体缺乏稳定的收入来源，每天为了收入“焦头烂额”和“心力交瘁”，逐渐失去了对自身及其家庭进行长期规划的意识和能力，同时风险管理缺乏也会使其缺少应对紧急事件的能力，使其金融状况处在不稳定和不安全的状态，加大了自身或家庭的脆弱性。因此，为了减少和缓解贫困，资产建设理论认为，需要增强金融的普惠性，使所有人特别是弱势群体能够平等地以可负担的成本获得合适的、有用的金融服务，以及资产和财富积累的机会。在这样的理论假设前提下，金融服务要成为一种促进机会和财富公平的公共产品，即金融服务要具有社会性，承担社会责任、产生社会效益，这正是公益金融所强调的社会性和正义性的体现。

另一方面，资产建设强调用金融社会工作的政策和服务手段应对贫困和发展乏力的问题。资产建设理论认为，人们的贫困和财务状况的改善需要社会政策支持和引导，比如通过政府补贴机制所进行的金融资产积累，具有很强的福利性和再分配导向——这里再分配的不仅是财富，还包括金融发展的机会。同时，通过政策制定以及政府和社会补助，弱势群体持续积累金融资产，可以恢复和改善自身或家庭的其他金融功能，如获得可持续的收入来源，提升家庭抵御和管理风险的能力等，从而可以逐渐提升家庭的金融稳定性。进一步地，资产建设的过程有助于改善家庭对未来的期望，改善家庭成员和亲子之间的关系，有利于家庭成员的健康、教育和就业，拓展其经济发展的机会。这些资产建设的积极效应，上升到整个项目和社会的层面，就是公益金融所关注的社会效益的具体表现。所以说，资产建设是从金融的角度特别是金融能力和金融福祉的角度分析贫困问题，将基于收入的贫困观扩展为基于金融能力和金融福祉的贫困观，并倡导通过资产建设，逐步培育弱势群体的金融能力。

综上所述，资产建设的理论和政策实践强调金融作为一种公共资源应实现公平分配，强调使用金融产品和工具解决贫困问题，强调金融系统助力美好社会建设的社会目标属性，所以它本质上是公益金融的一种形式创新。

（二）儿童发展账户

儿童发展账户是资产建设作为公益金融形式创新的一个具体政策体现。美国多个州政府设计和制定的儿童发展账户政策，恰好体现了金融机构和金融投资者如何通过这个以金融产品为基础的社会政策项目来实现公益金融社会性和金融性的双重目标。

美国州级儿童发展账户是由美国州政府通过议会或行政部门制定的社会政策，为全州新出生婴儿自动开设为大学教育积累资金的投资账户，它是以资产建设为目标，通过津贴资助型的投资或储蓄账户，帮助和鼓励家庭为孩子长期发展和生命历程中的重要需求积累经济和金融的资产财富。一方面，它是由政府出面制定，由政府、社会、家庭多元福利主体共同参与的，为解决贫困和财富不公平的社会问题，同时促进个体的长期发展和机会平等，实质上是一项具有再分配导向和发展属性的社会福利政策。另一方面，它又通过金融系统的市场化操作，如账户投资来实现账户资产的增值，达到资产积累的目的，本质上又是一种金融服务。可见，儿童发展账户的这两种特性和公益金融的双重目标完全契合。

儿童发展账户的政策设计框架如图 1 所示。第一，由州的财政部领头，与州政府相关部门合作，以大学教育储蓄投资账户为平台开设儿童发展账户，由专业金融机构运作管理；参加该账户可获得联邦收入税和州收入税的减免，通过政府税收的减免来资助个体的资产积累，属于公共的社会福利支出，因此具有二次分配属性。

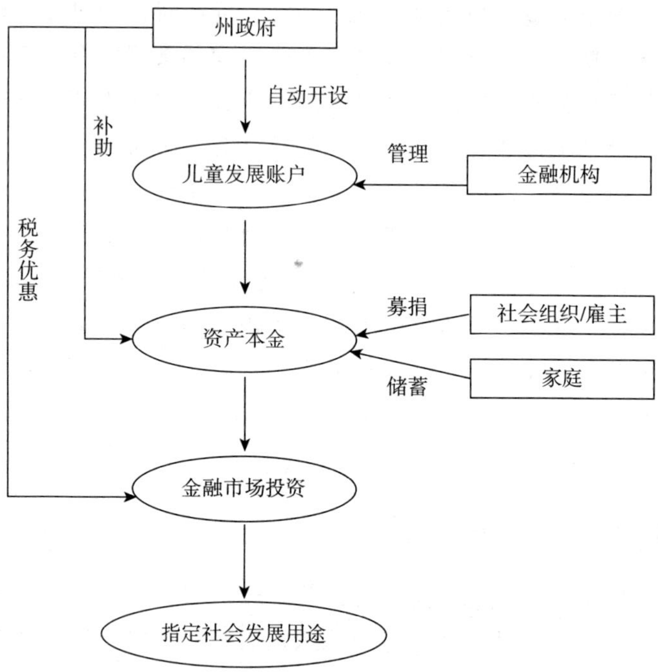

图 1　儿童发展账户的政策设计框架

第二，除了公共部门对儿童发展账户的资金投入，社会慈善部门也可以在账户中投入第一笔资金，为账户持有人提供初始存款，并且后续在账户中持续投入资金；由于初始存款和后续存款等资金的分配往往以弱势群体为优先对象，因此社会慈善部门资金投入这一环节使得儿童发展账户具有了第三次分配的属性。

第三，家长的雇主可以在发展账户中以员工福利的形式为其子女提供投资资金的补助，由于这是在劳动力市场交易中雇主向雇员提供的除工资之外的员工福利，因此又使其具有了初次分配的属性。

第四，账户里的资金由金融机构通过市场化的运作实现保值增值，这使得账户的拥有者获得了财富回报。另外，负责管理和运行账户资金的金融机构也可因账户管理和提供金融服务而收取管理费用。这些都属于金融投资服务所带来的市场化收益，因此也一再印证了儿童发展账户具有初次分配的属性。

进一步来说，儿童发展账户中的资金往往根据希望解决的社会问题或达成一致的社会效益来指定用途（比如用于教育、健康、住房、创业、就业和养老等），这一设计直接为儿童发展账户的金融性和社会性设定了一种关联机制。如果将儿童发展账户视为一个以社会政策为基础的金融投资产品，那么它既能够为家庭和金融产品管理者实现金融市场的投资回报，也能够促进儿童和家庭的长期社会发展，可以说它是一个从金融社会工作角度出发的、实现金融性和社会性双重目标的公益金融具体案例。正如图 1 所示，在这样一个与社会政策和金融社会工作高度相连的公益金融案例中，三种不同的分配机制都被融入项目资金的分配中，形成了一种分配机制的整合和创新。

在过去十年间，美国各地由政府和社会组织推广实行的儿童发展账户项目已经超过 80 个，有 7 个州政府制定了针对全州儿童自动开设儿童发展账户的政策，还有一些州采取了自愿开设账户的办法，一些城市也制定了自己的儿童发展账户政策。截至 2022 年底，全美大约有 600 万名儿童成为儿童发展账户的受益者。

（三）儿童发展账户的成效评估

依据公益金融的双目标，需要从金融效益和社会效益两方面对儿童发展账户的实施效果进行评估。考虑到数据的可获得性问题，我们以美国开展的一个大型的长期儿童发展账户政策实验（SEED OK，2007 ~ 2019 年）为例，展示儿童发展账户可能产生的金融和社会效益。SEED OK 是一个大型的、随机的、纵向的儿童发展账户项目。项目实施方利用出生记录的数据，从俄克拉何马州的全州人口中随机选取婴儿，然后将其随机分配到实验组和控制组，其中实验组有 1358 名新生儿，控制组有 1346 名新生儿，因此实验结果具有很高的外部效度。俄克拉何马州政府自动为实验组中的新生儿开设了大学教育储蓄账户（OK529 账户），并由社会慈善组织投入第一笔 1000 美元的初始存款，并额外提供 100 美元的奖励金来鼓励家庭自己开户和存款。而且中低收入家庭在账户中的存款，还可以获得配对补助。

从金融数据来看，最初社会慈善组织的 1000 美元的初始存款的投资，从 2007 年到 2019 年，平均下来每个账户已经增长到 2300 美元，这说明社会慈善组织的第三次分配转换成家庭财富之后实现了较大幅度的增值，有助于弱势家庭资产的增加乃至社会不平等的减少，这本身也是重要的社会效益。对比实验组和控制组，所有实验组的儿童都有了自己长期的资产建设，且平均每个账户拥有 4373 美元的储蓄金；然而只有 5% 的控制组儿童拥有了自己的资产建设账户，并且实验组儿童资产是控制组儿童资产的 3.4 倍。如果把这一政策实验推行到全州，每一个世代的婴儿会给金融资产管理公司带来将近 7000 万美元的管理资产。对金融资产管理公司而言，这笔资金会长期稳定地保留在资产管理账户中至少 18 年，给金融投资管理者带来回报。所以，这样的金融后果，包括账户资金、账户拥有数以及账户资产的持续增量，对个体、家庭和金融投资管理者都是有益的。

同时，这一政策实验发现，儿童发展账户对低收入家庭儿童有更重要的影响。实验数据显示，如果没有儿童发展账户政策，在这一世代中，俄克拉何马州全州只会有 500 名低收入家庭的儿童拥有儿童发展账户，但是有了这一政策之后，人数达到了 36330 名，这又再一次证明儿童发展账户能够帮助低收入家庭儿童获得资产建设和财富积累机会，在一定程度上给弱势人群提供了更多的金融机会（包括拥有账户、财富积累和资产投资等），也减少了金融服务在不同群体间的不平等。

此外，资产和财富积累对个人和家庭将产生一系列积极的影响，除了最直接的经济金融效益外，还有诸多的社会效益，如儿童发展、生理健康和精神福祉等，特别是资产的积累会使父母提升对孩子的期望，进而制订家庭规划并做出积极育儿行为，这又有利于儿童情绪和行为的健康。这体现了具有公益金融属性的儿童发展账户的社会效益和社会影响力。

具体来说，通过对俄克拉何马州参与儿童发展账户的家庭的跟踪调查，一系列科学研究结果逐渐凸显出来。

第一，儿童发展账户对父母教育期望和大学教育准备具有长期影响。SEED OK 政策实验的二期和三期追踪数据显示，实验组家长期望子女接受研究生以上教育的比例高出了控制组家长 37 个百分点，同时实验组家长所做的子女大学教育准备比控制组家长高出 9% 的标准差（Huang et al.，2021）。这说明，儿童发展账户对父母的教育期望和大学教育准备具有显著的正向影响，而且这些影响是不分家庭背景的，特别是对弱势或边缘家庭的影响更大，这体现了儿童发展账户可能会对教育和社会机会产生再分配的效应。

第二，儿童发展账户对青少年情绪和行为问题具有积极影响。SEED OK 二期追踪数据显示，儿童发展账户和资产建设对 4 岁儿童早期的社会情绪发展和避免负面行为问题具有正向促进作用。为了检验这种积极作用在儿童成长为青少年之后是否仍然存在，研究者利用三期追踪数据发现，实验组的 13 岁青少年的情绪和行为问题比控制组青少年普遍更少，特别是拥有儿童发展账户的青少年在焦虑问题上的表现要明显好于控制组的青少年（Huang et al.，2021）。这说明，儿童发展账户对减少孩子情绪和行为问题的积极作用是长期和持续的，在拥有儿童发展账户 10 多年之后，当参与的儿童成长为青少年，儿童发展账户仍然对他们的情绪和行为健康有着积极的正面影响，这将为他们的长期发展奠定良好基础。

第三，儿童发展账户对父母的正向养育行为和亲子互动具有明显的改善作用。SEED OK 二期追踪数据显示，以 3 天为计量单位，实验组的母亲（2.3 次）比控制组的母亲（2.8 次）有较低的惩罚和打骂孩子的频率。除此之外，实验组的母亲（1.83）比控制组的母亲（1.99）有较低的忧郁症状的评估。而且，实验组的儿童，特别是那些低收入家庭中的儿童，在社会情感的发展上相比控制组的儿童有显著的改善（Huang et al.，2014）。这说明，儿童发展账户对家庭资产建设、父母教育期望、儿童早期社会情绪发展都有正向的影响，同时减少了母亲的产后抑郁症状和惩罚性的教养行为。从公益金融社会性的角度分析，这些对个体和家庭在心理和行为上的正向影响，扩充到所有参与者身上，在社会层面就会形成儿童发展账户的整体社会效益，极大地促进公益金融双重目标的实现。

四 总结与展望

儿童发展账户是金融社会工作实践的一个案例，它的金融绩效和社会效应是建基于资产建设的理论、有针对性和有目的性的政策设计以及详尽认真的科学研究上的。儿童发展账户的例子体现了金融社会工作思考的总体逻辑，那就是——为了实现促进个体成长和减少经济金融不平等的社会发展目标，我们需要找到并使用最合适的金融产品和工具。虽然金融社会工作鲜少与公益金融相联系做并列研究，但金融社会工作的这种“好社会该如何通过好金融实现”的内在逻辑和公益金融的“好金融如何促进好社会”的思路是相一致和相辅助的。因此，在解决社会和环境问题的宏大社会生态体系中，公益金融与金融社会工作的协调与整合，能够进一步促进公益金融的创新与发展，也更有益于社会效益与社会发展目标的实现。总之，公益金融不仅是社会领域和金融行业的“融合”，也是两者的各自创新，这种创新需要社会领域和金融行业“双向奔赴”。金融要想发挥服务于新分配体系、缓解经济社会发展不平等的作用，需要社会领域或社会服务的创新与其相呼应，为其提供生存和发展的适宜土壤，唯有此才能实现两者的“共赢”。

参考文献

阿马蒂亚·森，2002，《以自由看待发展》，任赜、于真译，中国人民大学出版社。

邓锁，2018，《资产建设与跨代干预：以“儿童发展账户”项目为例》，《社会建设》第6期，第24～35页。

黄进，2021，《论社会政策的金融化趋势及其理论意涵——以美国为例》，载李国武主编《金融与社会》第2辑，社会科学文献出版社，第119～137页。

黄进、方舒、周晓春，2020，《究竟何为金融社会工作：美国社会工作专业的思考和探索》，《社会工作与管理》第2期，第16～23页。

李国武，2021，《社会影响力金融何以可能？——双目标行为视角的分析》，载李国武主编《金融与社会》第2辑，社会科学文献出版社，第3～24页。

李国武，2021，《中国社会影响力金融：现状、挑战与趋势研判》，载李国武、李忠东、房涛主编《社会影响力金融研究报告（NO.1）》，社会科学文献出版社。

丽莎·赫佐格，2021，《金融正义论：金融市场与社会公平》，袁康译，上海人民出版社。

刘泽伟，2021，《中国农村贫困治理的公益金融：理论、政策实践与案例》，《现代农业》第 5 期，第 7 ~ 13 页。

罗伯特·希勒，2012，《金融与好的社会》，束宇译，中信出版社。

Margaret Sherraden、Lissa Johnson、黄进、张莹莹，2022，《金融导引：美国金融社会工作的微观实践基础》，载李国武主编《金融与社会》第 3 辑，社会科学文献出版社，第 149 ~ 169 页。

袁康，2018，《重新审思金融：金融公平理念的勃兴》，《财经问题研究》第 1 期，第 50 ~ 59 页。

Huang，J.，et al. 2014. "Effects of Child Development Accounts on Early Social-emotional Development：An Experimental Test." *JAMA Pediatrics*, 168 (3)：265 - 271.

Huang，J.，et al. 2021. "Asset Building and Child Development：A Policy Model for Inclusive Child Development Accounts." *RSF：The Russell Sage Foundation Journal of the Social Sciences*, 7 (3)：176 - 195.

Sherraden，M. 1991. *Assets and the Poor：A New American Welfare Policy*. Armonk，N. Y.：M. E. Sharpe.

未成年人金融福祉保护新发展：对新《未成年人保护法》的文本分析

周晓春　黄　进　张　雪　鲁洋洋　王一如*

摘　要：2021 年实施的新《未成年人保护法》对未成年人的保护有了大幅度扩展，作为最新、最权威的政策法规，其对未成年人经济权益的保护状况值得研究。本文以金融福祉为基本分析框架，使用 ATLAS. ti 质性分析软件，对新《未成年人保护法》的法律条文进行系统分析，描述并探讨当前我国社会对未成年人金融福祉的保护意识和保护程度。研究发现，法律层面对未成年人的金融福祉保护已涵盖消费、收入、资产三大领域，对未成年人的消费保护和资产保护的内容丰富，但仍然存在对社会金融化影响估计不足、对未成年人的收入等金融福祉内容重视不足的问题。建议结合未成年人六大保护系统及实现金融福祉的内在素养和外在机会两大策略，在政策和服务两个层面增强对未成年人金融福祉的保护。

关键词：未成年人　金融福祉　《未成年人保护法》　社会工作　金融社会工作

---

* 周晓春（通讯作者），中国青年政治学院社会工作系副教授，邮箱：zhouxc@ cyu. edu. cn；黄进，美国圣路易斯大学社会工作学院/圣路易斯华盛顿大学社会发展中心教授；张雪，中国青年政治学院社会工作系硕士研究生；鲁洋洋，西安思源学院辅导员；王一如，国家税务总局临汾市尧都区税务局科员。

一 研究背景

随着我国社会、经济的发展，未成年人权益的内涵更加广泛，未成年人拥有的经济金融权益和参与经济金融活动的机会也日益增多。有研究表明，少年儿童财富增长迅速，全国有49.8%的少年儿童拥有千元以上的存款（于晶，2016）。由于未成年人的自我保护能力尚未发展成熟，他们在参与经济金融活动和行使自己经济金融权益时，有可能面临较高的外部风险和人为风险（陈晨，2014）。家庭和学校、社会工作等部门对未成年人的经济金融权益还普遍重视不足，未成年人经济金融权益受到侵害的事件时有发生。最高人民法院公布的未成年人司法保护典型案例中就涉及经济金融权益问题。比如在消费保护领域，未成年人刘某使用父母做生意的流动资金，多次打赏直播平台主播，总金额高达160万元；在收入保护领域，未成年人胡某起诉离婚父母，要求他们支付抚养费。[①]这些案例都反映了随着经济和科技的发展，如果缺乏对未成年人经济金融权益的保护，他们可能遭受严重的福利损失。对未成年人的经济金融权益保护，亟待全社会的进一步重视。

国际社会对少年儿童经济金融权益发展的重视，包含保护性和发展性两个方面。保护性方面，包括对未成年人在经济金融活动中的风险保护；发展性方面，强调通过提供包容性的机会和教育培训来增强未成年人的经济金融能力，为他们发展成为成功的“经济公民”奠定基础。例如，“儿童青年金融国际运动”致力于在全球推动有利于青年人的金融机会和金融教育的政策和服务，和联合国儿童基金会合作开展了全球金钱周（Global Money Week）、学校银行（School Bank）等多种类型的服务[②]；美国的SEED OK项目（SEED for Oklahoma Kids）为每一个新生儿提供儿童发展账户，并给予储蓄激励，为他们积累金融资产（Huang et al.，2013）；有研究检验了儿童参与以学校为本的金融教育和储蓄项目的积极成效（Sherraden et al.，2011）。这些案例、政策、研究和实践，都

① 《未成年人司法保护典型案例》，http://www.court.gov.cn/zixun-xiangqing-288721.html，最后访问日期：2023年4月11日。

② “CYFI INITIATIVES THAT HAVE GRADUATED TO PARTNER ORGANIZATIONS”，https://chil-dfinanceinternational.org/#cyfi-initiatives，最后访问日期：2023年4月11日。

体现了现代社会对未成年人经济金融权益发展和保护的重视。这种重视源于对社会中出现的金融化趋势的应对，既反映了对金融化对未成年人成长的负面影响的担心，也反映了希望利用金融化来推动儿童、青少年更好发展的愿望。

我国对未成年人的经济金融权益也日益重视，新修订的《未成年人保护法》（简称《新未保法》）于 2021 年 6 月 1 日起正式实施，极大加大了对未成年人不同领域的权益的保护范围和保护力度，是保障未成年人包括经济金融权益在内的权益的最高政策和有效工具。从立法的角度看，这次修订着力解决现实存在的突出问题，涵盖监护人监护不力、校园安全、沉迷网络等五个领域的突出问题（何毅亭，2020）。从对未成年人保护的角度来看，《新未保法》明确了未成年人的生存权、发展权、受保护权、参与权等权利，以及最有利于未成年人的原则，由六个章节分别论证的家庭保护、学校保护等六大保护都围绕上述保护未成年人的原则而展开，构建了新的未成年人保护体系（费梅苹，2020）。法学、民政、社会工作等不同领域的学者从自己的专业角度对《新未保法》颁布和实施的意义及作用展开了讨论。例如，有学者从法学角度论证《新未保法》对未成年人的网络保护，并重视未成年人的网络素养，使得对未成年人的保护体系更为完善（刘珺，2021）。有学者从民政系统角度讨论《新未保法》的意义，认为它明确了国家对未成年人保护的兜底责任，并明确了保护范围、内容和标准、“条块 + 统筹”工作模式和“民政 + 检察”的双牵头机制（童小军，2021）。社会工作领域学者认为，《新未保法》明确了社会工作在未成年人保护中的作用（席小华，2021），提升了社会工作的合法性（费梅苹，2020），确保了国家兜底未成年人保护工作的专业品质（童小军，2021）。

《新未保法》是代表我国未成年人保护的最新共识和最高层级的法律文件。未成年人的经济金融权益虽然没有被明确列为单独的保护内容，但在《新未保法》中还是有实质性的体现的。因此，本研究力图通过对《新未保法》文本内容的质性分析，探讨《新未保法》这一重要法律对未成年人经济金融权益的保护，包括保护的状况和特点，并结合较为前沿的金融社会工作的视角，对未成年人金融福祉的保护提出政策和服务建议。

二 文献回顾

(一) 现有文献对未成年人经济权益保护的讨论

1. 法学研究

法律领域多在两类研究领域关注对未成年人的经济金融权益保护。一类是从法理的角度对未成年人财产权益做理论探讨，另一类则是通过对具体案例的剖析，讨论实践中对不同类型的未成年人的经济金融权益保护问题。

已有的理论研究讨论回答了未成年人经济资源或者说收入的来源问题。例如，司法工作者论证未成年人的经济资源获取渠道，包括法定义务人尽其抚养义务获得、通过创作活动因其智力成果获得、特殊技能才艺获得、接受赠予、获奖、继承财产、获得赔偿、国家政策明文规定给予等八类（于世平，1995）。随着经济发展，未成年人经济来源更加多元，后续的法律理论研究又增加了未成年人财产投资经营获取收益等内容（齐欣，2011）。这些研究为讨论未成年人经济金融权益的保护打下了理论基础。

对未成年人经济金融权益保护的实践研究，一般通过对司法案例的讨论而展开，涉及消费、财产（资产）等几个方面。在未成年人的消费方面，随着网络时代的到来，未成年人较多参与网络经济活动，也带来一些消费领域权益维护的问题。以网络打赏为例，有学者认为，只要家长能够从用户的年龄、消费的金额以及家长是否认可三方面来证明，未成年人没有进行该项消费的能力，从而导致未成年人的网络打赏成为无效合同，即可撤销未成年人的网络打赏（程啸、樊竟合，2019）。还有研究就未成年人网络打赏行为的性质进行了讨论，认为未成年人的打赏属于赠予行为，有撤销的权利，并针对网络直播平台提出了保护未成年人消费权益的建议（孙铭成，2020）。

在未成年人的财产方面，多项研究对离婚案件中未成年人的财产保护展开探讨，对未成年人财产权利的定义、财产的来源和未成年人财产与父母之间的关系进行讨论，并提出针对离婚以后抚养费管理的制度安排建议（彭熙海，2005）。还有研究论证由未成年人主张分割共有财产，也应获得法院的支持（邱燕、鲁晓彦，2008），以及监护人抵押未成年人的财产，也被司法部门判定为合同无效（刘燕波、戎喆，2016）。

2. 社会工作研究

社会工作专业的学者对未成年人保护的研究较多集中在司法社会工作领域，通过和司法系统的合作，使用社会调查、“合适成年人”等策略，维护涉法未成年人的各种权益，其他关注领域还包括校园欺凌、网络保护等。较少研究涉及对未成年人经济金融权益的保护。

社会工作领域对未成年人经济金融权益的保护，更关注处于弱势的或受离婚影响的未成年人群体。社会工作研究在理论上对残疾儿童的财产权保护做了探讨，通过提出确认儿童财产范围、探索财产信托制度的建立，来保障特定的弱势未成年人的财产权益（朱久兵，2015）。还有学者利用澳大利亚数据，分析受离婚影响儿童的保育费用、教育支出等，并介绍了澳大利亚制定的政策法规，通过离婚家庭“儿童抚育计划”等政策法规，保障离婚家庭儿童财产权益的做法（张晏辄、邹博文，2020）。

综上，现有针对未成年人经济金融权益的研究中，法学研究对未成年人经济金融权益的保护做了理论上的探讨，并对消费、财产两个领域的权益保护实践进行了具体讨论。社会工作领域则对保护特定类型弱势未成年人的经济金融权益做了理论讨论。现有的研究缺乏一个完整的对未成年人在现代社会中拥有的经济金融权益的系统的理论分析视角。在《新未保法》颁布实施的背景下，理解新政策提供的法律工具对未成年人经济金融权益的保护，进而更有效地开展未成年人的保护服务，迫切需要更系统的理论视角来梳理《新未保法》的法律文本所蕴含的针对未成年人经济金融权益的保护。金融社会工作关于金融福祉的有关理论可以为分析《新未保法》提供系统的分析框架。

（二）新的分析框架：金融福祉

金融福祉理论提供了一个分析个体基本经济金融权益的框架。金融福祉是个人福祉内容之一，它能影响人的身体健康、心理健康、婚姻家庭、职业发展等综合福祉（Zimmerman，1995）。在学术研究中，金融福祉也经常和经济福祉、金融健康等概念互换使用（Joo，2008）。需要明确的是，金融福祉的“金融”指的是广义的金融。一般来说，狭义的“金融”特指银行、保险、证券、信托等金融行业有关的业务活动，基本属于金融福祉五元素中储蓄、资产建设和信用建设的领域；而英文“Finance”的口径较宽，是“政府财政”“公司财务”“家庭理财”“金融”的总称（申昭华，2004）。金融福祉采用和英文“Finance”涵盖范围类似的广义定义。在本文中，当我们应用金融福祉的概念，讨论未成年人可能拥有的基本经济金融权益时，其范围也涵盖未成年人的收入、消费、资产、信用和保护五个元素。①

国际社会工作发展的前沿分支金融社会工作，对金融福祉理论进行了系统的整理和发展，提出为了实现个人的金融福祉，需要从金融稳定和金融发展两个维度来理解金融福祉。金融稳定是指个体能够做出合理的日常经济金融选择，满足常规生活功能所需经济资源，并应对短期的金融突发问题；金融发展则是指个体能够维持长期的金融安全，并且能达成长期经济金融目标。由此可见。金融福祉既考虑个人当前和安全的问题，也考虑未来和发展的问题（Sherraden and Huang，2019）。

金融福祉包括五个基本的经济金融元素。图 1 改编自 Sherraden 和 Huang 的论文内容，显示为了实现个人金融稳定和金融发展，个人或家庭必须获得收入、管理消费、储蓄并建立资产、建设信用、保护自己的金融资源（Sherraden and Huang，2019）。这五个要素都是达到金融福祉状态的必要非充分条件，在理想情况下，个人或家庭需要具备这五个要素，才可能达成金融稳定和金融发展，也即金融福祉。这五个要素为我们完整思考个体（包括未成年人）的经济金融权益提供了一个分析框架。

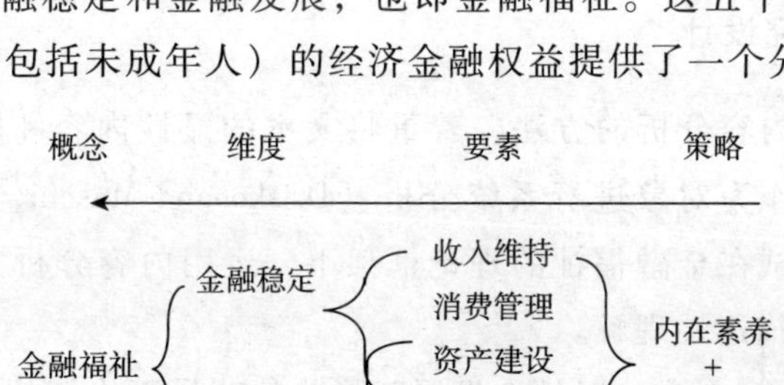

图 1　金融福祉框架示意

达成金融福祉，需要发展金融能力。金融能力（Financial Capability）

① 因为《新未保法》本身就是对未成年人的各类保护，为了保持分析的简洁性，后续分析将不涉及金融福祉五个元素中的“保护”元素。此外，未成年人尚未能独立开展贷款等信用类事务，后续分析不涉及“信用”元素。

概念来源于资产建设理论对经济学家阿马蒂亚·森（Amartya Sen）的可及能力理论的吸收（Sherraden and Huang，2019）。金融能力是可及能力，指个人不仅具有内在的金融素养，而且拥有外在的金融机会让其发挥内在的金融素养。如果一个人同时具备了内在的金融素养（包括有关金融的知识、态度和技能）和外在的金融机会，这个人就具备了金融能力，其金融福祉就可以有所保障。从这个意义上，也可以把内在金融素养和外在金融机会看作提升金融能力，进而提升金融福祉的两个基本策略。因此，金融能力是所有人实现金融福祉、成长为“经济公民”都需要发展的能力，是实现金融福祉的充分条件。

因而可用金融福祉这一理论框架的角度分析《新未保法》对未成年人经济金融权益的保护，我们主要探讨现有法律对未成年人金融福祉保护的状况和特征，具体包括：（1）从金融福祉的收入、消费、资产等元素的角度来看，《新未保法》如何涵盖这些不同的经济金融权益要素？（2）从金融能力提升的两大策略来看，《新未保法》中对未成年人的保护使用什么样的策略？

三 研究方法

（一）研究设计

本文采用内容分析的方法，着重将文本的显性内容和隐性内容、主题和核心理念作为对象进行系统分析（Drisko and Maschi，2016）。具体而言，本文尝试在金融福祉的理论框架下，运用内容分析方法，对《新未保法》进行描述性理解。

《新未保法》是在应对社会发展新形势的背景下修订的，是反映我国未成年人保护的最新权威文件，可以较好地反映我国社会现有的未成年人保护的共识。对其进行内容分析，有助于了解我国现有未成年人保护政策的状况。使用内容分析方法不仅具有可行性，还可以提高本研究的系统性、可信性（Drisko and Maschi，2016）。

本研究使用质性分析软件 ATLAS. ti 来分析《新未保法》的文本（Hwang，2008），该软件是用来对大规模的文本、图形、音视频资料进行定性分析的专业软件，能够在定性资料的整理、分析等方面提供系统的帮助。对数据的分析包括准备和导入数据、通读和编码数据、检验编码和“引用”、进行关联和网络分析等。最后本文结合理论框架，对分析结果做出尝试性的解释。

（二）资料来源

本研究采用对《新未保法》进行内容分析的方法开展研究，资料单一来源为《新未保法》文本。数据收集工作主要包括对文本进行初步的准备和整理。

首先从国家法律法规数据库①下载《中华人民共和国未成年人保护法》的 Word 文件，将其导入 ATLAS. ti 中，成为本研究分析的文档（Document）②。其次通读该法律文本，对文本中涉及的金融内容有初步的了解。在阅读文本时，研究者已经熟悉金融福祉理论框架，并能够使用金融福祉理论视角对法律文本做内容分析。具体分析采用金融社会工作的要素（收入、消费、资产）和策略（内在素养、外在机会）作为分析框架（见图 1）。将法律全文中涉及金融（广义）的内容选取为“引用”（Quotation，即文档中被研究者认为有分析意义的文本片段），作为一个分析的单元，全文共获取 57 个“引用”。

（三）数据分析

数据分析主要包括编码和具体分析。对“引用”做编码工作（Richards and Morse，2013），编码方法包括自动编码和自由编码。采用自动编码，使用文本检索的方式，对涉及的财产、收入、消费等词汇进行自动编码。采用自由编码，使用人工的方式对与金融有关的文字进行编码，获得初级编码。对同一段文字“引用”，开展多种初级编码，对初级编码进行汇集分析，提炼后获得次级编码和范畴编码。

本研究具体的编码包括初级编码、次级编码和范畴编码以及来源位置编码，采用不同的编码范式和规则。采用自由编码等方式将“引用”编码，例如“管理财产”“获取收入”“消费：限制”“消费：促进”等，形成初级编码；把所有属于某一元素的初级编码，按照金融福祉的要素

---

① 《中华人民共和国未成年人保护法》，https://flk.npc.gov.cn/detail2.html?ZmY4MDgwODE3NTI2NWRkNDAxNzUzZmI5YzQ1ODEyN2I%3D，最后访问日期：2023 年 4 月 11 日。

② ATLAS. ti 术语，下同。

和策略（见图1），再归纳为次级编码，例如“C消费：素养”“C消费：机会”等，共六个次级编码；结合要素和策略的归属，把次级编码进一步归纳为范畴编码，例如把保护策略归纳为内在素养和外在机会，分别编为“C策略：外在机会”“C策略：内在素养”，把次级编码以金融素养要素，分别编为“C资产”“C收入”等范畴。来源位置编码用以区分“引用”内容在法律文本中所处章节位置。法律全文共九章，除去没有引用的第一章总则部分以外，对其他八个章节进行位置编码，编码为“@2家庭保护”“@3学校保护”等。和团队成员比对、整理合并后，以上四种编码共得到67个编码。

编码是动态迭代的过程，初级编码、次级编码和范畴编码均经过多次合并、拆分等迭代。和三位受过训练的社会工作专业硕士研究生组成团队，独立平行对法律条文中涉及未成年人金融福祉的内容选取“引用”和编码，并对团队成员选取的“引用”和编码进行比对、讨论，从而达成一致意见。

本文利用ATLAS. ti主要开展三类具体分析：首先，对《新未保法》内容中涉及儿童金融福祉保护的“引用”和编码进行描述；其次，对《新未保法》中不同章节位置编码和金融福祉保护内容次级编码做编码共现分析，比较不同编码共同出现的状况，分析其编码共现系数①；最后，对《新未保法》中不同类型的金融福祉要素的保护和保护策略等编码进行网络分析（Network，ATLAS. ti软件通过对定性资料元素进行概念上的连接形成可视化图形），分析其不同的编码和范畴之间的关系，进行理论解读，并分析网络的扎根程度（Gr：Grounded，某一编码出现的次数）。

四 研究发现

（一）六大保护系统都涉及金融福祉保护，涵盖三大元素

为了解金融福祉保护在法律文本中的分布情况，对金融福祉保护有关内容和编码在全文中的位置进行分析。使用位置编码（例如“@2家

① 显示编码间关系的强度，其取值范围在0到1之间，编码 $n1$ 和 $n2$ 的关系系数的计算公式为：$c = n12/(n1 + n2 - n12)$，即 $n1$ 和 $n2$ 共同出现的次数，除以去除共同出现次数后的 $n1$ 和 $n2$ 分别出现的次数和。

庭保护”）作为行变量，保护类型编码（例如“C 消费：机会”）作为列变量，进行编码共现分析。了解《新未保法》中对未成年人金融福祉保护的内容，以及不同文本位置中，不同的金融福祉保护类型和策略的差异性。

分析编码共现桑基图（Sankey）可知，《新未保法》中对未成年人金融福祉较为明确保护的内容涵盖收入、消费、资产三大类，暂未涵盖信用，其中，对未成年人消费机会的保护最为突出（见图 2）。家庭保护系统主要涉及消费保护和资产保护；学校保护系统主要涉及消费保护和资产保护，具体内容主要包括对利用学校向未成年人提供各类消费的禁止；社会保护系统主要涉及收入保护和消费保护；网络保护系统主要涉及收入保护和消费保护；政府保护系统主要涉及收入保护和消费保护；司法保护系统主要涉及收入保护和资产保护；最后单元法律责任主要涉及对未成年人的资产保护。

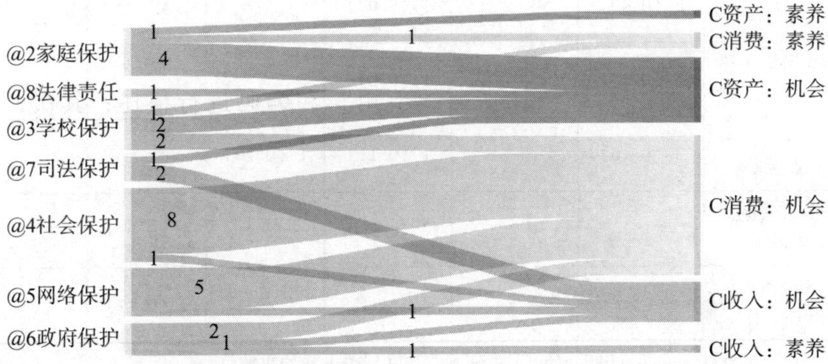

图 2　文本位置和金融福祉元素分布桑基图

分析编码共现统计表（见表 1）可知，对未成年人金融福祉较为明确保护的内容涵盖收入、消费、资产三大类，共计 35 处。分析其编码系数可知，社会保护中对未成年人的消费保护范畴的机会子范畴关联最强，包括对未成年人获得图书馆、青少年宫等场所以及交通领域的特定优惠的消费机会的保护（第四十四条、四十五条、四十七条），对诸如宾馆、酒店、娱乐场所、酒吧、彩票等不适于未成年人消费的消费机会的限制（第五十七条、五十八条、五十九条）；在家庭保护章节，对未成年人的资产保护范畴的机会子范畴关联较强，主要包括“妥善管理和保护未成年人的财产”“依法代理未成年人实施民事法律行为”（第十六条），从限制的角度，禁止家长或监护人“违法处分、侵吞未成年人的财产或者利用未成年人牟取不正当利益”（第十七条）等，这可能是因为家庭往往涉及家长关系变动带来的资产分割问题。在网络保护章节强调对未成年人的消费保护，反映了随着社会的数字化，青少年网络消费行为和机会增多，需要加强对负面的消费行为的预防。

表1 编码共现统计

位置编码	C 消费：机会	C 消费：素养	C 收入：机会	C 收入：素养	C 资产：机会	C 资产：素养
	Gr = 19	Gr = 2	Gr = 6	Gr = 6	Gr = 8	Gr = 1
@2 家庭保护 Gr = 6		1（0.14）			4（0.40）	1（0.17）
@3 学校保护 Gr = 5	2（0.09）	1（0.17）			2（0.18）	
@4 社会保护 Gr = 9	8（0.40）		1（0.07）			
@5 网络保护 Gr = 6	5（0.25）		1（0.09）			
@6 政府保护 Gr = 4	2（0.10）		1（0.11）	1（0.20）		
@7 司法保护 Gr = 4			2（0.25）		1（0.09）	
@8 法律责任 Gr = 1					1（0.17）	

注：Gr 为 Grounded，表示该编码在不同“引用”中出现的次数。

（二）对金融福祉保护涵盖广泛，重视对外在机会的保护策略

为了更系统地分析《新未保法》对未成年人金融福祉保护的特征，本研究对不同的初级编码、次级编码和范畴编码做网络分析（见图3）。分别在初级编码、次级编码和范畴编码之间确定“A 是 B 的一部分”关系，包括初级编码是次级编码的一部分，例如初级编码“消费：限制”是次级编码“消费：机会”的一部分；次级编码是范畴编码的一部分，例如次级编码“消费：机会”是范畴编码“策略：外在机会”的一部分。进而对上述初级编码、次级编码和范畴编码做网络分析。

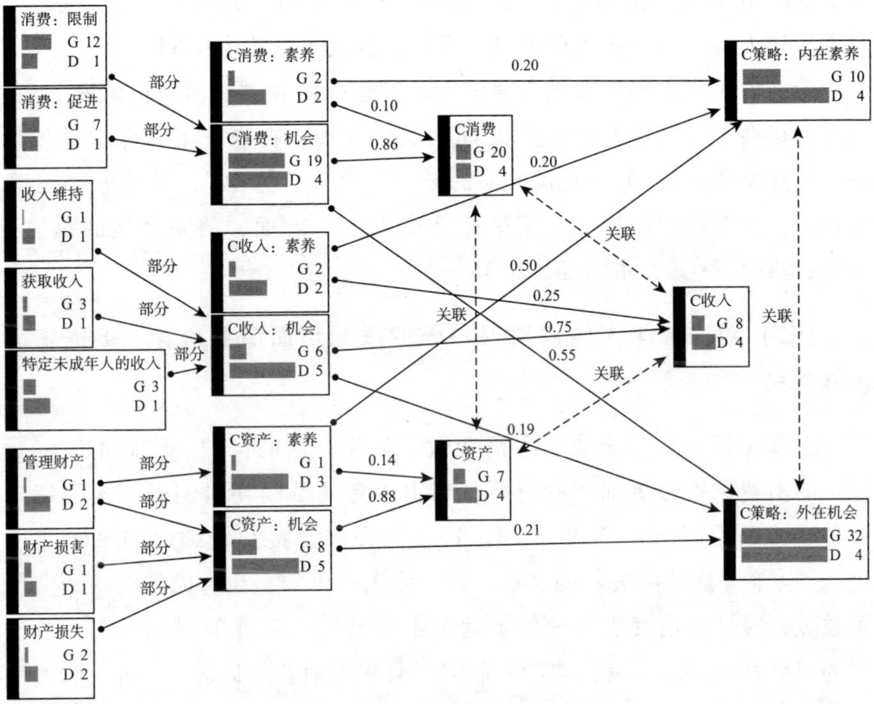

图 3　编码链接网络

注：G 代表 Grounded（Gr），是该编码在不同"引用"中出现的次数；D 代表 Density（密度），即该编码和其他编码之间的关联次数。

从保护范围来看，和前述分析一致，《新未保法》涵盖范围广泛。《新未保法》涵盖消费、收入和资产三个范畴。从扎根程度（Gr）分析保护特征，发现《新未保法》对消费的保护出现最多（Gr = 20），其次为收入（Gr = 8）和资产（Gr = 7）。透过网络分析图可见，对未成年人的消费机会的保护最为明显（Gr = 12），且主要通过对（不适合）未成年人的消费机会的限制来达成。促进未成年人进行某种消费的措施也较多（Gr = 7）。从保护策略来看，《新未保法》涉及内在素养和外在机会两个策略，且对外在机会保护的内容（Gr = 32）远多于内在素养（Gr = 10）。

分析编码之间的关系系数，也会发现《新未保法》对未成年人金融福祉的保护，主要侧重保护外在机会的策略。分析具体消费、收入和资产三大元素范畴与内在素养和外在机会两种具体保护策略次级编码之间的关联，发现反映机会的次级编码和相应范畴编码的关联较强。具体而言，对未成年人消费的保护主要侧重对其消费机会的保护，其关系系数为0.86；对未成年人收入的保护也侧重机会方面，其关系系数为0.75；对未成年人资产的保护也侧重机会保护，其关系系数为0.88。

分析内在素养和外在机会两个保护策略范畴和“C消费：素养”“C消费：机会”等六个次级编码之间的关联发现，在内在素养保护（C策略：内在素养）方面，关联较强的是“C资产：素养”，其关系强度为0.50，在外在机会保护（C策略：外在机会）方面，关联较强的是“C消费：机会”，其关系强度是0.55。

（三）对未成年人的消费保护强调限制负面消费机会，促进正面消费机会

《新未保法》对未成年人消费做了最为丰富的保护。因而本研究对其中的消费保护做更细致的分析，列出消费领域的初级编码、次级编码和范畴编码的网络示意图（见图4），并详细链接初级编码的来源“引用”，也即《新未保法》的文本片段。由图4可知，在未成年人的消费保护领域，对外在消费机会的保护远多于对其内在素养的强调；在消费元素的机会领域，对不良消费的限制多于对积极消费的促进。

对未成年人消费的限制可以分为三大类型。最突出的是限制未成年人使用某种网络产品和服务。包括“不得为未满十六周岁的未成年人提供网络直播发布者账号注册服务”（第七十六条）、“网络产品和服务提供者不得向未成年人提供诱导其沉迷的产品和服务……应当针对未成年人使用其服务设置相应的时间管理、权限管理、消费管理等功能”（第七十四条）等。其次是防止未成年人消费未成年人不应该涉及的消费，例如“禁止向未成年人提供、销售管制刀具或其他可能致人严重伤害的器具等物品”（第六十条）、“旅馆、宾馆、酒店等住宿经营者接待未成年人入住……应当询问父母或者其他监护人的联系方式”（第五十七条）。最后是限制对未成年人的促销、广告活动，如“不得刊登……含有危害未成年人身心健康内容的广告；不得在学校……散发商业广告”（第五十三条）。

对未成年人消费的促进可以分为两大类别，第一类是对未成年人给予相应的优惠、便利。如“城市公共交通……应当按照有关规定对未成年人实施免费或者优惠票价”（第四十五条）、“地方人民政府应当……鼓励和支持学校……将文化体育设施对未成年人免费或者优惠开放”（第八十九条）等。还有部分对违反以上规定的情况，制定了处罚措施，“违反……

未给予未成年人免费或者优惠待遇的……责令限期改正，给予警告；拒不改正的，处一万元以上十万元以下罚款”（第一百二十条）。第二类则是鼓励提供有益未成年人发展的产品和服务，“国家鼓励和支持有利于未成年人健康成长的网络内容的创作与传播，鼓励和支持专门以未成年人为服务对象、适合未成年人身心健康特点的网络技术、产品、服务的研发、生产和使用”（第六十五条）。

从素养角度对未成年人消费进行保护的条文较少。在家庭保护中要求家长或监护人“教育和引导未成年人遵纪守法、勤俭节约，养成良好的思想品德和行为习惯”（第十六条）；在学校保护中，要求“开展勤俭节约……宣传教育活动，帮助未成年人树立浪费可耻……意识，养成……绿色环保的生活习惯”（第三十二条）。这些条文都较为间接地希望帮助未成年人培养相应的意识、品德和行为习惯、生活习惯，也即素养。与

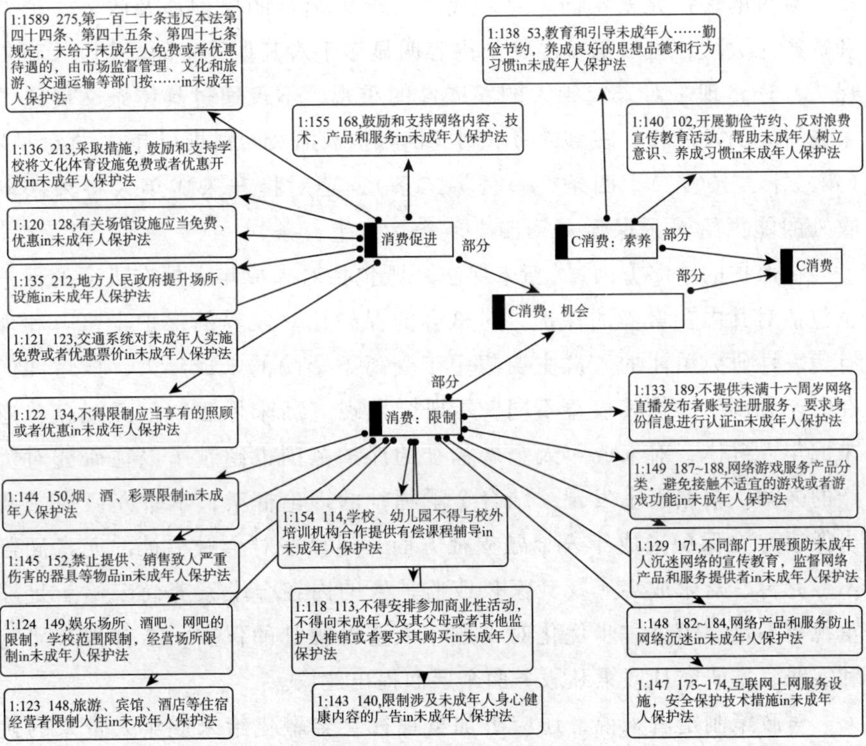

图4 消费“引用”编码网络分析

注：本图“引用”是对原文摘录部分的摘要，非原文。框内数字是分析过程对所选取“引用”的编号。

之相对，《新未保法》不仅在第六十四条中两次提到提高未成年人网络素养，还在第七十一条中提出“未成年人的父母或者其他监护人应当提高网络素养”，说明我国不仅已经认识到社会数字化除了对未成年人有重要影响，也会影响到家长，而且已经自觉地使用网络素养的概念，来督促未成年人和家长主动提高适应社会数字化的能力。

五 结论、讨论和建议

综上，通过对《新未保法》的质性内容进行分析，我们对未成年人金融福祉保护的政策的状况和特征有了一定的了解。研究发现，在保护的状况和特征方面，《新未保法》对未成年人的金融福祉的保护较为丰富，除了第一章总则以外，其他章节都有涉及具体的保护内容，不同的章节侧重的保护元素不同。对未成年人金融福祉的保护涉及收入、消费和资产三大块，且对消费的保护内容明显多于对其他元素的保护。《新未保法》还体现了对未成年人的发展性的重视，不仅通过具体条文确定了未成年人的发展权，在多个条文中明确提出了“听取未成年人的意见”（第二十二条、二十四条、一百零二条），还对提升未成年人将来获取收入的能力给予了保障（第四十四条、八十五条）。

在保护的策略方面，《新未保法》既包括对未成年人外在机会的保护也包括对其内在素养的保护，对机会的保护比对素养的保护丰富。和现有代表性研究关注的人群主要集中于受离婚影响的未成年人，探讨如何在财产分割中维护其权益不同，本研究发现《新未保法》已经涵盖普通未成年人群体，对未成年人金融福祉的保护范围也超越了以往研究对资产的强调。根据以上发现，结合金融福祉的理论框架，本研究认为《新未保法》在保护未成年人金融福祉方面，还存在对金融福祉的元素涵盖不尽完善、对未成年人及其家长或监护人的内在金融素养尚未给予足够重视等不足。为进一步优化对未成年人金融福祉的保护，结合现有研究和实践，本研究从政策和服务两个层面提出建议。

对政策制定者来说，还应更加重视社会金融化给未成年人带来的挑战。我国社会已经数字化，对《未成年人保护法》的修订，明显加强了网络保护的内容。网络保护系统的内容也涵盖部分消费保护和收入保护，能有力推动未成年人及其家庭回应社会数字化对未成年人的挑战。相应地，我国社会已经金融化（杨典、欧阳璇宇，2021），也给所有人都带来了新挑战，这一社会变迁对未成年人的影响还未引起足够重视，《新未保法》中对金融素养的保护的认识明显弱于对网络素养的认识和重视。

制定与未成年人有关的保护政策，还应进一步重视未成年人的金融福祉。首先，在对未成年人的保护中，对除了金融保护以外的四大元素的保护更加重视，给予其更清晰、更系统的保护。其次，和网络素养类似，重视提升未成年人及其家长/监护人的金融素养。最后，家庭保护等六大保护系统可以从金融素养和金融机会两种策略着手，扩展对未成年人金融福祉各个元素的保护。

对服务提供者来说，建议从现在开始，开展更多对未成年人金融福祉保护的实践。《新未保法》的修订思路之一是及时把成熟的实践做法上升为法律（何毅亭，2020），因而可以先行开展相应的社会服务，为更好地在政策层面保护未成年人的金融福祉提供实践支撑。本研究建议在未成年人保护工作领域，切实开展未成年人的金融福祉保护工作。首先，从认知层面，提升未成年人保护相关工作人员的金融福祉意识，使其认识到对于新时代的未成年人来说，金融福祉是其发展的重要因素，保护未成年人，一定需要保护未成年人的金融福祉。其次，在社会工作等助人专业开展未成年人保护工作实践方面，不仅可以在已有的保护工作方案中，添加能够提升未成年人金融素养和增加未成年人金融机会的元素，还可以开展专门的未成年人金融福祉保护干预活动。具体的干预措施可以参考近期金融社会工作领域关于青少年金融福祉的研究和实践（周晓春等，2021）。

包括对金融福祉的保护在内的未成年人保护是动态发展的过程。本研究试图在对《新未保法》进行内容分析的基础上，梳理其对未成年人金融福祉的保护状况和特征以及不足。在研究方面，本文丰富了我国未成年人金融福祉保护领域的文献；在实践方面，本文为从事未成年人保护工作的同人提供了新的视角和干预策略，为从事金融社会工作的同人分析汇总了在未成年人领域开展实践的法律基础；在政策层面，本文为进一步加强对未成年人的保护，尤其是对金融福祉的保护提供了分析框架。

参考文献

陈晨，2014，《风险社会与未成年人自我保护——基于北京市西城区中学生的调查分析》，《中国青年研究》第4期，第54~60页。

程啸、樊竟合，2019，《网络直播中未成年人充值打赏行为的法律分析》，《经贸法律评论》第3期，第1~15页。

费梅苹，2020，《构建中国特色未成年人社会工作服务新体系——基于未成年人保护法的要求》，《中国社会工作》第31期，第8~9页。

何毅亭，2020，《关于〈中华人民共和国未成年人保护法（修订草案）〉的说明——2019年10月21日在第十三届全国人民代表大会常务委员会第十四次会议上》，《中华人民共和国全国人民代表大会常务委员会公报》第5期，第769~772页。

刘珺，2021，《新〈未成年人保护法〉"网络保护"的理解与思考》，《法制博览》第26期，第35~37页。

刘时芬，2001，《未成年人财产能否为父母借款提供担保——对一份质押合同的法律分析》，《现代金融》第9期，第39页。

刘燕波、戎喆，2016，《监护人以未成年人所有的财产设置抵押时的合同效力》，《人民司法》（案例）第8期，第65~67页。

毛艳萍，2014，《我国未成年人财产抵押的法律效力与授信风险》，《宁夏社会科学》第1期，第30~31页。

彭熙海，2005，《论离异家庭未成年子女财产权保护》，《理论月刊》第5期，第120~122页。

齐欣，2011，《未成年人财产权的法律保护研究》，《人民论坛》第17期，第62~64页。

邱燕、鲁晓彦，2008，《未成年人在父母离婚后请求分割共有财产的认定与处理》，《人民司法》第18期，第69~70页。

申昭华，2004，《涉外经济活动中的语言鸿沟及其跨越——以"金融"与"FINANCE"的比较与翻译为例》，《扬州大学税务学院学报》第1期，第40~42页。

孙铭成，2020，《未成年人网络打赏合同性质及撤销权保护问题研究》，《河北企业》第9期，第143~144页。

童小军，2021，《明确国家兜底职责，建构国家监护制度——解读新修订的〈中华人民共和国未成年人保护法〉（基于民政视角）》，《社会福利》第5期，第26~28页。

席小华，2021，《加快构建未成年人司法社会工作服务体系》，《中国社会工作》第12期，第10页。

杨典、欧阳璇宇，2021，《社会学视角下的金融研究：发展脉络与主要议题》，《金融评论》第4期，第1~11页。

于晶，2016，《未成年人财产处分权行使之探究》，《中国青年社会科学》第6期，第111~115页。

于世平，1995，《分割夫妻财产应注意保护未成年人的财产权》，《人民司法》第1期，第23~24页。

张晏辄、邹博文，2020，《澳大利亚离婚家庭子女经济支持政策及其影响》，《人口学刊》第2期，第103~112页。

周晓春、方舒、黄进，2021，《金融福祉：促进青年发展的新工具》，《中国青年社会科学》第4期，第83~90页。

朱久兵，2015，《残疾儿童财产权保障问题研究》，《理论月刊》第1期，第95~99页。

Drisko, J. W. and Maschi, T. 2016. *Content Analysis*. Pocket Guidesto Social Work Research Methods.

Huang, J., Nam, Y, and Sherraden, M. S. 2013. "Financial Knowledge and Child Development Account Policy: A Test of Financial Capability." *Journal of Consumer Affairs*, 47 (1): 1-26.

Hwang, S. 2008. "Utilizing Qualitative Data Analysis Soft Ware: Areview of Atlas. ti." *Social Science Computer Review*, 26 (4): 519-527.

Joo, S. 2008. "Personal Financial Wellness." In Xiao, J. J. (ed.), *Handbook of Consumer Finance Research*. New York: Springer.

Richards, L. and Morse, J. M. 2013. *Readme First for a User's Guide to Qualitative Methods* (3*ed*). Los Angeles: Sage.

Sherraden, M. S. and Huang, J. 2019. "Financial Social Work." In Franklin, C. (ed.), *Encyclopedia of Social Work*. NewYork: National Association of Social Workers Press and Oxford University Press.

Sherraden, M. S., Johnson, L., Guo, B., et al. 2011. "Financial Capability in Children: Effects of Participation in a School-Based Financial Education and Savings Program." *Journal of Family & Economic Issues*, 32 (3): 385-399.

Zimmerman, S. L. 1995. *Understanding Family Policy: Theories and Applications* (2*nd.*). ThousandOaks, CA: SAGE.

书　评

金融风险转化及其治理*

——《地方金融治理的制度逻辑——一个风险转化的分析视角》述评

李国武　焦　钖**

摘　要： 向静林的《地方金融治理的制度逻辑——一个风险转化的分析视角》一书基于对 2012 ~ 2017 年越融市民间借贷服务中心发展历程的跟踪调查，提出了“结构制约 - 风险转化 - 政府介入 - 规则变动”的分析框架，试图揭示制度环境、治理结构和交易规则之间的匹配关系。本文认为，向静林一书主要的学术贡献和分析特色体现在，从风险转化视角研究金融治理中政府与市场的关系，并且坚持制度约束下的互动分析路径。最后，本文对规则的多重性与不确定性、双重不确定性下的适应性治理等问题，进行了扩展性讨论。

关键词： 制度逻辑　风险转化　政府 - 市场关系

改革开放以来，在我国的金融体系中，民间借贷始终是一个具有相当规模且不容忽视的存在，但却长期处于法律的灰色地带。不时发生的大规模民间借贷纠纷和民间金融风波，使得民间借贷成为地方政府金融治理的重要内容。

---

* 基金项目：国家社会科学基金项目“社会金融化的特征、动力和影响研究”（编号：21BSH087）。

** 李国武，中央财经大学社会与心理学院教授；焦钖，中央财经大学社会与心理学院社会学系硕士研究生。

民间借贷服务中心（简称“服务中心”）是在2012年国家决定设立越融市[①]金融综合改革试验区背景下，越融市地方政府为规范民间借贷市场进行的一项制度创新。服务中心是在越融市及其下辖的永泽区两级政府的推动下搭建，但却以永泽区工商联14家成员企业和8位自然人共同出资的民营有限责任公司形式来运营的一个公共服务平台。服务中心引入融资信息服务中介和配套服务机构，为资金供需双方提供借贷撮合、合约公证和法律咨询等有偿专项服务，而平台本身则主要提供信息发布、信息咨询和登记备案等公共服务。2012～2015年，服务中心累计有10家P2P民间融资信息服务中介机构入驻过。这个中心的成立旨在规范民间融资发展，同时也意味着政府开始承认民间借贷的合法性，使得政府与市场的关系发生了微妙的变化。

服务中心的设立和运行为透视地方金融治理提供了一个绝佳的经验案例。向静林的《地方金融治理的制度逻辑——一个风险转化的分析视角》（简称《地方金融》）一书，就是基于对2012～2017年越融市民间借贷服务中心发展历程深入且细致的跟踪调查，探讨了民间借贷违约风险的治理问题，特别是在这一治理过程中的政府行为、政府与市场关系、市场秩序的形成演化等问题。

与规范性思考政府应该如何加强对民间金融的监管和治理的那类研究不同，《地方金融》一书最突出的特点是实证性地分析地方政府在民间金融治理实践中的行为选择及其背后的制度逻辑。作为书评，本文在扼要概括该书主要研究内容和解释框架的基础上，试图指出该书对于推进交易治理研究的学术贡献并做一些拓展性的讨论。

一 以制度逻辑为中心的分析框架

民间金融在交易过程中经常会发生从经济风险向政治风险的转化，也就是说，借款人违约之后，放款人不是自担损失或者通过法律途径解决问题，而是通过上访、请愿等方式向地方政府施压，要求地方政府出面帮忙解决借款人违约带来的损失。向静林敏锐地将风险转化作为分析

① 遵循学术惯例，《地方金融治理的制度逻辑——一个风险转化的分析视角》一书对案例中的相关地名、机构名等全部进行匿名处理。

政府介入地方金融治理和风险分担规则变动的重要切入点，提出了“结构制约－风险转化－政府介入－规则变动”的分析框架，主要回答了三个相互关联的问题：什么样的结构因素会影响经济风险向政治风险的转化？面对风险转化，政府介入交易纠纷的机制是什么？政府介入交易纠纷的过程中，风险分担的规则一般会如何发生变化？

（一）治理结构与风险转化

在《地方金融》一书所研究的越融市民间借贷服务中心案例中，为什么借贷双方之间交易合约的经济风险会转化为政府难逃干系的政治风险？向静林的分析首先指向服务中心的治理结构选择。政府对市场的治理结构存在四种理想类型：政府的一体化治理、政府介入的混合治理、政府作为第三方的治理、非政府的自发治理（刘世定，2014）。在越融市民间借贷服务中心案例中，越融市政府没有选择政府的一体化治理，也没有选择非政府的自发治理，而是选择了名义上政府作为第三方的治理，但实际上是政府介入的混合治理。服务中心虽然是以民营企业的形式注册，但实际上从其所使用的组织名称及政府引入的公共资源来看，在外部人看来它是一家政府支持的特殊企业。正是政府与服务中心的关联性及其外显化，为事后政府难以摆脱借贷纠纷的介入埋下了伏笔。

那么，政府为什么会选择名义上的第三方治理结构而实际上的混合治理结构呢？向静林的分析进一步指向政府行为的双重目标及其面临的制度约束。对于民间金融的发展，地方政府既有降低社会和政治风险的考虑，又有增加政绩收益的考虑，而这两个目标之间存在一定的张力。在不同的目标追求下，最优的治理结构是不同的。由于民间金融领域法律的高度不完备性，以及地方政府之于社会的低退出性，政府事先直接介入服务中心可能使自身面临较高的潜在政治风险。因此，从降低政治风险的角度出发，政府作为第三方的治理是地方政府的最优选择。不过，从增加政绩收益的角度出发，地方政府的最优选择是采取一定介入程度的混合治理结构。在推进金融综合改革试验的大背景下，把服务中心做起来并扩大交易规模有助于提高地方政府政绩收益，这就需要地方政府对服务中心的建立和发展给予一定的公共资源支持，以多种方式在企业组织形式中注入政府部门的组织要素。地方政府为了兼顾这两个存在张力的目标，对服务中心采取了一种名义上是民营公司而实际上有政府支持的混合治理结构。

这种混合治理结构成为服务中心中借贷双方之间的经济风险向政治风险转化的结构性来源。在这种政府介入的混合治理结构下，如果出现借款人违约的情况，那么放款人为了降低自己的风险和损失，就有可能将经济风险转化为政治风险，向政府施压谋求政府出面解决问题。

（二）政府难以退出的风险治理

接下来的问题是面对风险转化，地方政府为什么难以从服务中心的治理及借贷纠纷的谈判中退出？向静林主要从退出成本和政治风险敏感度两个方面对此进行分析。

首先是高昂的退出成本。服务中心的混合治理结构意味着地方政府选择了初始的市场介入状态。从混合治理转换为第三方治理，虽然能够降低潜在的政治风险，但同时也放弃了预期政绩收益。实际上，在服务中心运行不久后，永泽区金融办就感觉到了混合治理结构潜藏的政治风险，所以向越融市政府提交了模式转型的报告。不过，市政府不仅反对将中介机构撤出服务中心，而且要求提高借贷成交量和登记备案量。服务中心是越融市金融改革的关键创新项目，如果将中介机构清出去，则意味着改革的失败；如果将场内成交量做大的话，则意味着改革的成功。因此，由于政治承诺、注意力汇聚和政绩信号发送等机制，政府从服务中心退出，会导致政绩收益的损失，这就是向静林所指的退出成本。为了赢得政绩收益，地方政府只能选择维持混合治理结构，这成为风险转化持续发生的结构性来源。

其次是政治风险敏感度。“自上而下维持政治和社会稳定的任务环境使地方政府对于政治风险高度敏感，地方政府感知到的潜在政治风险强度越高，越难以退出与放款人之间的谈判过程，越容易介入借贷纠纷。”（向静林，2019：123）在借款人违约后，如果不能找中介私下解决，也不能顺利通过法律渠道解决，放款人就会找到服务中心、区金融办甚至市委市政府。放款人为了实现自身风险最小化的目标，会强调中介机构和服务中心与政府存在密切关联这一合法性理据，从而使政府难以退出纠纷的解决。借贷纠纷蕴含的政治风险越高，政府介入纠纷的可能性就越大。

（三）政府介入与风险分担规则的不确定性

对地方政府而言，在其不得不介入市场交易纠纷的情形下，会出现怎样的风险分担规则呢？在事先设计的组织和制度安排中，由放款人自身承担借款人的逾期和跑路等违约风险，无论是中介机构还是服务中心和政府都不承担任何风险。不过，在借贷合约的后期实际执行过程中，一旦出现借款人违约情形，放款人就常常会违背事前的风险自担约定，要求中介机构或政府共担风险，而中介希望投资者和政府来共担风险，政府希望中介和投资者来共担风险。那么，不同行动主体各自主张的风险分担规则建立在怎样的合法性理据基础之上？哪些因素决定了风险实际上是如何分担的？风险分担规则的声称和确定实际上是放款人、中介机构和政府等有关主体进行规范博弈和利益博弈的结果，这个双重博弈过程使得风险分担规则呈现出不确定性（向静林，2019；向静林等，2019）。向静林主要分析了各行动主体主张的风险分担规则的合法性理据及影响规则博弈确定的制度逻辑。

不同行动主体所主张的风险规则不同，其背后的合法性理据和制度逻辑不同，对当事主体的损益影响也不同。中介机构、服务中心和地方政府在放款人进入服务中心时，就通过风险提示、中介声明等来表明放款人要自担风险，而且服务中心不会对中介机构的行为负责。服务中心和地方政府试图通过这些事前约定来规范放款人的事后行为，同时为自身的风险规避提供合法性理据。当借贷纠纷发生后，政府、中介机构希望放款人通过法律渠道来解决问题，由此产生的损失不确定性由其自身来承担。不过，如果借款人不能及时偿还且法律成本高昂的情况下，放款人就会试图通过政府动员程序来解决纠纷，希望风险由政府、中介机构等直接或间接分担。放款人之所以会有这种主张，是因为他们认为服务中心甚至中介机构与政府存在关联，这种关联影响着借贷合约的签订和实施。放款人认为，一方面，政府信用或者隐性担保是借贷合约得以形成的基础；另一方面，政府应该对中介机构的风险控制和操作行为有约束能力。

由于各自合法性理据的不同，最终的风险分担规则是由放款人、地方政府和中介机构之间的博弈过程决定的。而这个博弈存在多种可能的均衡结果：资方自担风险、中介分担风险、政府分担风险、三方共担风险等。向静林认为，风险转化、资源依赖和科层动员三种机制不同强弱程度的搭配组合，正好对应着风险分担规则的几种常见状态。“当三种机制发挥的作用都较弱时，实际运行的通常是风险自担规则；当三种机制发挥的作用都较强时，实际的规则状态通常是三方共担风险；当风险转化机制较强，资源依赖机制较弱，而科层动员机制较强时，实际的规则状态通常是政府分担规则；而当风险转化机制较强，科层动员机制较弱，资源依赖机制较强时，实际的规则状态通常是中介机构分担风险。”（向静林等，2019：59～60）

（四）地方金融治理的制度环境

无论是地方政府对借贷服务中心的治理结构选择，还是经济风险向政治风险的转化以及风险分担规则的形成演变都受到外部制度环境或者说共享的社会基础的影响。法律的不完备性、政府与市场主体的关联性以及政府之于社会的低退出性是向静林特别强调的三个制度环境。

在市场经济转型过程中，正规金融领域的运行与治理，其法律的介入仍处于一种相对缺失的状态。市场转型与法律缺失的内在矛盾催生了金融交易过程中经济风险难以通过法律渠道进行化解的重要特征，而这也构成了地方政府试图进行民间借贷治理创新的重要社会基础。

经济治理与社会稳定的双重压力促使地方政府在进行治理结构选择时常常陷入两难困境。若政府选择介入市场活动以谋求短期治理绩效，则可能引发持续的风险转化进而影响社会稳定。而当政府减少对市场的介入以规避潜在政治风险时，则不利于经济治理目标的迅速实现。

来自社会大众的公共情感即契约原则与官民观念深刻影响着政府与市场之间的关系定位。“家国同构”的儒家传统思想和“父爱主义”的观念使得社会公众依赖政府官员以行政程序解决金融交易纠纷，这是一种“无限责任”的期待。而法律原则和契约精神强调以法律为基础化解金融纠纷，这是一种“有限责任”的期待。

二 该书的学术贡献和研究特色

《地方金融》一书从民间金融风险治理的角度切入对地方政府市场治理行为及政府与市场关系的研究，在问题意识、理论视角和分析路径等方面呈现出一些鲜明的特色，这些特色对推进金融风险治理、政府与市场关系的研究具有重要启示。

（一）金融风险双重属性及其转化

向静林对民间金融治理的研究，建立在对金融交易或者说金融风险的双重属性认识基础之上。在《地方金融》研究的服务中心案例中，民间借贷交易不仅是经济交易，而且暗含着政治交易，即地方政府通过介入民间借贷服务获得政绩收益；民间借贷风险不仅包含经济风险，而且还容易转化为政治风险，即地方政府要介入借贷纠纷的解决。

金融风险的这种双重属性具有一般性的意涵，它不仅体现在向静林所研究的越融市民间借贷服务中心经验案例中，在中国过往的民间金融发展历程中也有所体现。向静林所研究的案例，是因为政府介入了服务中心的治理，使得经济风险容易转化为政治风险，政府难以摆脱对借贷纠纷的解决。实际上，即使政府不介入民间借贷服务中心的治理，民间金融在涉案资金规模大和涉及人数多的情况下，如果发生借款人违约或跑路，也隐含着甚至转化为政治风险，比如浙江温台地区民间信用融资中标会“倒会”的例子（张翔，2016）。

进一步来看，不仅民间金融具有风险双重属性的特征，正规金融实际上也是如此。如果正规金融体系中的商业银行在产权上是国有属性，那么国有商业银行的经济风险很容易转化为政治风险。即使在私有商业银行制度下，如果银行业经营出现大规模危机，经济风险也可能会转化为政治风险。这是政府建立存款保险制度和危机银行救助制度的重要原因。

金融风险的双重属性使得金融风险的治理不可能完全是通过市场机制来进行的，政府介入是难以避免的。在针对银行业的政治经济学研究中，风险治理及损失分配是银行交易博弈的重要内容，这个博弈过程不仅涉及存款人、借款人和银行，而且涉及政府。不过，在不同的政治体制和金融体制下，围绕风险治理和损失分配的博弈规则及博弈结果可能是不同的（凯罗米里斯、哈伯，2021）。

（二）金融治理中的政府与市场边界

向静林在金融交易双重风险属性的基础上从制度或社会机制的角度

分析金融治理乃至一般性的市场治理，这对于认识政府与市场的关系问题具有重要启示。不同于以往基于市场失灵引入政府干预，或者基于政府失灵引入市场机制的政府与市场关系的分析路径，也不同于交易成本的分析路径，向静林的研究代表着分析政府与市场的关系或者说边界问题的另一种路径。

市场失灵与政府失灵的分析路径背后隐含着市场与政府二元对立的假定，认为市场与政府都有各自适合的运行领域，如果跨越彼此边界的话，就会引发某种失灵。经济学通常把公共物品、外部性、垄断、信息不对称、分配不公、经济波动等作为市场失灵的表现，在这些情形下需要引入政府干预。当然，对于公共物品、外部性等一些约定俗成的认识，后来遭到一些经济学家的质疑。比如，科斯对港口"灯塔"提供制度的研究，反驳了灯塔只能由政府来提供的传统认识；再比如科斯从"相互性"的角度反思了对"外部性"问题的传统观点，指出引入政府干预并不一定是解决此类问题的最优方案（科斯，2014）。科斯的研究开创性地把交易成本引入对组织形式或治理结构选择的分析。沿着科斯的交易成本分析路径，威廉森进一步探究了交易特征与治理结构的差异性匹配问题。在威廉森的研究中，他把节约交易成本作为治理结构选择的基本原则，主要关注的交易特征是专用性资产投资程度、交易频率和不确定性，主要考虑的治理结构有市场治理、三方治理、双边治理和一体化治理（威廉森，2001）。威廉森并没有把政府介入经济交易治理作为分析重点，如果说有所考虑的话，那主要体现在第三方治理中，即政府以法律规则的制定者和监管者的角色作为第三方参与治理。

向静林的研究则指向经济风险与政治风险交织或转化这类交易的治理所引发的政府－市场边界问题。双重风险是威廉森的研究中没有考虑的一种交易特征。在包含经济与政治双重风险的交易中，向静林提出至少有三种机制影响着政府与市场之间的边界。第一种是政绩信号发送机制，下级政府为了谋求上级政府给予的政绩收益而选择介入市场治理。在向静林研究的案例中，为了获得上级政府对其民间金融改革创新的认可，越融市政府选择推动成立民间借贷服务中心，并采取混合治理结构。

第二种是经济风险转移机制，市场主体为了最小化自身的经济风险而启动风险转化，迫使地方政府介入市场纠纷解决和损失分配问题。当出现借款人违约或者银行经营危机时，如果储户或放款人无法通过法律途径化解风险，就可能通过政治施压要求政府出面解决问题，经济风险会转化为政治风险，政府不得不介入纠纷解决甚至分担损失。

第三种是政治风险弱化机制，地方政府选择介入市场纠纷甚至分担经济风险以弱化自身的潜在政治风险。向静林指出，在自上而下维持社会或政治稳定的体制下，地方政府对潜在政治风险高度敏感。“当地方政府感知到较高的潜在政治风险时，就会选择介入市场纠纷，动员公共或私人资源分担经济风险。”（向静林，2019：206）同样，在美国，政府也可能会介入对蕴含高度政治风险的银行业危机的治理，2008 年的金融危机就清楚地表明了这一点。为了在一定程度上维护储户和投资者的经济利益，同时也为了赢得这些人的政治支持，美国政府可能会动用财政资源对危机银行进行纾困，从而将损失承担转移给纳税人（凯罗米里斯、哈伯，2021）。

可见，在包含从经济风险向政治风险转化特征的交易中，政府通常会介入市场治理，呈现出一种混合治理的局面。

（三）制度约束下的互动分析

无论是分析地方政府对服务中心的治理结构选择，还是分析对风险分担规则的选择，向静林的研究都基本坚持了制度约束下的互动分析这一取向，即“将地方政府与市场主体的互动过程置于更大范围的外部制度环境中进行考察”（向静林，2019：42）。

地方政府对服务中心的治理结构选择背后包含着地方政府与上级政府之间的互动、地方政府与市场主体之间的互动，在特定制度环境约束之下的这些互动形塑了治理结构。向静林特别强调了政府治理体制对地方政府的行动目标的塑造，一方面官员考核和晋升制度塑造了地方政府对政绩目标的追求，另一方面自上而下的“维稳”体制又要求地方政府尽量规避和化解政治风险。越融市地方政府对民间借贷服务中心治理结构的选择，就是既要向上显示政绩信号又要规避来自市场主体的潜在经济和政治风险的产物。

另外，借贷违约纠纷发生后，围绕风险分担规则的不确定性，在放款人、中介机构和地方政府等多方主体之间形成了博弈。这个博弈过程及其最终结果既受制于各行动主体所主张的合法性理据，也受到三种制度逻辑的影响，“即放款人与地方政府之间的政治风险逻辑、地方政府系统内部的科层动员逻辑，以及地方政府与中介机构之间的资源依赖逻辑”（向静林，2019：169）。这三种制度逻辑在特定时点上的搭配组合，影响着风险分担规则的最终结果。

对于治理结构和风险分担规则这类以交易/合约为分析单位的问题的研究，与制度约束下的个体最优决策分析和制度决定论的分析范式相比，制度约束下的互动或者说博弈分析提供了一条更佳的路径。

三 扩展性讨论

最后，本文试图在《地方金融》一书研究的基础上，对规则的多重性与不确定性，以及双重不确定性下的适应性治理等问题，做一些扩展性讨论。

（一）规则的多重性与不确定性

对于向静林研究的服务中心案例，在事先设计的组织和制度安排中，由放款人自身承担借款人的逾期和跑路等违约风险，无论是中介机构还是服务中心和政府都不承担任何风险。不过，在借贷合约的后期实际执行过程中，一旦出现借款人违约情形，放款人常常会违背事前的风险自担约定，要求中介或政府共担风险，而中介希望投资者和政府来共担风险，政府希望中介和投资者来共担风险，出现向静林所谓的风险分担规则的不确定性问题。

不过，对于风险分担规则在何种意义上是不确定的仍有进一步讨论的余地。在向静林研究的案例中，存在资方自担风险、中介分担风险、政府分担风险、三方共担风险等多种可能的风险分担规则。但真正的不确定性体现在事先（签约前）—事后（签约后）的意义上，而不是事后出现多种可能风险分担规则的意义上。如果行动者特别是政府和中介机构事先没有意识到投资者自担风险规则的不可实施性，没有预料到投资者会要求中介机构和政府分担借款人违约风险，没有预料到规则会从事前约定的资方自担风险转向后来的两方或三方分担风险规则的局面，那么在事后可能的风险分担规则事先无法预料的意义上，风险分担规则是不确定的。

向静林认为在合约执行的博弈过程中，多重合法性宣称和多重角力机制在不同时空、领域和情境中的搭配组合，使得实际运行的规则在风险自担规则和风险共担规则之间来回摆动，呈现出不确定的状态。实际上，事后风险分担规则的多种可能性或多重均衡结果并不一定意味着风险分担规则的不确定性。如果特定风险分担规则的出现并没有稳定的关联条件，是随机的、不可分析的，那么对行动者而言风险分担规则就处于不确定性状态。如果在何种条件下会出现何种风险分担规则的关联机制是可分析的，那么风险分担规则即使是多重的，也是确定的。当然，这种可分析性也许是事后的，如果只被研究者意识到，事件进程之中的当局者并没有识别到，那么风险分担规则的不确定性仍存在于当事行动者面前。在向静林的分析中，很大程度上认为存在可识别的不同风险分担规则出现的前提条件。在风险分担规则博弈的多重均衡结果存在可识别且确定的前提条件意义上，规则不确定性问题是不存在的。

（二）双重不确定性与适应性治理

向静林研究的案例展示了交易不确定和规则不确定相互交织的局面，我们可以从交易和规则双重不确定与适应性治理的角度对其进行另一番解读。

政府和服务中心对交易不确定性的事先估计不足是后来出现规则不确定性的重要原因。民间借贷本身是存在交易不确定性的，这种不确定性一方面来源于借款人的违约风险，另一方面来源于服务中介的有限理性和机会主义行为，而且前一种不确定性受到后一种不确定性的影响。在该案例中，确实发生了某些中介机构在前期风险控制上存在漏洞的问题，从而导致借款人违约风险的出现。事先设定的资方自担风险规则在一定程度上也会“纵容”中介机构在风险控制上的机会主义行为，因为它不用为此承担责任。服务中心事先也没有采取提交保证金的方式约束中介机构的机会主义行为，反而中介机构可以选择退出服务中心，一走了之，把借款人违约风险留给服务中心。因此，在出现借款人违约的情况下，放款人就可以追究中介机构和服务中心没有尽到风险控制的责任，使得事前约定的风险资方自担规则变得不可实施，出现风险分担规则不确定的局面。

随着违约风险的出现和服务中心对交易不确定来源认识的提高，对违约风险的分担出现了适应性治理的局面。所谓适应性治理，就是在合约执行过程中各方根据不确定因素带来的扰动进行治理规则的连续调适。在该案例中我们看到，服务中心在意识到没有控制中介机构机会主义行为的预防性措施之后，采取了要求中介机构上交保证金和签订承诺书的举措。在服务中心要求上交保证金后，不同的中介机构则根据自身能力的差异做出或走或留的选择，能力强的选择离开服务中心，而能力弱的则继续留在服务中心并提交保证金。随后，服务中心要求中介机构必须配合放款人处理完借贷纠纷才能取回保证金，中介机构权衡得失，有的选择配合处理，等到纠纷处理完成后再取回保证金；有的则选择用保证金分担放款人的部分风险，但不再配合后续处置。而服务中心最终清退了场内的中介。

服务中心案例对于今后地方政府如何改进对民间金融的治理具有重要的组织学习意义。以中介形式进行的民间借贷是一个投资方、借款方和中介机构之间的三方嵌套合约，交易不确定性的发生不仅与借款方的行为有关，与中介机构的行为也有关，要求资方自担风险是一种难以自我实施的合约。因为无论是信息中介还是信用中介，不仅它们自身存在着机会主义行为的可能，而且它们的行为对借贷方的违约风险还有着重要影响，所以中介机构是不能脱离风险分担的。另外，由于中介机构机会主义行为的存在，以及借贷违约风险向社会和政治风险转化的可能，对于以中介形式进行的民间借贷，政府不可能置身事外，把其完全交由市场机制来治理。

参考文献

奥利弗·E. 威廉森，2001，《治理机制》，王健、方世建等译，中国社会科学出版社。

查尔斯·凯罗米里斯、史蒂芬·哈伯，2021，《人为制造的脆弱性：银行业危机和信贷稀缺的政治根源》，廖岷、杨东宁、周叶菁译，中信出版集团。

刘世定，2014，《社会互动特征与社会治理结构》（未刊稿）。

罗纳德·H. 科斯，2014，《企业、市场与法律》，盛洪、陈郁译，格致出版社、上海三联书店、上海人民出版社。

荣敬本等，1998，《从压力型体制向民主合作体制的转变：县乡两级政治体制改革》，中央编译出版社。

向静林，2019，《地方金融治理的制度逻辑——一个风险转化的分析视角》，社会科学文献出版社。

向静林、邱泽奇、张翔，2019，《风险分担规则何以不确定——地方金融治理的社会学分析》，《社会学研究》第 3 期，第 48 ~ 74 页。
张翔，2016，《民间金融合约的信息机制——来自改革后温台地区民间金融市场的证据》，社会科学文献出版社。

FINANCE AND SOCIETY 2023 Vol. 4

Table of Contents & Abstracts

State and Finance: A Review of the Political Perspective of Western Financial Studies

Li Guowu / 3

Abstract: This paper summarizes the representative research on the relationship between state and finance from the political perspective. This perspective usually uses the method of historical comparative analysis to explore the formation and transformation of a country's financial system in the process of modernization, or the changes and differences of different countries' financial systems from the perspective of interest coalition and political bargain. The banking industry is the cornerstone of the modern financial system and the germinal center of all kinds of financial development. The study of the financial system from the political perspective pays special attention to the banking industry, and then extends to the financial market. The property rights institutions are the foundation for the establishment and operation of the banking industry. The banking industry involves the property rights and contract issues among many stakeholders such as the authorities, bankers, equity investors, depositors and borrowers, etc. The property rights issues contained in the banking industry cannot be separated from the active participation of the government, but the government involved in it cannot become a neutral arbiter, on the contrary, it is faced with internal conflicts of interest. The banking system based on the property right institutions is not determined by the principle of market efficiency, but is the product of game of bank bargains among stakeholders around the bank license, credit allocation, loss allocation and regulatory policy. A country's financial system is endogenous of and adapted to the country's political system and the resulting power distribution pattern. Democratic political regime and authoritarian political regime will produce different types of game of bank bargains and different characteristics of banking system.

Keywords: Property Rights; Game of Bank Bargains; Political Systems; Coalition

The Micro-level Transition of Research on Financialization: From the Financialization of Economy to the Financialization of Corporate and Individual Life

Gao Ling Li Wen Du Julan Li Sipei / 43

Abstract: The financialization theory, aiming at studying the two-way conversion from the financial sector into the real economy, not only provides a pivotal insight on the new trends of the world economy, but well explains the current economic dislocation in China as well. For the first time, this paper takes the financial development theory of Neoclassical Economics as its reference framework, and reviews the latest evolution of the financialization theory, namely the micro-level transition of research on financialization, from the perspectives of Radical Political Economics and Post-Keynesian Economics systematically. It is found that there is no absolute opposition between the financial development theory and the financialization theory, and corporate financialization is the outcome of the corporate governance reshaping driven by shareholder value movements, while individual-life financialization is the product of the corporate socialization and the transition from a welfare state into a social-investment country. Apparently, getting rid of the opposition between the financial development theory and the financialization theory is a key to a comprehensive understanding of financialization.

Keywords: Financial Development; Financial Liberalization; Corporate Financialization; Corporate Socialization; Social-Investment Country

An Institutionalist Paradigm for Financial Research

Zhuang Jiachi　Mireguli Aierken / 72

Abstract: Based on relevant studies, and using the nature and levels of institutions as a classification framework, this paper reviews relevant studies on financial behavior and financial markets from an institutionalist perspective in the fields of sociology and economics. The institutionalist research paradigm analyzes in depth the operation rules of financial institutions and financial markets under different systems, which can help us better understand the institutional factors in financial activities; it analyzes the occurrence and evolution mechanisms of financial crises at the level of culture, institutions and rules, and provides corresponding policy recommendations and institutional reform proposals, which help us understand the institutional roots of the occurrence and evolution of financial crises. In the future, with the emergence of new technologies and business models such as digital currency, blockchain finance and supply chain finance, institutionalism can be further studied from the perspectives of institutional globalization, digital finance and financial culture.

Keywords: Formal System; Informal System; Institutional Level; Financial Activity; Financial Institution

Financial Knowledge Technologies-Social Representation

—A Review of research on the Technology and Financial Knowledge Cognition

Zhang Shuqin / 94

Abstract: Since the 1990s, influenced by the scientific sociology research context, many studies in Financial Sociology focus on the social representation process of financial knowledge and financial technologies. This paper reviews the classical researches in the sociology field around the social process of generation, transformation and reconstruction of financial technologies and financial knowledge since the 1990s, emphasizes the position of tacit knowledge and post-social relation concept in the field of research, proposes three perspectives to look at the technical basis of financial activities, and discusses the impact of digital technologies on financial process. Finally, this paper discusses the potential research directions in the current financial sociology research.

Keywords: Financial Technology; Financial Knowledge; Social

Research on Financial Exclusion, Financial Literacy and Entrepreneurial Activities

—An Empirical Analysis Based on the 2019 China Household Finance Survey

ZhaoSibo Ai Yun Ling Hongxiang / 115

Abstract: Under the background of China's policy of "mass entrepreneurship and innovation", it is of great significance to study how the financial environment affects entrepreneurial activities. Based on data from the 2019 China Household Finance Survey (CHFS), this paper examines how financial exclusion, financial literacy, and their interactions affect entrepreneurial decision-making and entrepreneurial performance. The result indicates that, first, families suffering from financial exclusion are less likely to start a business to accumulate wealth, and those they do, their entrepreneurial performances are worse; Financial literacy increases the likelihood of entrepreneurial options for families and the level of performance over the life of the business. The results were still true after addressing the underlying endogenous problem using the average financial literacy of the family's community as an instrumental variable of financial literacy. Second, the mechanism analysis found that households suffering from financial exclusion mitigated the negative impact of financial exclusion on entrepreneurial activities by improving financial literacy. The study further emphasizes the necessity of reasonably promoting the improvement of financial literacy of all members of society at different stages of the development of entrepreneurial activities, which can not only empower entrepreneurs to improve their performance, but also build a more solid financial foundation for the comprehensive development of social innovation and entrepreneurship.

Keywords: Financial Exclusion; Financial Literacy; Entrepreneurial Decision-making; Entrepreneurial Performance

Regional Financial Development and Subjective Social Equality

—An Empirical Study of Different Levels of Financial Development's Impact on Perceptions of Fairness

Dong Yinxi He Xiaobin Liu Jiankun / 133

Abstract: Financial development has been a significant economic trend since the market transition. Previous studies mainly focused on the impact of financialization on income disparity. The sense of equality can directly contribute to individual activities, and elevating equality is consistent with the policy objective to improve human well-being; thus, exploring its effect on one's sense of equality is crucial. Accordingly, we empirically analyzed the data from the Chinese General Social Survey 2015 and gained the following results. In the early stage of financial development, the increase in regional participation rate of financial investment will weaken individuals' sense of both opportunity and outcome equality. However, when the financial participation rate exceeds a certain level, financial development will enhance individuals' sense of opportunity and outcome equality. For people with higher education levels, the influence of financial development on their sense of equality is more substantial, while the effect is weaker for people with higher subjective status. This study indicates that different financial development can bring diverse influence on people's feeling of equality, which means that we need to understand the social results of financialization from an objective and broad view. Moreover, it is necessary to promote the inclusion of financial services so that every social group can benefit from financial development and improve social equality.

Keywords: Regional Financial Development; Opportunity Equality; Outcome Equality; Subjective Feeling

How Can Social Work Enhance the Financial Literacy of the Elderly?

—A Case Study of Q Street Financial Social Work Group Practice for the Elderly

Fang Shu　Zhu Wenjie / 159

Abstract: In the context of financial socialization, the financial literacy of the elderly is low, which leads to the fact that the elderly are often exposed to higher financial risks and the level of financial literacy of the elderly needs to be improved urgently. This paper takes Beijing Q street as an example, and collects relevant data through questionnaires and semi-structured interviews. Through data analysis, we understand that the financial literacy of the elderly group in this street is poor, and the supporting financial services and related measures in the street need to be developed. In response to the problems reflected in the questionnaires and case interviews, the author recruits group members in Q street to carry out group activities for financial literacy improvement, based on the preliminary financial literacy assessment status Based on the summary and evaluation of the group work, this paper explores the role and path of social work intervention in financial literacy enhancement for the elderly in conjunction with financial social work.

Keywords: Social Work; Financial Literacy; Group Work; Aging

Financial Social Work Promotes New Development of Social Finance

—The Example of Child Development Account Practice in the United States

Zhang Yingying Huang Jin / 177

Abstract: Social finance is a financial activity that pursues both monetary profit and social value, and has become an important area in the global financial industry, but its development is also facing many challenges now. Essentially, these challenges revolve around whether and how social finance can fully achieve its dual goals, particularly the goal of achieving its social benefits. To response for these challenges, in the context of financialization of social policies and financialization of social service practices, we need to swift social finance from the inherent finance industry ecosystem into a larger social ecosystem and provide a suitable "social" soil for its survival and development, and financial social work can be an important builder and promoter of this social ecosystem. Asset-building social policy is an important area of financial social work practice, and its policy practice, the Child Development Account fully embodies social finance's dual goals of achieving the social and financial aspects through financial product-based social policy programs.

Keywords: Financial Social Work; Social Finance; Asset Building; Child Development Account

New Developments in the Protection of Financial Well-being for Juveniles: Text Analysis of the New Law of the Protection of Juveniles

Zhou Xiaochun Huang Jin Zhang Xue Lu Yangyang Wang Yiru / 196

Abstract: The new *Law of the Protection of Juveniles* implemented in 2021 has significantly expanded the protection of Juveniles. As the latest and most authoritative policy and regulation, it is worth conducting research on its protection on the economic right sand interests of Juveniles. This article adopted financial well-being theoretic frame work and qualitative analysis software ATLAS. ti to systematically analyze the legal provisions of the new *Law of the Protection of Juveniles.* The analysis aims to describes and explore the current level of awareness and degree of protection of Juveniles' financial well-being in Chinesesociety. It is found that the financial well-being of Juveniles at the legal level has covered the three major are as of consumption, income and assets, and the content of consumption protection and asset protection for Juveniles is plentiful, but there are still problem sofinsufficientestimation of the impact on social financialization and in sufficient attention to financialwell-being such as income. It is recommended to combine the six major protection systems for Juveniles and the two strategies of internal literacy and external opportunities to achieve financial well-being, and strengthen the protection of Juveniles' financial well-being at both the policy and service levels.

Keywords: Juveniles; Financial Well-being; *The Law of the Protection of Juveniles*; Social Work; Financial Social Work

Financial Risk Transformation and Its Governance

—Review on Book The Institutional Logic of Local Financial Governance in China: An Analysis Perspective of Risk Transformation

Li Guowu Jiao Yang / 217

Abstract: In book *The Institutional Logic of Local Financial Governance in China: An Analysis Perspective of Risk Transformation*, based on a follow-up survey of the development process of the private lending service center in Yuerong City from 2012 to 2017, Xiang Jinglin proposed an analytical framework of "structural constraints-risk transformation-government intervention-rule changes", attempting to reveal the matching relationship between the institutional environment, governance structure, and transaction rules. The main academic contributions and analytical features of Xiang Jinglin's book are reflected in studying the relationship between government and market in financial governance from the perspective of risk transformation, and adhering to the analysis path of "social interaction under institutional constraints". Finally, the multiplicity and uncertainty of rules, as well as adaptive governance under dual uncertainty, are discussed extensively.

Keywords: Institutional Logic; Risk Transformation; Government-Market Relationship

《金融与社会》征稿启事

为反映金融社会学、金融社会工作领域的最新研究成果，推动中国金融社会学和金融社会工作的理论研究与实践发展，拟组织出版《金融与社会》（*Finance and Society*）学术集刊，每年一辑。集刊由中央财经大学社会与心理学院社会学系李国武教授担任主编，在社会科学文献出版社出版。集刊每一辑字数在30万字左右，拟收录和发表论文12篇左右。

一 出版宗旨

（1）倡导金融社会学、金融社会工作研究的问题意识、理论取向与实践关怀。希望投稿论文基于中国社会与金融的运行过程和机制提出具有重要理论意义和现实关怀的问题，或借鉴和反思西方金融社会学、金融社会工作现有理论，推动中国理论创新。

（2）促进金融社会学与金融社会工作研究学术共同体的交流。《金融与社会》是一个平等开放的学术交流平台，真诚欢迎各大专院校和研究机构的学者积极投稿、踊跃参与，共同推动中国金融社会学与金融社会工作研究的深入发展。

（3）反映和积累国内金融社会学和金融社会工作领域的研究进展。集刊主要发表该领域高质量的新作，借此一方面积累中国金融与社会研究的本土知识，另一方面反映中国金融与社会研究的最新动态。

二 来稿要求

（1）《金融与社会》的内容定位于从社会学、社会工作、人类学、组织学、经济学、政治学、历史学等不同学科视野和方法开展金融与社会之间关系的研究和讨论，特别是金融社会学和金融社会工作领域的相关研究。

（2）投稿论文一般以 1.5 万字左右为宜（包括注释和参考文献），最长不要超过 2.5 万字。

（3）《金融与社会》刊登尚未公开发表的高质量学术论文、调查报告、研究综述和书评等。

（4）来稿必须遵循国际公认的学术规范，内容应包括：标题、作者姓名、工作单位和联系方式、摘要、关键词、正文、参考文献。引文注释必须清楚明确，论述言之有据、论证逻辑全文一致，使用研究方法、分析工具清楚、准确、统一。

（5）来稿要求以中文写作，并请附中英文的论文题目（不超过 20 字）、摘要（不超过 300 字）和关键词（3～5 个）。

（6）来稿中出现外国人名时，一律按商务印书馆出版的《英文姓名译名手册》翻译，并在第一次出现时用圆括号附原文，以后出现时不再附原文。

（7）作者的说明和注释采用脚注的方式，序号一律采用“①、②、③……”，每页重新编号。引用采用文中夹注，在引文后加括号注明作者、出版年份，如原文直接引用则必须注明页码。详细文献出处作为参考文献列于文后，以作者、书（或文章）名、出版单位（或期刊名）、出版年份（期刊的卷期）、页码排序。文献按作者姓氏的第一个字母顺序排列，中文在前、英文在后。

（8）图和表的规范：统计表、统计图或其他示意图等，也用阿拉伯数字连续编号，并注明图、表名称；表号及表名须标注于表的上方，图号及图名须标注于图的下方；“注”须标注于图表下方，以句号结尾；“资料来源”须标注于“注”的下方。

（9）本集刊随时接受投稿，来稿请自备副本，概不退稿。《金融与社会》采用编委会审稿制度，以质取文。不论采用与否，编辑部均会在 2 个月内通知作者。一经发表，即送作者当辑书籍 2 册。稿件请发至电子邮箱：finance2020society@163.com。

三　文献征引规范

为保护著作权、版权，投稿文章如有征引他人文献，必须注明出处。

本书遵循如下文中夹注和参考文献格式规范示例。

（1）文中夹注格式示例

（周雪光，2005）；（科尔曼，1990：52 ~ 58）；（Sugden，1986）；（Barzel，1997：3 -6）。

（2）中文参考文献格式示例

曹正汉，2008，《产权的社会建构逻辑——从博弈论的观点评中国社会学家的产权研究》，《社会学研究》第1期，第200 ~216页。

朱晓阳，2008，《面向"法律的语言混乱"》，中央民族大学出版社。

詹姆斯·科尔曼，1990，《社会理论的基础》，邓方译，社会科学文献出版社。

阿尔多·贝特鲁奇，2001，《罗马自起源到共和末期的土地法制概览》，载徐国栋主编《罗马法与现代民法》（第2卷），中国法制出版社。

（3）英文参考文献格式示例

North, D. and Robert Thomas. 1971. "The Rise and Fall of the Manorial System: A Theoretical Model." *The Journal of Economic History*, 31 (4): 777 -803.

Coase, R. 1988. *The Firm, the Market, and the Law.* Chicago: Chicago University Press.

Nee, V. and Sijin Su. 1996. "Institutions, Social Ties, and Commitment in China's Corporatist Transformation." In McMillan, J. and B. Naughton (eds.), *Reforming Asian Socialism: The Growth of Market Institutions.* Ann Arbor: The University of Michigan Press.

诚邀各位学界同仁积极参与，不吝赐稿，共同推动中国金融社会学与金融社会工作的研究和发展。

图书在版编目(CIP)数据

金融与社会. 第四辑 / 李国武主编. -- 北京 : 社会科学文献出版社, 2023.8

ISBN 978-7-5228-2255-6

Ⅰ. ①金… Ⅱ. ①李… Ⅲ. ①金融-经济社会学-研究 Ⅳ. ①F830

中国国家版本馆 CIP 数据核字(2023)第 144684 号

金融与社会 第四辑

主　　编 / 李国武
执行主编 / 艾　云　方　舒

出 版 人 / 冀祥德
责任编辑 / 杨桂凤
文稿编辑 / 赵亚汝
责任印制 / 王京美

出　　版 / 社会科学文献出版社·群学出版分社 (010) 59367002
　　　　　地址: 北京市北三环中路甲 29 号院华龙大厦　邮编: 100029
　　　　　网址: www.ssap.com.cn
发　　行 / 社会科学文献出版社 (010) 59367028
印　　装 / 唐山玺诚印务有限公司

规　　格 / 开　本: 787mm × 1092mm　1/16
　　　　　印　张: 15.25　字　数: 245 千字
版　　次 / 2023 年 8 月第 1 版　2023 年 8 月第 1 次印刷
书　　号 / ISBN 978-7-5228-2255-6
定　　价 / 108.00 元

读者服务电话: 4008918866